本书获 福州外语外贸学院学术著作出版基金 资助

经管学术文库

要素异质视角的技术选择与区域发展效率研究

张月玲 ◎ 著

厦门大学出版社
XIAMEN UNIVERSITY PRESS
国家一级出版社
全国百佳图书出版单位

图书在版编目(CIP)数据

要素异质视角的技术选择与区域发展效率研究/张月玲著. —厦门:厦门大学出版社,2017.5

(经管学术文库)

ISBN 978-7-5615-6521-6

Ⅰ.①要⋯　Ⅱ.①张⋯　Ⅲ.①劳动力资源-研究-中国　Ⅳ.①F249.21-54

中国版本图书馆 CIP 数据核字(2017)第 122086 号

出 版 人	蒋东明
责任编辑	吴兴友　潘　瑛
封面设计	蒋卓群
技术编辑	朱　楷

出版发行 厦门大学出版社

社　　址	厦门市软件园二期望海路 39 号
邮政编码	361008
总 编 办	0592-2182177　0592-2181406(传真)
营销中心	0592-2184458　0592-2181365
网　　址	http://www.xmupress.com
邮　　箱	xmup@xmupress.com
印　　刷	厦门集大印刷厂

开本	720mm×1000mm　1/16
印张	14.5
插页	2
字数	300 千字
版次	2017 年 5 月第 1 版
印次	2017 年 5 月第 1 次印刷
定价	58.00 元

本书如有印装质量问题请直接寄承印厂调换

厦门大学出版社
微信二维码

厦门大学出版社
微博二维码

摘　要

　　技术并非独立于生产要素,适宜性技术选择有助于发展中大国充分利用要素禀赋差异推动区域经济协调发展。中国是劳动力丰裕国家,比较优势战略的实施有效开发了低素质劳动力资源,资本积累快速增长,却难掩这种技术选择路径依赖所面临的收益递减窘境:在投资驱动型经济增长模式下,高投资和资源配置无效率普遍共存。忽视技术和生产要素交互融合与匹配发展,仅局限于改变要素投入和技术进步本身已无法实现技术效率提升。

　　从区域尺度空间看,我国要素禀赋非均衡分布和地区经济技术发展不平衡亦是不争的事实。然而,基于随机前沿分析研究地区增长差异的既有文献,普遍假设中国所有区域生产函数相同,将不同区域的要素协同方式做趋同化处理,无视区域要素异质性、要素匹配差异性、技术选择适宜性,因而难以揭示区域经济非均衡增长本质。本书基于要素演进视角,创新性地将适宜技术选择理论与随机前沿分析相融合,通过构建区域同质和异质随机前沿生产函数,揭示我国丰裕劳动力比较优势的动态变化,深度剖析区域非均衡增长本质。

　　本书一系列实证研究表明:中国技术选择与要素结构匹配存在一定的适宜性,我国相对丰富的劳动力资源禀赋存在动态比较优势;而区域适宜技术选择与要素结构匹配具有明显差异,人力资本结构、技术吸收能力和人力资本质量匹配是制约前沿技术选择的决定性影响因素;在资源禀赋约束下,各区域之间存在着梯度互补、轮动协同发展优势。

　　首先,基于区域同质性前沿生产函数构建,笔者发现:我国经济增长得益于非技能劳动累积效应、资本投入规模效应和技术效率改善;异质性劳动对前沿技术结构的影响在悄然变化,非技能劳动对中国经济持续增长的影响趋于弱化,技能劳动则越来越重要,而非技能和技能劳动协同增长效应表明,非技能劳动是培养和创造技能劳动不可缺少的基础。基于同一前沿基准面的区域 TFP 增长率分解显示,东部技术效率水平远高于中西部地区;三大区域偏向性技术进步均呈递增趋势,即技术与要素耦合发展推动着要素边际生产率的非对称性提高;但规模效应负增长已成为各区域 TFP 增长的最大掣肘因素。

其次,基于区域异质性前沿生产函数构建,笔者发现,三大区域前沿技术结构存在明显差异:东部经济增长更多地得益于要素规模投入,不同要素之间缺乏交互影响;相反,中部经济增长更多地得益于要素协同增长效应,高质要素投入匮乏;西部生产结构则兼有二者特征却又有不及。基于不同前沿基准面的 TFP 增长率分解显示,中西部技术效率水平并不必然低于东部地区;唯有东部具有正向增长的规模效应;唯有中部存在正向增长的偏向性技术进步。

最后,将人力资本和体制性变量纳入随机前沿模型,深度解读技术选择与要素结构匹配差异下的区域非均衡增长本质。结果发现,人力资本结构、技术吸收能力和人力资本质量匹配是前沿技术结构的决定性影响因素;区域技术选择与要素结构匹配存在明显差异。东部前沿技术水平明显低于要素禀赋结构水平,资本积累缺乏动态效率,东部技术选择存在欠适宜性。中部前沿技术水平偏高于要素禀赋结构水平,因潜在劳动力得到有效开发,资本积累具有动态效率,赶超型技术选择与要素结构存在一定适配性。尽管西部技术选择与要素结构存在适宜性匹配,却未能充分发挥非技能劳动比较优势,资本积累缺乏动态效率。

各区域应有针对性地加大不同层级人力资本投资,在扩大开放的同时关注引资质量,重视在"干中学"过程中培育和提高劳动力素质,强化技术、资本、劳动交互融合与匹配发展意识,充分发挥不同区域的技术潜能。可以预测,在即将到来的区域经济梯次、轮动发展大潮中,在完善要素市场的前提下,通过选择适宜技术,我国相对丰富的劳动力禀赋比较优势将再次发挥重要作用。

目　录

Contents

◆ 第一章 ◆

绪　论

1.1　选题背景

改革开放以来,中国以大规模低价劳动力要素禀赋比较优势为基础,通过"市场换技术""出口退税"等政策倾斜,鼓励国际生产性资本进口和商品出口,解决了发展过程中"劳动力丰富但资本与技术稀缺、经济动员能力强但内需不足"的矛盾[1]。劳动密集型产业和"适用"技术选择使得低素质劳动力资源得到有效开发和利用,促进了资本形成和快速积累,带动了就业和经济规模的扩张,使我国经济总量高速增长,但是却难掩这种技术选择所面临的收益递减窘境:在投资驱动型经济增长模式下,高投资和资源配置无效率现象普遍存在[2-8]。在 1980 年代,我国经济体内的 TFP 平均增长率为 3%～4%,对产出贡献率约30%,90 年代后 TFP 增长下降到 1%～2%,21 世纪后甚至转为－1%,对经济增长贡献率下降到 10%[9]。龚关和胡关亮的研究发现,如果资本和劳动均为有效配置,1998 年制造业 TFP 将提高 57.1%,2007 年将提高 30.1%[10]。Zhu 的估算也印证了这一结论,即要素市场扭曲使得中国全要素生产率损失 30%,尤以资本要素市场扭曲最为严重[11]。唐根年等则发现,我国东南沿海制造业已经出现空间集聚过度,要素拥挤引发的要素配置效率损失正在蚕食着规模经济性[12]。越来越多的学者发现,随着我国经济规模不断扩大,规模经济效率不显著甚至出现负效应[13-14]。

资源配置方式的转换取决于技术选择[15],而技术进步会改变资源配置方式、规模与效率[16]。诚如内生增长理论所言,技术进步是经济长期持续增长的关键因素,但并非技术进步越快越好[17],经济增长方式的转变具有"阶段性"特征[18]。遗憾的是,追求资本密集型技术创新、忽视劳动密集技术的运用几乎成为发展中国家的"通病"[19]。技术选择偏差导致欠发达国家虽拥有资本密集型技术,产业结构升级迅速,但收入分配恶化、有效需求不足、经济增长率下降、失业率上升多症并发。世界经济发展历史实践表明:技术选择问题是发展中国家制定经济发展战略的重要问题,发展战略选择是否得当,技术选择是否恰当,直接影响经济增长绩效。

然而,技术并非独立于生产要素,技术进步通常以提高要素生产率和配置效率方式与资本和劳动要素耦合发展而非对称性地提高要素生产率。诸多研究中国地区增长差异的文献往往拘泥于数量型经济增长阶段特征,习惯于从数量、静止、同质的角度考察生产过程中的要素投入,孤立地看待要素积累和TFP增长率变化,无视技术与资本、劳动要素日益紧密地交互耦合与匹配发展的新经济增长背景,忽视要素质量的非对称演进对要素组合整体效率协同发挥的冲击,因而难以解释为什么仅局限于改变要素投入和技术进步本身已经无法实现技术效率提升的现实窘境。

此外,作为发展中大国,我国要素禀赋非均衡分布、地区经济技术发展差异巨大是不争的事实。但是,基于随机前沿分析研究中国地区增长差异的文献却普遍假设所有区域生产函数相同,将不同区域投入要素的协同作用方式进行趋同化处理,忽视各区域受自身要素禀赋条件制约而选择适宜技术以实现经济增长。同质性随机前沿生产函数假设忽视了区域要素异质性、要素结构匹配差异性、技术选择适宜性,因而难以有效区分区域生产技术差异,更难以探究中国区域经济非均衡增长的本质。

继1997年我国出现产能过剩,随之而来的便是伴随产业升级的"投资潮涌"[20],我国东部沿海地区劳动密集型产业的"民工荒"和"招工难"以及明显的"机器换人潮"[21]引发学界对过度资本深化的担忧;新世纪以来,资源向资产部门过快集中,资本化扩张、经济虚拟化、实体经济创新不足、"大学生就业难"与"高级技工荒"并存等问题对经济稳定和长期发展构成新的挑战。我们不禁要问:中国相对丰富的劳动力比较优势是否还在?作为发展中大国,我国区域经济技术发展不平衡的本质是什么?区域技术选择与其要素禀赋结构是否存在适宜性匹配?区域之间是否存在劳动力比较优势的动态变化?异质性人力资本规模及其结构如何影响区域经济增长?普遍存在的资源配置无效率根源在哪里?哪些要素之间存在错配?作为资源配置手段的技术是如何演化的?不同的技术选择如何影响区域经济发展效率?制约区域技术选择的决定因素又是什么?

　　客观存在的区域经济发展差距未尝不是推动区域经济进一步协调发展的动力。本书关注我国丰裕劳动力内部结构的异质性分化,立足于地区要素禀赋非均衡分布及区域经济技术不平衡发展的事实,以异质性劳动投入为主线,从人力资本规模效应和存量结构效应递进切入,探讨区域前沿技术选择差异、要素边际生产率演进、技术进步路径变化、要素替代弹性变动、经济增长质与量的演化、资本积累动态效率,详细剖析区域经济发展效率差异,从技术选择与要素结构匹配视角揭示区域经济非均衡增长的本质,进一步科学认识并利用区域经济技术发展差异,为推动区域经济梯次、轮动、协调、统筹发展献言献策。

1.2　相关概念的界定与辨析

　　新古典经济模型正是通过引入“技术”变量使得静态性生产要素实现了动态演进。新古典生产函数的主要特征之一就是要素之间相互可替代[22],也正是各种投入要素的质量及其组合方式反映出生产的技术水平,即生产函数中隐含着技术进步的作用,它为人们研究技术进步与经济增长提供了一种简洁而有效的分析工具。

1.2.1　技术与技术进步

　　在现实经济活动中,资本、劳动以及自然资源等总是按照一定比例、以某种具体形式结合在一起方能形成一定的生产能力,而技术决定并限制着要素投入组合转化为产出的可能性。在经济增长理论中,通常以生产函数来描述企业或厂商的生产技术。厂商在生产过程中不仅面临着资金成本约束、市场需求约束,更需要满足技术可行性约束。当多种投入只生产出单一产品时,企业技术可用生产函数的一般形式表示为:

$$Y = F(X_1, X_2, \cdots, X_n) \tag{1-1}$$

　　其中,Y 代表产出量,$X_1, X_2, \cdots, X_n$ 分别表示与产出相关的 n 种生产要素的投入量。

　　技术是有弹性的,对于等量产出往往可以由投入要素的不同组合来实现,即资本与劳动的配置比例在一定的范围内是可以变动的。厂商或企业会根据要素相对价格变化而改变投入要素的组合比例以实现生产成本的最小化。经济学生产者理论中的边际技术替代率反映了资本和劳动之间存在着的客观技术关系,即边际技术替代率呈递减规律变化。

技术进步能带来生产可能性边界的外扩,即在不增加生产要素投入也不改变要素投入结构的条件下,仅仅因为技术的改进而导致了产出的增加。技术进步有广义和狭义之分。狭义技术进步是指在硬技术应用方面所取得的进展,即通过使用效率更高的劳动工具以提高劳动生产率的过程;广义技术进步则是指在一个经济系统的产出增长中剔除劳动和资本等生产要素投入量的增长带来的产出增长后,所有其他要素产生作用的总和。也就是说,广义技术进步不仅包括狭义技术进步,还包括经济发展过程中劳动者知识、技能的提高,技术扩散,要素配置效率及规模生产效率的改进、制度创新等等。在经济增长分析中,一般用全要素生产率(TFP)来衡量这种广义技术进步。

1.2.2　技术选择与要素结构

从经济学观点看,资源禀赋的约束是促成技术选择的主要原因,因为从事任何经济活动可利用的资源总是有限的,这就使得技术选择问题演变成新旧技术对可供使用的要素资源的竞争。因而,技术演进过程实质上就是技术进步路径选择与一个国家或地区要素禀赋结构变动的动态适度匹配过程。二者之间的适配契合度越高,技术进步效果越好;一旦技术选择出现偏差,技术结构与要素禀赋结构之间的偏离或错配必然导致技术效率损失,并减缓经济增长进程。技术选择问题是发展中国家制定经济发展战略的重要问题,技术选择以及技术进步的方式将直接影响一个经济体的增长速度和绩效[23]。

要素结构与要素组合既相区别又相联系。要素结构通常是指一个国家或地区的要素禀赋数量及质量构成,代表着经济生产过程中的条件约束而具有基础性作用;要素组合则往往表示一国或地区的生产能力,不仅仅表现出单一要素性质,在组合条件下可能会出现整体大于个体之和的经济最优生产能力,因而具有收益最大化特征,而要素组合的外溢性能动地对要素质量和数量形成冲击,从而改变要素结构[24]。

技术选择内生于不同的要素组合中。正如熊彼特(1990)所言,"不同的生产方法只有通过组合的方式才能加以区别"[25],新的生产方法需要新的要素结构的支撑与实现。在以总量生产函数来分析产出增长过程时,生产可能性边界的移动可能同时会伴随着沿原有生产边界的滑动。其中,对应着生产可能性边界移动的部分,是由"无成本效应"提高带来的产出增长[26];而对应着沿原有生产边界滑动的部分,则是因为要素之间可替换使用所导致的产出增长[27]。如图 1-1 所示的单投入产出生产模型。

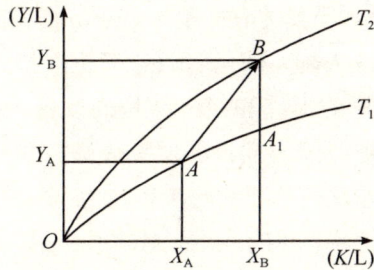

图 1-1 技术进步与技术选择

其中，T_1 和 T_2 分别表示不同技术水平下的生产函数，当点 A 移动到点 B 时，相应地产出由 Y_A 增长到 Y_B。这一增长过程可分解为：一是沿着生产函数 T_1 从点 A 滑动到点 A_1，表示要素投入增加导致了产出增加；二是跨生产函数 T_1 和 T_2 的移动，从点 A_1 到点 B 表示要素投入不变情况下的产出增加，即技术进步引起的产出增加。而技术进步过程中发生的要素投入在不同比例上的替换，即由 A_1 到 B 的移动就是技术选择过程。

适宜的技术选择通过改善要素之间的匹配方式，提升要素组合的整体效率，进而产生规模经济。从理论上讲，要素投入量的增长是有限的，而技术进步可以是无限的，因而在资源禀赋约束下，如何优化资源配置以提高要素组合的匹配效率是技术选择的重要内容。经典经济学边际技术替代率告诉我们，要素之间的替代是有限度的。一方面，要素之间因质量差异较大而在技术上存在替代困难的"技术约束效应"；另一方面，虽然技术上可行，但由于相关要素供给的数量约束导致替代存在困难的"天花板效应"[28]。因此，技术选择与要素禀赋结构之间存在着适度匹配。

技术进步与技术选择相互依存、相互影响。技术选择作为资源配置的手段，技术选择的适宜性不仅影响技术进步方向，而且偏向性技术进步通过提高要素生产率改善要素结构匹配，进而提高技术选择层次。正是由于资源的稀缺性以及不同资源可供选择的用途之间的替代性，以及技术进步与资本和劳动要素耦合发展上的协同性，使得适宜性技术选择与要素禀赋结构动态适配成为促进区域经济持续增长的动力源泉。

1.2.3 经济发展效率

经济增长源泉不仅包括要素投入数量引致的外延扩大再生产，还包括要素使用效率提高带来的内涵扩大再生产。因而，经济增长不仅涵盖数量要求而且兼具质量规定性,是数量和质量的有机整体。经济增长的度量指标一直以来沿用国内生产总值(GDP)或人均 GDP 表示,它侧重于描述经济数量的增长。经济发展更侧重于经济质量的提高和经济结构的改善,它是经济持续增长的结果。经济增长和经济发展共同构成经济增长数量与质量、总量与结构的统一,而学界对于经济增长质量测度的研究起步较晚,主要是在经典经济增长理论框架基础上计算全要素生产率(TFP)或增长效率。

本书所涉及的区域经济发展效率,除了以地区 GDP 增长和 TFP 增长分别在数量和质量上予以度量之外,还剖析了要素边际生产率演化、技术进步路径变化轨迹、要素替代弹性演变、资本积累动态效率变化,以及 TFP 增长率分解项的变动趋势。其中,对于区域 TFP 增长率的测算采用了两种方法,一是基于随机前沿生产函数的分解法(SFA),二是索洛增长核算法(SRA)。

1.3　研究意义

单纯技术进步本身并非经济效率变化的全部,技术进步的非连续性与生产要素的阶段性转换贯穿经济增长全过程。然而,既有研究中国地区增长差异的文献普遍孤立地看待要素积累与技术进步对经济增长的贡献,而忽视技术进步方向、要素异质性、要素结构演进之间的交互融合和匹配发展对提升技术效率的重要意义。

针对我国投资驱动型经济增长模式下高投资与资源配置无效率的共存现象,本书从适宜性技术选择与要素结构匹配的视角,考察我国丰裕劳动力资源比较优势的动态变化及不同区域的经济增长特征,强调重视技术、资本、劳动之间的耦合发展和动态匹配,以实现"人尽其才、物尽其用",促进要素组合协同效率的发挥。

本书的研究具有现实上的针对性、视角上的新颖性、选题上的前瞻性和实证上的稳健性。

1.3.1　理论意义

(1)将适宜技术选择理论与生产效率理论有机地整合于随机前沿分析框架内,拓展了两种理论对发展中大国区域经济协调发展实践的理论指导意义。针对随机前沿分析地区增长差异的既有文献,普遍假设中国所有区域具有相同的生产函数,忽视不同区域受制于自身资源禀赋条件约束而选择适宜技术以实现经济增长。本书立足于我国要素禀赋非均衡分布的现实,通过构建区域异质性随机前沿生产函数,以有效甄别区域技术选择差异,揭示区域非均衡增长本质。

(2)经典经济学在同质要素的基础上,强调成本最小化下的最优要素组合比例配置;要素质量理论则基于要素异质性,强调收益最大化下的最优要素组合效率配置。本书将两种理论有机融合,分别在随机前沿生产函数框架内实证分析了人力资本的规模效应和结构效应对区域前沿边界的影响,突出我国劳动力比较优势的动态变化,以及由此衍生的区域技术选择与要素结构匹配差异。

(3)将要素拥挤理论和要素替代弹性分析结合,基于我国劳动资源禀赋比较优势的区域性动态变化特征,强调要素组合整体效率协同发挥往往因要素替代弹性有限度而存在着木桶短板效应,并进一步揭示区域生产不经济产生的根源。

1.3.2　实践价值

(1)有助于科学认识我国相对丰裕的劳动力资源比较优势的动态变化,强调经济增长过程中的要素异质性演进,在技术、资本、劳动要素日益紧密地交互融合与匹配发展的新增长背景下,各区域要有针对性地加大不同层级人力资本投资力度;应结合自身的要素禀赋条件,在关注引资质量的前提下扩大开放程度,重视在"干中学"、"投中学"过程中培育和提高劳动力素质,强化技术、资本、劳动交互融合与匹配发展意识,充分发挥不同区域的技术潜能。

(2)从生产系统角度而非单维度的要素分析,强调以技术、资本、劳动耦合发展与适度匹配,推动经济规模走向规模经济性而促进经济协调自主发展,而不是囿于同质性要素思维,仍拘泥于试图通过改变要素投入和技术进步本身来实现技术效率提升,忽视资源禀赋约束下数量型经济增长模式的不可持续性,忽视要素质量演进及要素投入结构与技术环境的相依性,适宜性技术选择与要素禀赋结构之间动态适配才是促进区域经济持续增长的动力源泉。

(3)通过揭示发展中大国区域经济非均衡增长本质,有助于科学地认识和充分地利用地区技术多元化及其适应性特征,把目前存在的区域增长格局转到更加符合地区资源禀赋从而符合比较优势的轨道上来。同时有利于充分利用地区发展差异提升区域优势互补能力,为制定区域协同而差异化的发展战略提供有价值的参考依据。

1.4　研究内容和方法

诸多研究中国地区增长差异的文献,往往拘泥于数量型经济增长阶段特征,习惯于从数量、静止、同质的角度考察生产过程中的要素投入,孤立地看待要素积累和 TFP 增长率变化,无视技术与资本、劳动要素日益紧密地交互耦合与匹配发展的新经济增长背景,忽视要素质量的非对称演进,以及由此衍生的要素结构动态匹配变化对要素组合整体效率协同发挥的冲击。

此外,我国要素禀赋非均衡分布、地区经济技术发展差异巨大是不争的事实。然而,基于随机前沿分析地区增长差异的既有文献,普遍假设中国所有区域生产函数相同,将不同区域生产过程中的要素协同作用方式进行同一化处理,无视区域要素异质性、要素匹配差异性和技术选择适宜性,忽视不同区域受制于自身资源禀赋条件约束而选择适宜技术以实现经济增长,因此难以有效甄别区域生产技术差异,更难以揭示发展中大国的地区技术多元化及其适应性特征。

本书着眼于我国丰富劳动力资源内部结构的异质性分化,围绕技术选择与要素禀赋结构匹配的区域性差异,从要素质量演进视角递进切入,实证分析劳动异质性、人力资本规模效应、人力资本结构效应对区域前沿技术选择及经济发展效率的影响差异,考察我国丰裕劳动力资源比较优势的动态变化及不同区域的经济增长特征,以揭示区域经济非均衡增长本质,为制定区域协同而差异化的发展战略提供参考依据。

1.4.1　基本思路及主要内容

(1)结合现实背景进行理论和实证文献回顾,以明确本研究的核心问题及解决方法。在理论铺垫方面,从要素演进视角切入,回顾对要素认识由数量到质量、由同质到异质、由静态到动态的不断深化和广化的过程,揭示技术与要素耦合发展的本质,突出适宜性技术选择与要素结构匹配的重要性。在实证综述方面,紧扣我国要素禀赋非均衡分布和地区经济技术发展差异的不争事实,围绕适宜性技术选择与要素禀赋结构的动态匹配,强调要素异质性、要素匹配性和技术选择适宜性。在 TFP 估算方法论方面,介绍基于生产函数计量回归基础上的索洛增长核算法和随机前沿分解法,给出测算 TFP 增长率的方法步骤,强调随机前沿分析方法在本研究中的适用性。

（2）基于偏向性技术进步理论，从劳动异质性视角，在 CES 生产函数框架内，讨论多要素组合基础上的多元化技术选择形成机理，为进一步的实证研究提供理论依托。但 CES 生产函数不变替代弹性假设使其具有稳态增长特征，对处于转型路径上的经济体而言，作为生产函数的一个重要技术参数，替代弹性显然地与要素相对丰裕程度、要素质量匹配以及要素之间的协同作用方式息息相关。因此，在实证研究中选择了包容性强且具有可变替代弹性的超越对数生产函数，以充分考虑不同要素之间的交互作用对要素相对替代弹性的影响，同时注意对预先设定的多种函数形式进行适宜性检验，筛选出拟合样本最佳的函数形式，尽量避免函数先验设定偏误，以确保结果稳健性。

（3）诸多关于中国经济增长质量及地区发展差异的研究文献，普遍基于要素同质性假设而忽视我国丰裕劳动力比较优势的动态变化，虽然区分了劳动力投入和人力资本积累，但仍对劳动力做同质化假定，将就业总量直接等同于劳动力投入，忽视教育体制改革和"干中学"技术进步机制对劳动力素质以及劳动力内部结构配置的巨大影响。

本书第四章在 Battese 和 Coelli（1992）面板数据随机前沿生产模型框架内，以受教育学历细分劳动为非技能劳动和技能劳动投入，探讨异质性劳动投入对中国前沿技术选择的影响，并基于同一前沿基准面比较区域发展效率差异。结果发现：异质性劳动对前沿技术结构的影响正在发生悄然变化；区域技术效率水平梯度差异明显；规模效应负增长是各区域 TFP 增长的最大掣肘因素。然而，为什么三大区域具有相同的前沿技术结构，但各区域技术进步偏向却明显不同？这意味着，要素替代弹性具有区域性特征，即生产要素之间的协同作用方式并不相同，区域前沿生产函数存在差异。

（4）正如熊彼特（1990）所言，"不同的生产方法只有通过组合方式才能加以区别"。而基于随机前沿分析地区增长差异的研究文献，普遍假设中国所有区域具有相同的前沿生产函数，无视我国要素禀赋非均衡分布、地区经济技术发展不平衡的不争事实。同质性前沿生产函数假设将各区域生产过程中的要素交互影响方式都进行了趋同化处理，无异于消弭了区域之间的要素异质性、要素匹配差异性及技术选择适宜性，根本无从有效甄别前沿技术选择的区域性差异，更无从揭示区域经济非均衡增长的本质。

本书第五章创新性地将适宜技术选择理论纳入随机前沿分析框架，利用 Battese 和 Coelli（1992）面板数据模型，构建三大区域异质性前沿生产函数，以有效甄别要素协同作用方式差异，比较我国丰裕劳动力比较优势在区域之间的动态变化,并基于不同前沿基准面,深度解读区域经济非均衡增长本质。结果显示:三大区域前沿技术结构明显不同;唯有东部具有正向增长的规模效应,唯有中部偏向性技术进步率恒为正,要素替代弹性亦存在明显区域差异。由于异质性劳动以受教育学历划分,因此本章更偏向人力资本规模效应对区域发展效率的影响。

(5)人力资本水平是决定适宜性技术选择的关键因素,但不同类型人力资本对技术效率的影响存在差异,人力资本结构与前沿技术结构的适度匹配相较于单纯人力资本数量增加对区域发展效率的影响更为重要。

本书第六章依然着眼于我国丰裕劳动力比较优势的动态变化,从多维度、多层次刻画劳动要素异质性,在第五章既有实证结果的基础上,进一步探讨人力资本结构效应对前沿技术选择及区域发展效率的影响差异,即以受教育年限区分人力资本结构、人力资本技术吸收能力、人力资本结构匹配、体制性变量一起作为生产效率的影响因素,纳入 Battese 和 Coelli(1995)随机前沿分析框架。结果表明,要素边际生产率及技术进步路径演进、要素替代弹性变化、资本积累动态效率演化与区域各自前沿生产函数所表达的内容高度契合。这意味着,区域经济非均衡增长的本质在于前沿生产函数差异,即区域技术选择与要素结构演变的动态适配,尤其是人力资本结构、人力资本技术吸收能力及人力资本质量阶梯上的适配对前沿技术结构的变动具有决定性影响。

(6)结果分析与政策建议。第七章归纳概括各章主要结论,针对不同区域经济增长特征,给出区域协同而差异化发展政策思考与建议。从同一前沿基准面看,中国技术选择与要素结构匹配存在适宜性;从区域尺度空间看,技术选择与要素结构匹配具有明显的区域性差异,但区域之间存在着梯度互补、轮动协同发展的优势。各区域应结合自身要素禀赋结构情况,选择适宜技术以促进技术、资本、劳动交互融合与匹配发展,充分发挥不同区域的技术潜能。

本研究技术路线如图 1-2 所示。

1.5　主要创新点

第一,在研究视角上,既有研究中国地区增长差异的文献往往拘泥于数量型经济增长阶段特征,习惯于从数量、静止、同质的角度考察生产过程中的要素投入,孤立地看待要素积累和 TFP 增长率变化,无视技术与资本、劳动要素日益紧密地交互耦合与匹配发展的新经济增长背景。本书基于要素异质性视角,尤为关注我国丰裕劳动力比较优势的动态变化,围绕适宜性技术选择与要素结构匹配性,揭示区域非均衡增长本质。结果发现,东部前沿技术选择水平低于其经济发展阶段的要素禀赋结构水平,其本质在于倾向要素规模投入而忽视要素协同增长效应;中部虽然选择了适宜的前沿技术,但技术结构决定的技术水平偏高于其经济发展水平,高质要素增量投入匮乏而存在天花板效应,较低的要素禀赋结构水平导致要素组合规模效率损失长期存在;西部前沿技术选择与其要素禀赋结构水平存在适度匹配,却未能充分利用和开发其非技能劳动相对充裕的比较优势。

第二,在实证模型改进上,针对既有随机前沿分析普遍假设中国所有区域具有相同生产函数,无视我国要素禀赋非均衡分布及地区发展差距迥异的不争事实,忽视不同区域生产过程中要素投入的异质性、要素匹配差异性和技术选择适宜性,将所有地区生产要素交互作用方式做趋同化处理,无从有效甄别区域生产方式差异,因而也难以揭示区域非均衡增长本质。本书基于适宜性技术选择与要素禀赋结构匹配视角,充分考虑到各地区受制于自身资源禀赋条件约束而选择适宜技术以实现经济增长,分别为三大区域构建异质性随机前沿生产函数,以充分体现区域要素异质性、要素匹配差异性和技术选择适宜性,更为有效地甄别区域生产过程中投入要素之间的协同作用方式差异,进而深度揭示区域非均衡增长本质。

第三,在分析工具选择上,从要素投入结构与技术环境的相依性切入,采用动态要素替代弹性分析,判别要素投入结构变化及其合理性,进一步解读区域生产不经济产生的根源。基于随机前沿超越对数生产函数,推导技术与要素以及要素之间的相对替代弹性,揭示技术进步的非连续性与生产要素阶段性转换中所蕴含的技术选择与要素禀赋结构动态适配性。

第四,在理论基础延拓上,将经典经济学生产理论中的要素组合原则与要素质量理论中的要素组合原则融为一体,强调适宜性技术选择与要素禀赋结构的动态匹配,不仅包括成本最小化下的最优要素组合数量匹配,还包括在既定的最优要素组合比例下,以最优要素组合质量匹配实现要素结构最大化生产收益。经济效率不仅来源于要素生产效率的提高,还受到要素投入组合变化带来的配置效率的影响。要素生产效率的提高只能导致产出增加,而要素结构的优化不仅带来产出增加,还伴随着经济结构质量性质的变化,有利于要素之间协同效应的发挥。

1.6   研究特色

在研究立意方面,突出现实性和前瞻性。本书基于我国劳动力资源丰裕的现实,以及投资驱动型经济增长模式下普遍存在的要素投入结构失衡和资源配置低效现象,而既有地区增长差异研究文献往往拘泥于数量型经济增长阶段特征,囿于区域要素同质性视角,孤立地看待要素积累和技术进步对经济增长的影响。本书将技术进步偏向性与要素异质性演进相结合,从技术、资本和劳动耦合发展角度,探讨技术选择与要素结构的动态匹配对区域发展效率的影响。

在全书架构处理上,偏重实证对比动态分析。以"要素异质性演进"为引线,紧紧围绕"适宜性技术选择与要素禀赋结构匹配"这一中心,分别基于区域同质和异质性随机前沿生产函数假设,考察异质性劳动及异质性人力资本下的技术选择与要素结构匹配差异对区域发展效率的影响,各章节之间既环环相扣、层层推进,又能独立成章。

在指标选择上,本书更趋于多维度、多层次以凸显要素异质性。以受教育学历区分劳动异质性投入,以受教育年限区分人力资本结构,同时以不同层级人力资本和贸易开放度、外资依存度的交叉项分别表征各级人力资本的技术吸收能力,利用不同层级人力资本的交互项来考察要素质量阶梯上的适配性。

在计量方法上,本书区别于缺乏对设定的生产函数进行适宜性检验而诸多采用随机前沿函数测算 TFP 增长或研究经济收敛的文献,预先设定多种函数形式,利用似然比(LR)检验,逐步筛选出三大区域前沿生产函数的具体形式,以避免生产函数先验设定偏误,确保结果的稳健性。

◆ 第二章 ◆

理论溯源与研究综述

我国地区经济技术非均衡发展是不争的事实,投资驱动型增长模式下的资源配置无效率现象普遍存在。但是,既有研究地区增长差异的文献往往拘泥于数量型经济增长阶段的特征,孤立地看待要素投入和技术进步对经济增长的贡献,忽视技术与生产要素之间的耦合发展,进而忽视了要素质量演进过程中的技术选择与要素结构动态适配对发展中大国地区经济协调发展的影响。

本章在理论基础方面,从要素演进视角切入,回顾了要素禀赋理论、经济增长理论、竞争优势理论、偏向性技术进步理论、适宜性技术选择理论、要素拥挤理论和大国经济优势理论,突出对要素的认识由数量到质量、由同质到异质、由静态到动态的不断深化和广化的过程,揭示作为资源配置方式的转换手段并贯穿经济运行之中的技术选择对要素组合最大化生产收益的决定性作用。在实证研究方面,紧扣发展中大国经济多元化特征,结合我国地区要素禀赋非均衡分布的现实,围绕技术选择与要素禀赋结构的动态匹配关系,强调要素异质性、要素结构匹配性和技术选择适宜性。在 TFP 增长率估算方法论方面,本章主要介绍实证分析中用到的索洛增长核算法和随机前沿分解法,并强调随机前沿生产函数分析在本研究中的适用性。

2.1 要素演进视角的经济增长理论

经济体的禀赋是分析经济发展的起点。在任何给定的时间内,经济的禀赋也是既定的[29]。它是指一个国家或地区所拥有的资源状况,其不仅包括量的条件,还包括质的条件[30]。经济学家一般认为,一国禀赋是由土地或自然资源、劳动力和资本(包括物质资本和人力资本)构成的,而这些也是经济中的企业用于生产的要素禀赋。生产要素与经济活动过程密切相关,生产过程中所投入的生产要素的数量和质量、组合状态和比例、配置方式和效率,都影响和改变着整个社会财富的积累速度和经济增长的质量。

2.1.1　要素分析视角

要素是经济活动的客观基础,是进行物质资料生产所必须具备的基本因素或条件,它既可以是具体的、实物性的,如资本、劳动、土地,也可以是无形的、抽象性的,如管理、技术、决策等。经济学对生产要素的认识经历了一个由数量到质量、由同质到异质、由静态到动态的不断深化和广化的过程。

2.1.1.1　国际贸易理论与静态要素禀赋

最早研究要素禀赋对经济影响的是国际贸易理论中的绝对成本和相对成本论及其拓展学说,包括斯密模型、李嘉图模型、赫克歇尔—俄林模型(H-O)以及赫克歇尔—俄林—凡耐克(H-O-V)模型的分析思想。

比较优势理论的要素思想。亚当·斯密在《国富论》中开创性地提出了关于劳动力要素的绝对成本论观点。他认为分工会导致劳动要素生产力提高,强调财富是劳动者创造的。斯密把劳动生产力视为决定经济增长的最重要因素,劳动效率的提高是经济增长的唯一源泉[31]。李嘉图以劳动价值论为基础,对斯密的要素理论进行拓展,提出了比较优势理论。在他的国际贸易模式中,劳动力是唯一的生产要素但具有异质性。他认为,生产效率产生的比较优势是引致国际贸易的主要原因[32]。绝对成本理论和相对成本理论都采用单要素分析法,即劳动要素分析法,强调经济增长取决于各国既定的劳动要素存量或者劳动要素生产效率。

古典要素禀赋理论思想。赫克歇尔在《对外贸易对收入分配的影响》中提出资源禀赋论的基本观点,俄林的《区际贸易和国际贸易》继承并发展赫克歇尔的论点,创立了要素禀赋理论。该理论以生产要素为基础,在 H-O 贸易模型中引入资本要素,从要素禀赋结构差异以及由这种差异导致的要素相对价格的国际差异来解释对外贸易的产生[33]。赫—俄理论认为,要素禀赋结构差异是国际贸易中各国具有比较优势的基本原因和决定因素。凡耐克拓展经典的 H-O理论形成 Hechscher-Ohlin-Vanek 定理。H-O-V 模型认为,在多要素禀赋条件下,通过对要素禀赋密集度相对效率大小的不同组合,一国也可以获得国际分工优势[34]。该定理突破了传统要素禀赋理论的双要素假定,将经济发展的微观要素扩展到多要素模型,为经济增长多要素分析以及要素组合理论提供了研究思路。

要素禀赋理论中的比较优势建立在一国固有的要素禀赋结构基础上,一方面,仅注重要素禀赋积累存量的作用,强调要素低成本价格竞争,忽视同质要素因其规模性带来的要素报酬递减特征;另一方面,无视生产要素质量、效率及产品差异化带来的竞争优势,无视异质要素因其稀缺性而拥有的要素报酬递增特征。正是技术、知识要素的兴起,推动要素沿着质量阶梯不断演进,使得由于同一低级要素增加而产生的粗放式、低收益增长陷阱不复存在[24]。

2.1.1.2 经济增长理论与要素异质性

新古典增长理论。1956 年索洛开始创建新古典增长模型,迈出了经济增长理论模型将外生变量内生化的第一步。索洛模型假设总量生产函数具有新古典性质,资本和劳动可以相互替代而生产等量产品,整个经济时刻处于要素供求均衡状态。在索洛模型体系中,劳动增长率和技术增长率是外生给定的,资本—劳动比则转化为经济增长模型中的内生变量,因而避开了哈罗德—多马模型中长期均衡增长的刀刃问题。从要素视角分析,索洛模型借助外生的劳动增长率和技术增长率来说明长期经济增长机制,无法解释劳动增长率和技术进步率如何决定,而是以"残差"表示技术进步,技术与要素之间没有相互关系。因此,其经济增长的要素基础也仅仅停留在静态的要素供给和静态的要素性质上,对经济增长的内在机制仍缺乏足够的认识。

Arrow 模型将技术进步或生产率提高视为资本积累的副产品,突出强调投资的溢出效应。阿罗认为,新投资具有外部性,不仅投资的厂商可以通过积累生产经验来提高要素生产率,而且其他厂商也可以通过学习而改善投入要素质量[35]。不过,他把这种"干中学"效应看作是对物质资本或技术的专门投资,忽视"干中学"主要来源于生产活动本身,抹杀了"干中学"的纯粹动态性质。Uzawa 则在资本积累框架中,研究了如何通过必要劳动投入实现最优技术进步的问题。宇泽模型假定劳动不仅用于物质资本生产过程,而且用于与技术进步相关的知识积累过程[36]。在这一模式中,无须外在的"增长发动机",仅由于人力资本的积累就能推动经济持续增长。以上模型把生产率提高视为其他经济活动的副产品,归之于其他经济活动所具有的外部性,因而要素分析思想仍是局限于静态要素性质,未能最终解决索洛残差来源问题,即未能将技术进步内生化。

新古典增长理论虽然将技术要素引入增长分析框架之中,但如同劳动和资本要素一样,都是经济增长的外生变量,忽视生产过程中要素之间的相互作用,尤其是割裂了技术进步对要素质量动态演进的影响,因而对于要素变化率的内生决定机制仍无法明确确定。但是,归纳上述一系列观点不难发现,技术并非独立于生产要素,正是由于技术进步的存在,要素是可以动态演进的,要素通过"干中学""投中学"外溢效应而提高自身生产率,进而存在着要素质量阶梯上的异质性分化过程。

新经济增长理论。经济增长模型将技术进步内生化开启了要素异质性演进历程。Romer、Lucas、Grossman 和 Helpman 强调各种形式的资本是经济增长的最主要引擎。他们认为新增资本投资的外部性、人力资本投资收益、R&D以及知识或技术在生产者之间的扩散有助于减缓资本积累报酬递减倾向,因而它们是经济持续增长的源泉。罗默在 Arrow 技术外溢基础上进一步用知识溢出解释经济增长现象。他将知识或技术视为厂商利润最大化行为的副产品,认为知识或技术的外溢效应提高了个体厂商以及市场中其他厂商的要素生产率[37]。罗默将资本总量分解为不同类型耐用生产品以建立资本与技术的生产过程,并强调不同资本品之间不能像新古典增长理论那样通过简单的总量相加就能进入生产函数,因其不能完全替代而应该彼此独立地进入生产过程。罗默对不同用途人力资本的区分凸显出同一要素的异质性及生产过程中的要素结构匹配问题。

卢卡斯的人力资本增长模型将资本区分为物质资本和人力资本,划分劳动为原始劳动和专业化人力资本,认为技术进步与人力资本相结合的"专业化人力资本"才是促进经济增长的真正动力[38]。卢卡斯把人力资本视为能够提高劳动者生产率水平的一种技能,并区分人力资本的两种效应为内部和外部效应。他指出,人力资本投资与积累所形成的生产能力具有外溢效应,不仅人力资本要素本身产生收益递增,而且还能使已投入使用的物质资本和劳动发挥规模优势,形成规模收益递增。正是这种源于人力资本外溢性的递增收益使人力资本成为"增长的发动机"。卢卡斯模型隐含了要素异质性差异以及多要素组合生产中的溢出效应,并锁定了多变量增长模型中对经济增长最为稳健的决定要素。Grossman 和 Helpman 的质量阶梯模型放弃了传统市场形态的完全竞争假设,将知识积累看作是 R&D 投资的结果,把创新作为技术进步变量引入分析模型,认为创新的根本动力在于企业利润最大化行为下有意识的 R&D 投资,技术进步则表现为产品种类的增加和产品质量的提高[39]。Grossman 和 Helpman 强调,正是一系列部门中产品质量阶梯的不断提高构成了经济增长的源泉。

内生增长理论通过在经济模型中引入"技术"变量而突破了传统静态性要

素假定,使得以静态性要素为基础的增长模型实现了动态演进。技术和知识的外溢性特征推动着静态性生产要素沿质量阶梯的演进,新要素和高级要素的不断涌现和增加冲击着传统要素存量结构,实现要素质量在不同等级尤其是高质量等级上的数量扩张,因而要素将从低级、丰富、廉价的禀赋结构向高级、稀缺而收益较大的禀赋结构动态演进[24]。然而,经济增长理论更多地关注均衡路径上经济增长的决定要素及其影响机制,却忽视了短期经济增长及其动态效率问题。在经济发展的不同时期、不同水平上,任何单独的经济增长要素都有可能处于相对地过度、短缺或适当状态,因此,任何单独的生产要素都不可能总是对经济增长产生单方向的促进或抑制作用,而是各个增长要素"协同"地"非线性"地作用于经济增长,生产要素之间的互补效应才是经济持续增长的动力源泉[40]。

2.1.1.3 竞争优势理论与要素质量阶梯

竞争优势理论从构建国家竞争力层面精辟论述要素发展的重要性、路径及方式,并借由"钻石体系"诠释要素组合优势及其多样性。波特认为,生产要素的培养和创造是一个国家由低级向高级阶段演化的必由之路。他将竞争优势区分为低层次的"成本竞争优势"和高层次的"创新竞争优势"。其中,成本竞争优势来源于生产中同质要素的规模投入,是由低成本带来的低价格竞争优势;创新竞争优势则源于要素异质性,通过对技术、设备、管理等的持续投资和创新不断提升产品质量所获得的竞争优势。相应地,波特将生产要素划分为初级生产要素和高级生产要素。初级生产要素是指能够被动继承的,或是仅需简单私人或社会投资就能拥有的基础要素,由于其存在的普遍性,因而只能提供最基本的竞争优势。高级生产要素往往是后天培育或创造出来的,需要风险性更高的私人或社会性投资,及其长期不断地积累,这类要素对产业发展更具决定性和持续性的创新竞争优势。波特认为,国家的繁荣是创造出来的,而不是继承来的,随着科技的快速发展,高级生产要素对竞争优势的重要性日渐上升,而以传统生产要素为比较优势的国家很快就会失去竞争力。一个国家要建立强大而持久的产业竞争优势,就必须发展高级生产要素。他同时强调,初级生产要素的数量与一定质量又是创造高级生产要素所不可缺少的基础,因此,他主张政府、企业和个人应共同对高级生产要素进行持续性的投入,以创造和保持要素结构的动态比较优势,进而形成国家竞争优势。

比较优势理论能够较好地解释各国在要素禀赋结构差异较大的情况下,一国可以凭借其比较优势而获得非持久的开放收益,却难以回答各国在要素禀赋结构相似的条件下如何展开竞争以获取更多的国际贸易利益。竞争优势理论则意识到要素积累过程中存在着"比较优势的退位"问题,因而更强调依靠高级生产要素创造来保持国家竞争优势。

2.1.2　要素结构分析视角

集中于要素视角而忽视要素结构变化对经济增长效率存在影响的新古典和内生经济增长理论,分别强调了总量生产函数中人均资本存量的提高和内生技术进步对经济增长的促进作用,却忽视了要素结构约束对经济增长的影响,因而难以解释初始资源禀赋类似的国家,为什么一些国家能够比另一些国家实现更多的资本积累、更高的技术进步和更快的经济增长;为什么一些国家的快速经济增长发生于特定的历史阶段,同样的资本投入和生产技术在不同国家却会出现完全相反的结果。要素与要素结构对一国经济生产构成约束条件,要获得经济更大的产出和更持续的增长,不仅投入要素的质量需要不断提升,还要通过要素组合优势突破要素结构约束,以实现整体大于个体之和的最大化收益。

要素结构与要素组合既相区别又相互联系。要素结构表现为一个国家或地区要素禀赋的数量与质量的构成,在经济活动中往往成为一国或地区生产过程中的条件约束。要素组合则表示一国或地区的生产能力,不仅仅表现出单一要素性质,在组合条件下出现整体大于个体之和的经济最优生产能力。

2.1.2.1　经典经济学中的要素比例组合原则

在多要素投入组合生产函数中,$Y = F(N_1, N_2, \cdots, N_i)$,$N$ 为广义经济要素种类,$i = 1, 2, \cdots, n$,各投入要素的边际产出分别记为 MP_{N_1},MP_{N_2},$\cdots$,MP_{N_i},要素价格为 P_{N_1},P_{N_2},$\cdots$,P_{N_i}。当 $MP_{N_1}/P_{N_1} = MP_{N_2}/P_{N_2} = \cdots = MP_{N_i}/P_{N_i}$ 时,即当各种要素每增加 1 个单位投入所增加的产量也都相等时,各要素之间的组合比例就达到了最优配置。如果要素组合中的任意一种要素增加 1 单位投入后所带来的产量增加与其他要素不等,那么,总可以从单位边际产量较小的投入要素上抽出部分资金,用来增加单位边际产量较大要素的投入量,以实现不增加要素成本情况下的最大产出。因而,要素最优组合原则就是,通过对要素投入量的不断调整,使得最后 1 单位的成本支出无论用来购买哪一种生产要素所获得的边际产量都相等,从而实现既定成本条件下的最大产量或者既定产量条件下的最小成本(图 2-1 和图 2-2)。

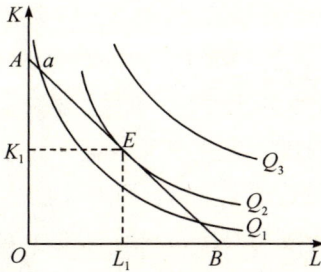

图 2-1 既定成本条件下产量
       最大要素组合

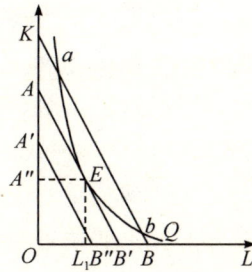

图 2-2 既定产量条件下成本
       最小要素组合

然而,要素边际产品价值等于要素价格只是说明要素达到了最优配置,并未涉及要素的最有效利用。比如,在既定的最优要素组合比例下,也可能存在着高质要素因低效配置而未能获得充分利用,即单位要素自身的利用效率问题,或者要素组合中因短边要素的存在而制约其他要素生产效率的发挥,抑或是由要素质量等级差异导致的不同要素匹配下的组合效率也不尽相同。由此可见,在要素价格形成过程中,虽然完全竞争的市场形态要求按照最优要素组合比例最有效地配置要素资源,但是,在既定的最优要素组合比例下,厂商可能面临多种最佳要素组合的选择。

2.1.2.2 要素质量理论中的要素效率组合原则

生产过程中的要素结构是由处于不同质量等级阶梯上的多种要素组合形成的,因而要素结构演进上的质量差异也往往表现为演进质量存在差异的要素的不同组合形式。这里借鉴邹全胜[24]对开放环境中要素质量阶梯分布下的要素组合原则的分析过程。假设市场上有三种质量呈阶梯排列的生产要素 $f_2 < f_3 < f_4$,因要素质量差异其要素价格相应排列顺序为 $P_{f_2} < P_{f_3} < P_{f_4}$。在开放条件下的要素组合生产中,不同质量等级的要素组合匹配收益分析(见图 2-3)如下:

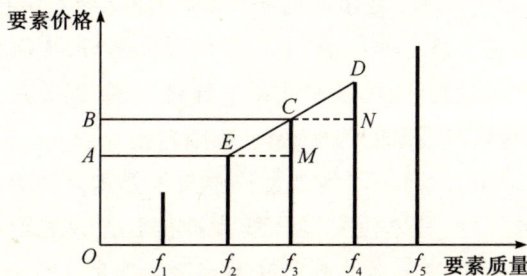

图 2-3 要素组合收益分配模型

(资料来源:邹全胜[41].开放经济增长与动态要素质量:理论与实证分析)

　　首先,一国或地区在开放过程中,如果以中间要素 f_3 与较高一级质量的要素 f_4 匹配组合,那么,在要素 $f_3 f_4$ 的组合收益 $OBCD f_4$ 中,四边形 $OBN f_4$ 为两要素共同收益,三角形 CDN 为要素 f_4 的单独收益。可见,要素组合生产中高级要素因其质量和稀缺性可以获得比低级要素更多的收益。如果以中间要素 f_3 与较低一级质量的要素 f_2 组合,那么,要素 $f_3 f_2$ 的组合收益 $OBC f_3$ 相比于 f_3 与较高一级质量的要素 f_4 的组合收益 $OBN f_4$,存在着 $f_3 CN f_4$ 的收益损失。因此,要素质量最优组合原则是:对一国低级生产要素应尽可能采取就高不就低的组合原则,以实现动态要素结构的最大化收益。

　　其次,如果一国或地区投入经济生产的要素相比于其他国家或地区具有较高级要素特征,这种情况下的异质性要素组合生产则存在着次优匹配问题,即如果该国或地区以高级要素 f_4 与较低一级质量的要素 f_3 组合,这种情况下的要素 $f_4 f_3$ 的组合收益为多边形 $OBCD f_4$,三角形 CDN 为要素 f_4 的单独收益;如果该国以高级要素 f_4 与更低一级质量的要素 f_2 组合,这种情况下的要素 $f_4 f_2$ 的组合收益为多边形 $OAED f_4$,相比于要素 $f_4 f_3$ 的组合收益 $OBCD f_4$,要素 f_4 与更低一级质量的要素 f_2 组合的净收益损失为梯形 $ABCE$。因而,要素质量次优组合原则是:对一国或地区高级生产要素应尽可能采取与质量差异最小的低级要素组合,以实现动态要素结构的次优收益分配。

　　要素质量组合原则的经济意义在于,一国要实现经济高速可持续发展,就必须培育高级生产要素,同时在要素组合生产中尽可能实现要素结构中质量差异化最小的投入要素组合,而不是不顾经济发展、生产力及要素结构的巨大差异进行要素组合生产。

2.1.2.3　经济增长模型中的要素结构匹配

　　C-D 生产函数模型。尽管索洛利用新古典总量生产函数模型克服了哈罗德—多马模型的局限,实现了经济的稳态增长,但是从要素结构匹配角度看,却存在诸多与经验事实不符之处:一是单位替代弹性假设,索洛模型将劳动和资本同质化看待,认为它们之间可以彼此无差异替代,忽视要素之间客观存在的适配技术约束;二是生产技术的凸性假设,仅限定投入要素正的、递减的边际报酬(F_L,$F_K > 0$,F_{LL},$F_{KK} < 0$),即生产过程中投入要素之间的任何比例都是新古典生产函数所允许的,根本没有考虑要素拥挤和无效配置对产出增长的影响。三是规模报酬不变假设,这自然意味着经济大得足以穷尽所有专业化的好处,而现实情况是,客观存在的要素稀缺性使得任何要素的供给并非无限,而要

素之间的可替代性也使得完全专业化难以成立。索洛模型虽然修正了哈罗德—多马模型中生产要素之间的刚性比例假设，却把要素投入之间的适度匹配关系推到另一极端，即生产要素之间完全变成了收益最大化基础上的万能边际替代而没有任何适宜约束。四是技术进步的"中性"或者"无偏性"假设，这意味着在技术进步的过程中，要素之间的边际替代率恒为常数，即生产结构在技术进步的过程中没有改变。这显然与经验事实并不相符。

主流经济增长模型一般都使用柯布—道格拉斯式的新古典连续可微生产函数，强调各种生产要素之间相互可替代，并且假定整个经济时刻处于供求均衡之中。关于经济增长的理论模型变成了完全从供给方面研究长期经济增长根源的分析工具[22]。

CES 生产函数模型。新古典和内生增长理论模型中的生产函数普遍假设资本—劳动具有单位替代弹性，忽视技术进步对要素积累和要素生产率的影响并非具有同一性，而是往往与劳动和资本要素耦合发展，非对称地影响要素生产率和配置效率，进而导致生产结构变化。随着 Acemoglu、Acemoglu 和 Zilbotti、Acemoglu 和 Autor、Autor 和 Dorn 等人对有偏技术进步的一系列研究，CES 生产函数成为偏向性技术进步理论最常用的分析工具。虽然 CES 生产函数放松了单位要素替代弹性限制，但 CES 生产函数用于增长实证研究尚存在争议，不仅因为其隐含的稳态增长方程要求生产结构参数和投资率有严格的收敛速度[42]，还需要满足劳动增强型技术进步强假设[43]。另一方面，要素替代弹性反映要素投入结构变动对技术结构变化的敏感性，而 CES 生产函数的常替代弹性假设难以真实反映技术进步过程中的生产结构变化。但是，这并不影响 CES 生产函数作为偏向性技术进步最常用的理论分析工具。

值得注意的是，与发达国家的自主创新、未来方向不可知的诱致性技术变迁不同，中国宏观经济始终表现出非常明显的"强制性技术变迁"特征[44]。国家通过对部分经济资源的强力掌控得以集中力量发展适合本国要素禀赋特征的世界前沿技术，推行 FDI 诱导和出口导向相结合的双引擎开放战略，以较快的速度实现了技术进步和经济增长。中国的生产要素市场普遍存在扭曲，要素价格并不能真实反映要素稀缺程度。因此，关于中国偏向性技术进步的研究文献[48,141,155]，往往以劳动和资本按边际产出获得报酬作为假设前提，隐含了技术效率假定。这显然并不符合中国资源配置效率损失普遍存在的客观现实。

2.2 技术选择与经济增长

从系统科学的角度看,国民经济体系就是一个在技术选择诱导下实现资源配置与资源转换的持续运行系统,技术选择贯穿于整个经济运行过程之中,并通过优胜劣汰的技术选择机制使得资源在更高层次上实现优化配置[15]。在经济生产过程中,由于资源的有限性,生产中的要素投入尤其是高级生产要素往往表现出稀缺性特征,甚至因某种要素相对稀缺而成为产出进一步增长的瓶颈。技术作为生产力要素渗透于生产过程之中,正是技术进步以提高要素产出能力的方式促进要素质量演进,进而实现追求更高要素质量稀缺性的过程;同时技术作为资源配置的手段,技术变革与选择的方向促进了经济中相对丰富的要素对相对稀缺要素的替代,由此缓解甚至消除了要素稀缺对经济增长的制约作用。

2.2.1 偏向性技术进步理论与技术选择

内生增长理论虽然关注技术进步演进路径及其动力来源,强调要素质量演进对经济增长的重要性,却未能足够重视技术变迁对要素选择的强烈偏好,疏于考虑要素组合生产中要素稀缺对要素匹配以及适宜性技术选择约束的影响。

在现实经济增长过程中,技术并非独立于生产要素,技术进步往往体现在生产过程中所使用的劳动力身上和资本装备之中,以提高要素生产率和配置效率的方式与劳动和资本要素耦合发展,因对资本和劳动的边际生产率产生非对称影响而出现偏向性。Hicks 最早关注技术进步的非中性特征,在分析均衡状态下技术进步偏向性的决定因素时,他发现生产要素相对价格的变化会诱导技术创新偏向于节约相对昂贵要素的使用。根据技术进步对要素边际产出的相对影响程度,他将技术进步分为三种类型:如果技术进步更有助于提高劳动边际产出,则称其为资本节约型技术进步;如果更有助于提高资本边际产出,则称其为劳动节约型技术进步;如果技术进步同等程度地提高了资本和劳动的边际产出,则称其技术进步是中性的[45]。由于偏向性技术进步理论发展早期缺乏微观基础,因而在很长时期内并没有引起学术界的广泛关注。

直到 20 世纪 90 年代以 Acemoglu 为代表的学者将技术进步方向扩展到任意投入要素之间,即如果技术进步更有助于提高某种要素(Z)的边际产出,则称之为偏向 Z 的技术进步,或称技术进步偏向 Z,并进一步将偏向性技术进步内生化[46]。Acemoglu对偏向性技术进步模型的一系列研究表明,技术变迁对要素选择具有强烈偏好,要素价格效应和市场规模效应是影响技术偏向的决定力量[47]。Acemoglu指出,价格效应和市场规模效应的大小以及技术变迁的方向最终由要素替代弹性决定。当稀缺要素与丰裕要素之间的替代弹性较小时,稀缺要素的价格增高,价格效应相对更占优势;当稀缺要素与丰裕要素之间的替代弹性较高时,市场容量效应更占优势,技术进步会更偏向使用丰裕要素。然而,要素稀缺性只是一个相对概念,在特定的发展阶段上,特定地区资本或劳动的相对稀缺性可能会交替存在,技术进步最终偏向于何种要素并不确定。

技术弹性受制于要素之间相互替代的有限性。要素边际技术替代率递减规律表明,任何一种产品的生产技术都要求各要素投入之间存在着适当比例,这意味着要素之间并非具有无限度的完全替代关系。要素替代弹性大小受多种因素影响,譬如制度、技术、要素供给数量等。其中,因要素之间的质量差别较大而在技术上存在替代困难的,称为“技术约束效应”;虽然在技术上可行,但缺乏相关要素供给所导致的难以施行的要素替代,称为“天花板效应”[28]。正如经济学中的木桶原理所揭示的,木桶容积将由最短木板的长度决定。从这个意义上讲,技术选择对资源配置的规模与效率并非取决于相对充裕要素资源的供给,而主要决定于相对稀缺要素资源的供给能力。可见,任何经济活动都是各种要素紧密联系、相互影响、互为制约、共同作用的结果。只有这些生产要素相互匹配、相互适应,生产才能顺利进行;一旦要素结构匹配失当,将不可避免地引起技术效率损失。

在实证研究方面,既有文献普遍忽视我国最为丰裕的劳动力比较优势的动态变化,往往无视劳动力禀赋的异质性分化而基于要素同质性视角,讨论中国的技术进步方向和资本—劳动替代弹性。戴天仕和徐现祥利用“标准化供给面系统”方法测算中国的技术进步方向,结果发现,我国技术进步大体偏向资本且偏向速度越来越快[48],资本与劳动替代弹性为0.736;雷钦礼、郑玉歆、赵志耘等,郑振雄和刘艳彬以及中国经济增长与宏观稳定课题组、王林辉和董直庆等认为,我国的技术进步更多是内嵌于设备资本的体现式或资本化扩张下的赶超型技术进步[49-53]。基于劳动异质性视角,宋冬林等发现我国不同类型的技术进步都呈现出技能偏向特征,尤其是蕴含前沿技术的设备投资高增长引发的技能偏向性技术进步[54]。张月玲和叶阿忠则基于要素替代弹性分析指出,尽管我国技术进步具有技能和资本双重偏向特征,但资本和技能劳动之间并非互补关系,反而是资本对技能劳动的强势替代,导致了劳动力内部结构配置效率损失长期存在[55]。

2.2.2 适宜性技术选择理论与要素结构匹配

发展中国家为了缩短与工业化国家之间的差距,往往试图沿袭发达国家的工业化模式,通过引进或移植其先进技术以加速本国经济发展。然而,绝大多数发展中国家不仅没有如预期地向发达国家收敛,甚至出现了差距扩大的现象[56]。适宜技术选择理论认为,世界各国的技术前沿并不相同,现存技术也并非适宜于任一经济体;发展中国家受制于自身客观条件约束,应该选择最适合其自身发展的技术。简言之,发展中国家生产率低下是由于技术前沿低下造成的,要素禀赋的低下才是技术前沿低下的根本原因。

基于要素禀赋结构的适宜技术选择理论。最早,Atkinson 和 Stiglitz 以“本地化的干中学”来诠释技术适宜性,强调“干中学”技术进步只是提高了特定资本、劳动要素组合的生产率,因而技术变迁具有本地化特征[57]。Basu 和 Weil 认为,发展中国家可以引进发达国家的先进技术,但由于发展中国家与发达国家之间的要素禀赋差异,同样的技术并不一定适用于发展中国家[58]。发展中国家利用和引进外部技术的关键是技术的适宜性,如果一味强调高水平生产技术的引进而忽视本国对先进技术的消化吸收能力,反而不利于生产效率的提高。

Acemoglu 和 Zilibotti 则强调,发达国家的技术是否适用于发展中国家,主要取决于两国的要素禀赋结构——熟练劳动力与非熟练劳动力的比率——之间的差异[59]。恰恰因为发展中国家采取盲目引进先进技术的赶超战略,无视本国要素禀赋结构特征,导致技术选择与要素禀赋结构不匹配而形成不适宜的技术结构,才使得自身技术进步陷入困境,无法实现与发达国家的经济收敛。Caselli 和 Coleman 在 Acemoglu 和 Zilibotti 的研究基础上,进一步认为劳动并不具有同质性,因而劳动力之间也并非可以完全替代。在他们的分析模型中,不仅考虑了熟练和非熟练劳动力的结构比例,而且强调熟练和非熟练劳动力的单位效率差异[60]。他们认为,发展中国家应根据自身要素禀赋结构质量水平调整技术进步路径,选择适合其要素禀赋的技术,并明确指出,当发展中国家与发达国家要素禀赋差异较为显著时,发展中国家明智的做法是拓展技术选择空间,引进发达国家前沿技术,而不是被动地“复制”发达国家的生产技术及其流程。

基于企业自生能力的技术选择假说。林毅夫等的技术选择假说认为,一个国家最适宜的技术结构内生决定于这个国家的要素禀赋结构。考虑到技术变迁成本以及本国要素禀赋结构特性,发展中国家在遵循内生于自身要素禀赋结构的比较优势发展技术时,技术变迁应该是循序渐进的[61]。如若发展中国家政府选择违背其要素禀赋比较优势的产业和技术结构,通过扭曲要素价格而人为提升或改变企业面临的要素投入结构,企业就会缺乏自生能力,难以维持较高的资本积累率,也就难以促进要素禀赋结构快速升级和实现收敛。因此,要素禀赋结构的升级应该是经济发展的目标而不是经济发展的手段[62]。同时,林毅夫还强调产业升级与要素禀赋结构的动态匹配,他认为发展中国家的产业升级过程必须与反映物质人力资本积累和要素禀赋结构变化的比较优势变化相一致,只有这样,才能确保新产业中的企业具备自生能力[63]。

在实证研究方面,一是强调发展中国家的适宜技术选择应充分利用丰裕的劳动力比较优势以促进资本积累和提高要素配置效率[15,61]。费景汉和拉尼斯[83]比较日本和印度发展经历后指出,日本采用劳动密集型技术创新成功利用了丰富的劳动力资源,从而使工业化过程进展平稳迅速。相反,印度在经济发展初期采用资本密集型技术,在剩余劳动力依然大量存在的时候,忽视了对这部分资源的充分利用,过早诱发资本密集型工业结构,进而造成经济结构的转换困难重重,故此警告那些希望走出劳动剩余陷阱的发展中国家,不应当漠视劳动密集型技术的可能性[64]。王检贵则提醒那些资本和劳动处于双重过剩的欠发达国家同样不应该漠视劳动密集型技术的运用[19]。李飞跃通过内生增长模型分析指出,发展中国家选择偏向于低技能劳动的技术进步,资本积累将增加而不是减少对低技能劳动的需求,通过提高低技能劳动生产效率,不仅可以改善收入分配,推动经济结构转型,还能保持经济高速增长,形成经济增长的良性循环[65]。

二是强调技术选择偏差对我国经济发展效率的影响。苗文龙和万杰的研究表明,我国在技术选择上偏向于资本密集型技术,而未能充分利用转轨经济中产生的剩余劳动力,导致经济增长依赖于投资扩张驱动,但投资效率却不断下降[66]。张军指出,地方政府干预信贷市场的体制性扭曲,使得乡镇企业在高速扩张的同时加速资本深化,选择了资本替代劳动的技术,偏离其劳动密集型比较优势,过早的资本深化使得资本边际报酬下降,导致技术进步减缓[67];黄茂兴和李军军则强调,不考虑要素禀赋实际情况的过快资本深化的技术选择固然可以在一定程度上使产业结构升级,但不能有效地提高劳动生产率,反而不利于经济增长[68]。张月玲和叶阿忠基于要素替代弹性分析发现,尽管我国的技术进步方向具有技能和资本双重偏向特征,然而,技能与资本之间非但不是互补关系,相反,资本对技能劳动的强势替代导致劳动力内部结构配置效率损失长期存在[55]。在我国三大区域之间同样存在着技术选择与要素结构匹配差异导致的区域经济发展效率损失[69]。

上述研究虽然强调技术选择与要素结构匹配对发展中国家经济效率的重要影响,但普遍基于同质、静态要素视角,忽视了经济增长过程中技术与要素融合发展所带来的要素演进异质性,以及由此衍生的要素交互匹配适宜性、要素投入结构与技术环境的相依性对前沿技术选择的影响,因而难以探究资源配置无效率产生的根源,亦难以揭示制约区域技术选择的决定性影响因素。

2.2.3　要素拥挤理论与技术非效率

G.D.Allen 最早关注生产要素无效替代。他认为,由于一些无法规避的约束,厂商在利用要素组合生产时,难以根据利润最大化原则来配置生产资料并达到成本最小化,从而使生产处于非经济区内,生产函数也将不再是单调的[70]。D.McFadden 将生产要素拥挤作为一个边界情况,泛指所有因要素配置失当导致的要素可处置性降低的现象,并称之为要素拥挤效应[71]。

生产要素拥挤是要素组合生产中因要素匹配失当而导致的一种技术非效率。在传统经济学理论中的生产经济区域内,要素边际技术替代率即等产量曲线的斜率一般为负值,也就是说,生产既定数量产品的过程中要素之间的投入量是互斥的,表现为等产量曲线上一种要素的增加伴随着另外一些要素的减少。但是,在实际生产中,等产量曲线斜率为正的情况经常发生,要素投入之间呈现为互补关系,即当一种生产要素投入增加时,另外一些要素也要同时增加才能维持既定的产出不变,这时生产要素之间表现为无效替代的拥挤状态。

在经济理论中,由要素拥挤形成的后弯部分等产量线构成了生产函数的非经济区。参照孙巍等利用等产量曲线和总产量曲线图的比较分析,可以直观地图示"非生产经济区"与总产量曲线下弯区域的严格对应关系以及处于拥挤状态的要素变化规律[72]。图 2-5 表示要素 X_1 和 X_2 的各种组合形成的等产量曲线 Y。其中,脊线 OM 和 ON 是生产经济区域 S_3 和不经济区域 S_1 及 S_2 的分界线;r_3 点的切线与横轴垂直,r_5 点的切线与横轴平行。在图 2-6 中,令生产要素 X_2 的投入量不变,假设 $x_2 = BO$,与图 2-5 的水平线 BO 对应,并以 r_1、r_2、r_3 和 r_4 作为反映要素 X_1 的边际产量和平均产量变化规律的代表性点,在图 2-5 中亦标注出相应点。

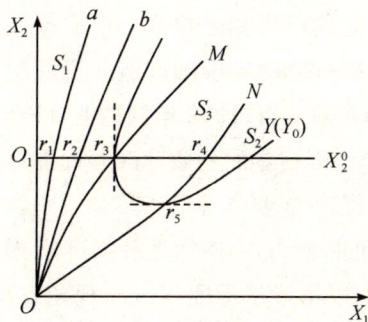

图 2-5　X_1 和 X_2 两投入要素等产量曲线

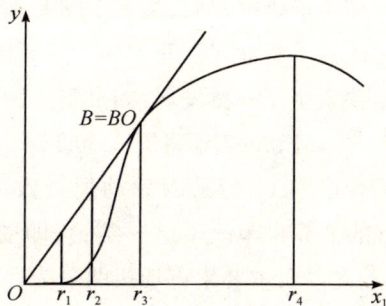

图 2-6　X_2 投入量固定时的总产出曲线

在 r_1 和 r_2 之间,X_1 的边际产量和平均产量均为正,且在 r_2 点边际产量达到最大;X_2 投入过多处于脊线之外,边际产出为负值。在 r_2 和 r_3 之间,X_1 平均产量递增且在 r_3 点最大,但边际产出处于递减状态,X_2 边际产出仍为负值。这两种情况对应于生产不经济区域 S_1,要素 X_2 相对 X_1 存在投入过剩,即在区域 S_1 内要素 X_2 一直处于拥挤状态。

在 r_3 和 r_4 之间,要素投入组合 X_1 和 X_2 处于生产经济区域 S_3 内。随着 X_1 投入量的继续增加,其平均产量和边际产量都在下降,并在 r_4 点边际产量下降为 0,X_2 的边际产量则持续大于 0。

在 r_4 之后,进入另一个生产不经济区域 S_2,随着 X_1 投入量继续增加而出现过剩,X_1 的边际产量为负值,X_1 相对 X_2 存在着要素闲置。即在区域 S_2 内要素 X_1 处于拥挤状态。

从以上对生产要素拥挤状态的经济学描述可见:第一,生产要素拥挤是对非经济区域内的要素组合匹配失当的刻画,体现为一种或多种要素相对其他要素投入存在着相对过剩或闲置;第二,处于拥挤状态的要素其边际产出不再是单调的;第三,处于拥挤状态的要素边际替代是无效率的[73]。要素拥挤从总体上反映了一个生产部门对要素资源配置合理性程度的高低。

Fare 和 Suensson 指出,生产要素拥挤现象普遍存在。新古典生产理论的完全理性和充分信息假定,屏蔽了市场信息的滞后性和不对称性对理性厂商非理性决策的影响[74]。因此,理性的厂商出于利润最大化追求必然选择生产成本最小化或产出最大化的最优要素组合,在"经济区域"内生产自然是他们理性选择的结果。但是,即便如此,理性的厂商也可能因为资产专用性而无法随时调整其生产投入比例,更何况还存在着诸如市场供求变化的不确定性和信息不对称性等等其他原因对厂商理性决策的约束。

在实证研究方面,关于中国要素误配置引起的产出和全要素生产率损失的量化研究不断涌现。龚关和胡关亮测算了 1998—2007 年中国制造业资源配置与全要素生产率后发现:如果资本和劳动均为有效配置,1998 年制造业 TFP 将提高 57.1%,2007 年将提高 30.1%。在这十年中因资本配置效率改善而提高全要素生产率 10.1%,因劳动配置效率改善而提高全要素生产率 7.3%[9]。而 Zhu 的估算也印证了这一结论,即要素市场扭曲使得中国全要素生产率损失 30%,尤以资本要素市场扭曲最为严重[10]。唐根年等基于要素流动视角发现,我国东南沿海一些制造业已经存在空间集聚过度现象,要素拥挤引致的生产要素配置效率损失破坏了规模经济性[11]。越来越多的学者发现,随着我国经济规模不断扩大,规模经济效率不显著甚至出现负效应[12-14]。

以上研究更多地关注要素误配损失的度量及其对全要素生产率的影响,缺乏从系统的、动态的视角去揭示要素投入结构与技术环境的相依性,未能深入生产过程去追溯要素错配或要素拥挤发生的本源,忽视要素禀赋质量及其结构的动态演进对要素替代弹性变动进而对适宜性技术选择的影响。

2.2.4 大国经济优势理论与中国区域非均衡发展

在《现代经济增长》中,库兹涅茨提出以国家为单位研究经济增长,分析了国家规模对经济增长的影响,并提出大国经济发展的三个典型特征,即大国经济发展的内部差异性、相比于小国而具有的较低的国际贸易依存度,以及大国国内市场和资源的规模优势特征[75]。蔡昉等利用雁阵模型揭示了大国比较优势变化路径明显不同于小国经济的特征。他们认为,小国经济特点在于其资源禀赋结构从而导致产业结构的同质性,一旦比较优势发生变化,经济整体随之进入新的发展阶段;而大国经济特征则是普遍存在的地区发展异质性,大国雁阵模式因而表现为在其内部地区之间的产业转移和承接[76]。欧阳峣等以"金砖国家"为新兴的大国代表,总结概括了大国经济发展的典型化特征,尤其强调,大国经济最大的特征是多元性和适应性[77]。正是大国经济的多元性导致了发展层次上的差异性,如技术差距、人力资本差距、资金积累差距等,各层次的技术、人力资本、资金状况与当前发展程度的适应性,又催生出多样互补性优势而推动区域经济梯度滚动发展。进一步地,通过整合大国各种有利资源形成集各种优势于一体的大国综合优势[78,79]。

基于大国综合优势分析视角,欧阳峣等认为,比较优势战略并没有充分反映大国经济的多元化特征,因此,相对于大国经济增长阶段,比较优势战略存在有限适宜性。在数量型经济增长阶段,尽管大国以总体要素比较优势介入国际分工,能够以其成本低和规模大的优势在世界市场上占有重要份额,但是,资源禀赋的比较优势并不是一国产业竞争力和企业自生能力的充分必要条件,缺乏技术优势将使得劳动密集产业的比较优势难以为继[80];另外,发展中大国资本稀缺而劳动力异常丰富,大量农村劳动力尚待转移,大国要素禀赋难以在短期内得到整体提升,不可避免地会造成产业结构升级刚性[81]。当经济增长从数量型渐进向质量型转变时,企业自生能力的决定因素也从依赖要素禀赋比较优势转向依靠科技进步的新阶段,大国经济特征将进一步强化比较优势战略的欠适宜性。究其原因,则在于"技术结构内生于要素禀赋结构",即忽视了经济增长的源泉是技术进步而非物质资本;技术进步取决于人力资本而不是物质资本,物质资本只是高质要素的生产工具,而并非高质要素本身。

在实证研究方面,基于异质性与适应性视角,欧阳峣和刘智勇分析了发展中大国的人力资本特征,他们发现,尽管发展中大国人力资本水平较低,但异质性人力资本与多元的产业结构、物质资本投资以及技术水平之间存在着较强的动态耦合关系,因此,后发大国较低水平的人力资本仍然可以促进经济较快地增长[82]。欧阳峣和生延超基于大国综合优势与要素禀赋差异的理论视角,认为发展中大国后发地区的技术适应能力内生于其适宜技术选择中。如果后发区域技术引进能够和现有的技术基础、人力资本及物质资本相适应,就能够较快地实现经济收敛[83]。

中国是一个地区经济技术发展不平衡的大国,不同区域处于渐进式经济转型的不同发展阶段。区域发展差距的存在使得有些地区或部门具备发达国家优势,有些地区或部门具备发展中国家优势,有的地区具有劳动力资源优势适用技术优势,有的地区具有资本优势和高新技术优势,通过加强区域合作、提升优势互补能力对这些不同优势进行整合,就可以汇集成"大国综合优势",而这种大国综合优势超越了比较优势,成为中国经济竞争力的一种新诠释[79]。

2.3 中国地区经济增长差异实证研究

既有关于中国地区发展差异的实证研究普遍基于中性技术进步观点,认为区域非均衡增长本质上导源于生产要素投入及其应用效率的非均衡性。对于地区增长差异形成原因的争论主要集中于两方面:一是强调要素投入与积累差异,二是偏向全要素生产率增长差异。目前研究缺乏从要素演进视角关注要素投入结构与技术环境的相依性分析,尚少有文献从要素异质性、要素匹配差异性、技术选择适宜性方面系统分析中国区域非均衡增长本质。

2.3.1　增长差异的源泉:要素积累抑或 TFP 增长

早期关于地区发展差距的研究集中于要素积累还是效率改进之争。傅晓霞和吴利学认为资本深化效应是造成 1990—2004 年地区差距的主要原因(平均贡献为 58.4％),但其贡献份额开始呈现下降趋势[84];李国璋等则发现人力资本对经济增长的作用越来越重要,虽然要素投入差异仍是地区差距的主要决定因素,但要素投入贡献逐渐下降,而全要素生产率作用不断提高[85]。同样认为资本积累是地区差距形成主要原因的还有许召元和李善同、冯子标、姚先国和张海峰、岳希明和任若恩等。陈秀山和张若还强调了不同类型人力资本对地区差距变动的影响存在差异。其中,初级人力资本的解释力减弱速度很快,而中级人力资本的非均衡分布始终是造成区域经济差异的主要原因[86]。

从地区经济增长源泉差异的角度,李静等、彭国华等发现全要素生产率在地区劳动产出差异中的贡献份额在 75％ 左右,认为地区差距的主要决定因素并非要素积累,而在于全要素生产率差异[87-89]。岳书敬进一步指出,经济发达省份较快的技术进步率明显抵消了资本积累和效率变化带来的收敛效应,各省区经济增长趋于发散[90]。从地区 TFP 增长率分解及其变化趋势角度,王志刚等、周晓艳和韩朝华、王志平均认为中国地区 TFP 增长存在明显差异,并且TFP 增长主要来源于技术进步而非技术效率改进,因此,忽视资源合理配置和生产效率提高必将造成生产无效率和资源浪费[91-93]。颜鹏飞和王兵则认为中国 TFP 增长的主要原因是技术效率提高[13],郝睿将中国经济增长分解为物质资本积累、技术进步、效率改善以及人力资本积累的贡献,发现效率改善是唯一使得地区差距趋于缩小的因素,但随着时间推移这种收敛作用逐渐减小[94];傅晓霞和吴利学则发现随着资本深化程度提高,技术效率效应持续增强,技术效率改进成为地区增长差异的主要决定力量,持续扩大的技术效率差异表明中国地区间存在较强的技术壁垒[84]。

然而,上述研究却无法解释我国投资驱动型经济增长模式下的高投资和资源配置无效率共存现象。实质上,技术并非独立于生产要素,技术进步通常以提高要素生产率和配置效率方式与资本和劳动要素耦合发展而非对称性地作用于不同层次的生产要素。伴随着要素质量的非对称演进,要素之间存在于技术上的替代弹性也会发生改变,既然要素赖以发挥作用的技术环境发生了变化,要素投入结构也就应该及时地做出相应调整。因而,孤立地看待要素投入和 TFP 增长率变化而割裂技术与要素之间的互荣共生关系,忽视技术选择和要素禀赋结构的动态适配性,仅片面强调要素投入规模或加大技术投入力度,显然已经无法实现要素组合技术效率的提升。

2.3.2　技术选择视角的地区增长差异

经济增长是资本、劳动、技术、体制诸生产要素共振耦合的结果。在经济发展的不同阶段上,任何生产要素都有可能处于相对过度、短缺或适当状态,任何单独的生产要素都不可能总是对经济增长产生单方向促进或抑制作用,而是各个增长要素"协同"地"非线性"地作用于经济增长。技术和生产要素密不可分,技术的本质就在于其"组合—创生—演化"机制,依靠不同的要素组合来呈现新旧技术之间的创造和替换的适时交接[95]。然而,随着我国市场化改革和结构调整推进,要素投入结构失衡与要素使用效率低下现象未见明显改善。目前仍少有实证分析基于适宜性技术选择与要素禀赋结构动态匹配视角解读区域发展效率差异。

基于技术选择与要素结构匹配的视角,林毅夫和刘培林认为中国各省区间的发展差异主要原因在于,重工业优先发展的赶超战略下形成的生产要素存量配置结构与各省区要素禀赋结构决定的比较优势相违背,从而导致大量赶超企业缺乏自生能力,因而地区差距难以彻底消除[96]。黄茂兴和李军军利用面板数据 C-D 生产函数,实证分析技术选择对产业结构升级和经济增长的促进作用。结果发现,从全国平均来看,技术选择系数的提高促进了经济增长,但技术选择对不同省份的促进作用存在明显差异,少数省份甚至出现了负作用。从发展趋势来看,资本深化的技术选择效果越来越明显,对经济增长的促进作用越来越积极[68]。然而,在他们的模型中,以人均资本存量占比作为技术选择指标,根本无从体现经济增长过程中资本和劳动要素生产率变化对技术选择的影响,因而其结论无异于从静态要素结构匹配视角,探讨地区资本和劳动投入比例适配程度对产业结构升级和经济增长的影响。另一方面,C-D 生产函数的技术进步中性假设更无从体现技术进步对要素配置偏向的影响。

基于偏向性技术进步理论,陈晓玲和连玉君利用面板数据 CES 生产函数标准供给面系统方法,估算我国各省区资本—劳动替代弹性和有偏技术进步,并分析资本—劳动替代弹性对经济增长的影响。研究发现,东部发达地区大多省份的资本—劳动替代弹性在 1.133～2.28 之间,除内蒙古以外,其他省份的替代弹性都小于1。我国整体的技术进步方向是资本偏向型,除上海、江苏、北京、云南、宁夏、甘肃和贵州七省市外,其余省区技术进步都属于劳动增强型[97]。该文一个隐含的重要结论是各省区的生产函数存在显著差异。该文同样存在缺憾:一是 CES 生产函数的常替代弹性假设,二是资本和劳动要素的同质性假设,忽视要素异质性对资本—劳动替代弹性及技术进步方向的动态影响。比如1 个博士和1 个文盲的产出效率肯定存在明显差异,二者不能简单相加作为2 个劳动而进入生产函数;同样地,考虑到偏向性技术进步对资本和劳动要素生产率的非对称影响,假设资本—劳动替代弹性不变显然也是不切实际的。

　　基于技术与技能结构匹配视角,李飞跃等建立资本、高技能劳动和低技能劳动三要素模型,理论分析表明,一个地区最优的技术结构取决于其人力资本结构和技术前沿特性,实际技术选择偏离最优值越远,经济增长速度越慢。进一步通过构建技术选择与人力资本结构适配程度的技术偏向指标,验证了中国29 省份技术选择偏向对地区经济增长的影响,实证结果表明,地区技术技能结构与人力资本构成的匹配程度越高,地区经济增长速度越快[98]。该文缺陷之一是将发达地区实际技术选择作为中国的技术可能集,未能区分地区前沿技术选择差异,本质上仍假定各地区具有相同的技术前沿,忽视了要素非均衡分布下要素禀赋结构差异对地区技术选择的影响;二是虽然区分了劳动异质性,但CES 生产函数常替代弹性假设忽视了异质性劳动产出弹性变化;三是在对资本收入份额和要素替代弹性两个关键生产技术参数的经验确定上,具有人为选择上的随意性。

　　从要素替代弹性分析视角,张月玲和叶阿忠利用超越对数生产函数,揭示出我国技术进步路径演化与要素禀赋结构之间的动态匹配存在着区域性差异[69],并系统地对比分析了三大区域要素产出弹性、技术进步偏向性和要素相对替代弹性变化,进一步解读技术选择与要素结构匹配对区域产业结构的影响差异。但遗憾的是,该文未能更深入地探讨区域技术选择上的适宜性差异,从而深度剖析区域非均衡增长本质。

2.3.3　基于随机前沿分析的地区增长差异

　　生产过程中的技术非效率是普遍存在的,尤其是对于处于经济转轨时期受体制影响巨大的中国经济增长。基于面板数据的随机前沿技术分析成为中国经济增长和地区差异研究中的重要分析工具。

　　基于随机前沿方法研究我国地区增长差异的诸多文献,普遍假设中国所有区域具有相同的前沿生产函数。Wu、Chow 和 Lin、何枫等、傅晓霞和吴利学、朱承亮等、王志平、颜敏和王维国等分别采用柯布—道格拉斯生产函数随机前沿分析[99-104];王志刚等、傅晓霞和吴利学、岳书敬和刘朝明、周晓艳和韩朝华、Fleisher、魏下海和余玲铮、Zhou 等分别利用超越对数生产函数随机前沿分析,研究了中国地区 TFP 增长率差异及其影响因素,认为技术进步支撑了我国全要素生产率增长,而技术效率变化不尽如人意,TFP 增长率存在明显的地域特征,呈现出东—中—西地区从高到低的变化态势[105-109]。余泳泽和张妍利用超越对数随机前沿生产函数分析高技术产业地区效率差异与 TFP 增长率分解发现,东中部高技术产业生产率高于西部且具有明显上升趋势;东部平均技术进步率低于中西部,而东部生产效率变化率却明显高于西部[110]。

然而,基于同质性随机前沿生产函数研究地区增长差异的文献,虽然强调了技术非效率对前沿技术选择的影响,却忽视了技术非效率的本质在于前沿技术选择与生产要素组合的非匹配性,忽视了不同区域受自身要素禀赋制约而选择适宜技术以实现经济增长。同质性随机前沿生产函数假设将不同区域生产过程中的要素协同作用方式都进行了趋同化处理,无视区域要素禀赋差异、要素结构匹配差异,以及区域技术选择适宜性差异。因此,既无从有效区分区域生产结构差异,亦无从探究中国区域经济非均衡增长的本质。

基于异质性随机前沿生产函数研究地区 TFP 增长率变化,充分考虑了区域要素结构匹配与技术选择间的互动影响,但目前这类文献尚属罕见。王志平和陶长琪采用 C-D 生产函数随机前沿模型,对全国和三大区域分别建模探讨区域生产效率变化及其影响因素,结果发现,东部生产效率大于中部大于西部,中部生产效率变化大于西部大于东部,中西部生产效率趋于收敛[111];但该文对资本和劳动要素的同质性假设使得三大区域的前沿技术结构并无实质差别。李胜文等采用超越对数随机前沿生产函数,分别在区域前沿生产函数相同和相异假设下,对比分析三大区域技术效率差异。研究发现:在区域相同技术前沿下,东部技术效率水平始终最高,西部始终最低;在区域异质前沿生产函数下,东、中、西部技术效率平均水平发生了大逆转,中部和西部技术效率水平始终明显高于东部[112]。由于该文关注区域技术选择差异下生产效率的比较,并未进一步解读区域 TFP 增长差异及中国区域经济非均衡增长的本质。

利用随机前沿生产函数分析研究地区增长差异的既有文献,在计量方法上普遍存在以下缺憾:在研究视角上,普遍忽视地区要素禀赋差异对适宜技术选择的影响,缺乏从技术选择与要素结构匹配差异视角解读区域非均衡增长本质;在生产函数选择上,或根据经验判断而选择 C-D 或 CES 生产函数,或不加检验而随意选择超越对数生产函数。在要素指标选择上,往往忽视要素异质性,尤其是对不同类型人力资本缺乏多维度、多层次刻画;在计量过程中,往往对设定的生产函数缺乏适宜性检验,因而难以避免函数先验设定偏误,难以确保结果的稳健性。

2.4　基于生产函数的 TFP 增长率估算方法论

全要素生产率(TFP)是探索经济增长源泉的重要工具,也是体现经济能否实现可持续发展的重要指标。相比于单要素生产率,全要素生产率可以更加综合地度量要素效率的提高以及技术进步的程度。虽然估算 TFP 的具体方法有很多,但服务于本书目的,本节主要介绍基于生产函数法的 TFP 增长核算估计,一是传统索洛增长核算法,二是更为适合中国经济增长核算的生产率分解工具[105]——随机前沿分解法。

2.4.1　索洛增长核算法及其优劣势

传统 TFP 增长率分析主要采用增长核算方法,即索洛残差法。索洛[140]是最早利用生产函数来测算技术进步的经济学家,他在希克斯中性和规模报酬不变假设下,引入新古典生产函数,并将经济增长中不能被资本和劳动要素投入所解释的剩余部分,称为技术进步。设总量生产函数为:

$$Y = A_t f(K, L) \tag{2-1}$$

其中,Y 为实际产出,L 为劳动投入,K 为资本存量,A_t 为技术水平。

将(2-1)式两端对时间 t 求导,有:

$$\frac{dY}{dt} = \frac{dA}{dt} f(K, L) + \frac{\partial Y}{\partial K} \frac{dK}{dt} + \frac{\partial Y}{\partial L} \frac{dL}{dt} \tag{2-2}$$

上式两边同时除以 Y 得到:

$$\frac{\frac{dY}{dt}}{Y} = \frac{\frac{dA}{dt}}{A} + \frac{\frac{\partial Y}{\partial K}}{Y} \cdot \frac{dK}{dt} + \frac{\frac{\partial Y}{\partial L}}{Y} \cdot \frac{dL}{dt} \tag{2-3}$$

根据弹性定义,记资本产出弹性为 $\alpha = \frac{\partial Y}{\partial K} \cdot \frac{K}{Y}$,劳动产出弹性为 $\beta = \frac{\partial Y}{\partial L} \cdot \frac{L}{Y}$,(2-3)式变化为:

$$\frac{\frac{dY}{dt}}{Y} = \frac{\frac{dA}{dt}}{A} + \alpha \frac{\frac{dK}{dt}}{K} + \beta \frac{\frac{dL}{dt}}{L} \tag{2-4}$$

显然,左边为产出增长速度,右边依次为技术进步速度、资本产出弹性与其投入量增长速度的乘积、劳动产出弹性与其投入量增长速度的乘积。

由(2-4)式得到差分方程表示的增长速度方程为:

$$\frac{\Delta Y}{Y} = \frac{\Delta A}{A} + \alpha \frac{\Delta K}{K} + \beta \frac{\Delta L}{L} \tag{2-5}$$

用适当方法估算出参数 α 和 β 后,利用(2-5)式便可以把技术进步速度 $\frac{\Delta A}{A}$ 作为残差或余值计算出来。

索洛余值具有明确的经济内涵,它不仅表明经济增长的源泉在于生产要素投入增加和技术进步,而且明确定义产出的增长速度在数量上完全等于技术进步速度与生产要素投入增长所引起的产出增长率之总和。索洛余值法计算简便、直观,避开了对生产函数具体形式的任何假设,基于这一模型的技术进步度量方法在应用中更具有一般性。但是,索洛余值所包含的因素过于宽泛,并非都属于技术进步范畴。尽管从理论上看,索洛余项等于希克斯效率参数的增长,但实际上该"余值"犹如一个"大杂物袋",包容了任何导致生产函数变动的因素,将索洛残差称作全要素生产率比技术进步更加贴切[113]。

虽然传统增长核算法对 TFP 增长率的计算和解释直观明了,具有清晰的经济意义,但其分析主要集中在 TFP 增长率的估算上,缺乏对 TFP 影响因素的深入剖析。索洛增长核算方法存在着固有缺陷:一是假定所有生产者在技术上充分有效,显然并不完全符合经济现实[114];二是对资本和劳动投入的同质性假设,忽视要素质量提高对经济增长的贡献[115];三是规模收益不变和希克斯中性技术假设,忽视偏向性技术进步的存在。这种不包括物质资本改进和劳动者素质提高的游离的、非体现的技术进步并不符合处于体制转型期的中国经济现实,越来越多的学者发现中国普遍存在着偏向性技术进步[48,54,55],而恰恰是偏向性技术进步改变着生产要素组合内的要素协同方式,推动着要素结构的质量演进,进而实现了要素组合的动态效率。

2.4.2 基于随机前沿分析的 TFP 增长率分解法

区别于传统计量经济实证研究,普遍隐含着生产者完全技术效率假定,从而把任何对最优状态的偏离都归结为随机统计噪声的影响,随机前沿分析则假定生产者的技术存在非效率,并把生产单元与前沿面的偏离分解为随机误差项和技术无效率项两部分,即将技术无效率从复合误差项中剥离出来[117]。这种更为接近经济现实的理论假设使随机前沿方法得到了学术界更为广泛的认同。根据 Kumbhakar 和 Lovell 的总结,随机前沿生产函数模型的一般形式可表示如下[118]:

$$y_{it} = f(x_{it}, t) \mathrm{expt}(v_{it} - u_{it}) \tag{2-6}$$

由(2-6)式,显然技术效率可表示为:

$$TE_{it} = \frac{y_{it}}{f(x_{it}, t)} \tag{2-7}$$

其中,y 为产出向量;x 为投入向量;$f(x_{it}, t)$ 代表前沿生产技术,表示具有完全技术效率时的最大产出;复合误差项中的 $v_{it} \propto N(0, \sigma_v^2)$ 为传统对称误差项,表示生产者不能控制的影响因素,具有随机性,用以计算系统非效率;$u_{it} \geqslant 0$ 为单边误差项,表示技术非效率,是生产者可以控制的影响因素,用来衡量实际产出与技术前沿的差距。当 $u_{it} = 0$ 时,表示企业技术处于前沿水平而不存在技术效率损失;若 $u_{it} > 0$,则表示企业技术处于前沿水平的下方而存在着技术上的无效率。

根据 Battese 和 Coelli(1992)提出的时变技术效率模型[119],假定技术效率改进只存在趋势变化而不考虑具体影响因素时:

$$u_{it} = u_i \exp[-\eta(t - T)] \tag{2-8}$$

其中,η 为待估参数,当 $\eta > 0$ 时,技术无效率随着 t 的增大不断减小;当 $\eta < 0$ 时,技术无效率随着 t 的增大不断增大;当 $\eta = 0$ 时,技术无效率恒定不变。Batese 和 Coelli(1992)假定 v_{it} 为正态分布,u_{it} 为截断正态分布,使用极大似然法估计模型参数值。

由于在前沿生产技术表达式中包含了时间趋势项,则产出随时间的自主变化弹性就是前沿技术进步率:

$$TC_{it} = \frac{\partial \ln(x_{it}, t)}{\partial t} \tag{2-9}$$

当前沿技术进步率 TC_{it} 为正、为零、为负时,表示对应的技术变化分别使得生产技术前沿向上移动、不动、向下移动。

技术效率变化定义为:

$$TEC_{it} = \frac{\partial \ln TE_{it}}{\partial t} \tag{2-10}$$

当技术效率变化 TEC_{it} 为正、为零、为负时,分别表示对应的技术效率的上升、不变、下降。技术效率变化也可以理解为生产者的技术向生产前沿移动、保持相对距离、远离生产前沿。

Bauer 考虑到要素产出弹性的变动及其与要素投入比例的非一致性,认为全要素生产率增长中应包括规模效应变动的影响[120];更进一步,如果能够获得价格信息,则基于面板数据的随机前沿生产函数模型能够将全要素生产率的增长分解为前沿技术进步率、技术效率变化率、规模报酬收益率、资源配置效率变化率四个部分:

$$T\dot{F}P_{it} = TC_{it} + TEC_{it} + (RTS_{it} - 1)\sum_{j=1}^{n}\lambda_{it}\dot{x}_{ijt} + \sum_{j=1}^{n}(\lambda_{it} - s_{it})\dot{x}_{ijt}$$

$$(2-11)$$

其中, $\lambda_{ij} = f_{x_{ij}}/\sum f_{x_{ij}}$ 表示投入要素 j 占总产出弹性的份额; $f_{x_{ij}} = \partial\ln f(x_{ij},t)/\partial\ln x_{ij}$ 代表要素 j 在生产前沿上的产出弹性。上式中的第三项表示规模报酬收益率,其中的 $RTS_{ij} = \sum f_{ij}$ 称为规模报酬指数,根据 $\sum fx_{ij}$ 与1的相对大小,生产分为规模报酬递增、不变和递减。

显然,如果生产处于规模报酬不变阶段,则规模报酬收益率为零;如果生产具有规模报酬递增特征,则增加要素投入可以获得正的规模报酬收益率;反之,如果生产具有规模报酬递减特征,则需要减少要素投入以降低规模收益率下降。

式(2-11)中的第四项表示要素配置效率变化率,用以估算要素配置方式改进带来的技术进步。其中的 s_{ij} 为第 j 种投入要素占总成本份额。只有当 $\lambda_{ij} = f_{x_{ij}}/\sum f_{x_{ij}} = S_{ij}$ 时,资源规模配置效率达到最优。而在规模配置最优点之外,各种要素投入的变化总会提高或降低资源配置效率。

随着数据的丰富和估计方法的改进,随机前沿分析在理论和方法上更趋完善,广泛应用于经济增长实证研究。Battese 和 Coelli、Kumbhakar 以及 Stevens 等进一步发展并完善了面板数据下的随机前沿最大似然估计[121],通过将技术效率指数表示为一组外生性向量函数,与随机扰动项一起嵌入随机前沿生产函数,从而能够在测算 TFP 增长率的过程中,同时分析环境因素和个体变量对技术效率变化的影响,克服了以往生产率分析中的效率改进黑箱问题[122]:

$$U_{it} \propto N(m_{it}, \sigma_U^2) \qquad (2-12)$$

$$m_{it} = z_{it}\delta \qquad (2-13)$$

z_{it} 表示一组影响技术效率的外生变量,δ 为待估参数向量。

另外,还可以通过似然比统计检验来甄别随机前沿函数与传统生产函数筛选的可靠性、生产函数拟合形式的适宜性,检验观测误差和技术效率分布假设的稳健性,判断技术效率是否具有时效性或随其他因素的影响而变动。因此,面板数据下的最大似然估计能够较好地拟合随机前沿生产函数并分解出技术效率,已经成为目前随机前沿模型的主要估计方法[123]。

2.4.3　随机前沿分析在本研究中的适用性

随着对地区差异的关注和各地区时间序列数据的整理,基于面板数据的前沿技术分析成为中国经济增长和地区差异研究中的重要分析工具[105]。前沿生产率分析(frontier productivity analysis)主要包括随机前沿分析(SFA)和数据包络分析(DEA)两种方法。其中,DEA 方法采用线性规划技术来确定生产前沿面,并进行技术效率测定,是最常用的一种非参数前沿效率分析法;SFA 方法则是通过计量回归估计前沿生产函数的参数,同时对技术效率进行估算,因此,又称为参数前沿效率分析法。SFA 最主要的优点是考虑了随机扰动对产出的影响,它将实际产出分为生产函数、随机因素和技术无效率三部分;而 DEA 最大的缺点就是把实际产出小于前沿产出的原因简单归结为技术无效率,忽视了随机因素对于产出的影响。

SFA 与 DEA 都是前沿效率评价方法,二者在实际应用中各有其优势和劣势。首先,它们都是通过构造生产前沿面来估算技术效率的,但二者对样本数据敏感性存在较大差异。DEA 方法通过巧妙地构造目标函数,将分式规划转化为线性规划问题,利用最优化过程确定投入产出权重,从而对决策单元的评价更为客观。但是,DEA 方法对数据要求较为苛刻,对数据的统计误差更为敏感。当决策单元总数与投入产出指标总数接近时,DEA 法估算的技术效率与实际情况偏差较大,而且 DEA 方法对技术有效单元无法进行比较;由于未考虑系统中随机扰动的作用,当样本中存在着特殊点时,将极大地影响 DEA 法测算的技术效率结果,尤其当处于效率边界上的决策单元存在随机误差时,就会影响所有决策单元的效率估计[94]。SFA 方法则事先界定生产函数形式以构造生产前沿面,将技术无效率项的条件期望作为技术效率。因考虑了随机误差的冲击,并充分利用了每个样本的信息,其结果受特殊点的影响较小且不会出现效率值相同且为 1 的情况,对各生产单元的技术效率估算更为可靠,而且可比性也更好。

其次,由 SFA 和 DEA 方法可获得的相关经济信息不同。DEA 方法尽管不需要已知生产前沿的具体形式,避免了生产函数先验设定偏误,却忽略了样本之间的差异性,又不能提供关于生产函数形式的任何信息,因而对多要素投入的贡献分解存在一定的随意性[94]。基于 SFA 方法的 TFP 增长率分解,除了能够测算技术效率之外,还可通过参数值计算投入产出弹性和规模报酬情况,尤其还可考察生产环境变化及随机因素对生产者行为的影响。因此,SFA 方法能够提供更多生产者行为信息,更有助于制定和评价政府关于促进生产率增长的政策[123]。

最后,相比于 DEA 方法,SFA 方法不仅因其前沿面本身的随机性,其结论更趋近于现实,尤其是 SFA 方法具有鲜明的统计特性,不仅可以对模型中的参数还可以对模型本身进行检验,而 DEA 方法不具有这一统计特性,因而无从反映样本计算的真实性。

尽管参数前沿效率分析法允许随机误差的存在,但须事先为效率边界指定函数形式,即参数方法依赖于生产函数选择。因此,也可能由于前沿函数的先验设定而使效率估计出现偏差。就本书研究主题而言,由于样本涵盖 29 个省 17 年的数据,必须考虑测量误差问题,况且我国正处于经济转型时期,经济增长过程中不可避免地存在着诸多随机扰动和不可观测因素,特别是处于生产前沿的发达地区受体制转轨和国际市场环境冲击更为突出,因而 SFA 方法更适合本研究需要。为弥补函数形式先验设定可能造成的偏误,本书始终选择能够作为任何生产函数二阶近似,且能充分反映不同要素之间交互影响的超越对数生产函数,并将利用广义似然比统计检验对其可能具有的函数形式层层筛选,以确定出最符合样本的前沿生产函数形式。

另外,傅晓霞和吴利学利用 1978—2004 年我国各地区经济增长数据,分别运用 SFA 和 DEA 方法对全要素生产率进行测算和分解,以比较和分析两种方法在中国 TFP 增长核算中的适用性。通过综合比较和分析,他们认为,SFA 是比 DEA 更为适合的生产率分解工具,其结果更为可靠[123],尤其是在区域长期经济增长分析中,随机前沿生产函数方法具有明显优势[116,123]。这也为本书选择 SFA 方法研究区域非均衡增长本质提供了参考依据。

2.5　本章小结

　　经济增长除了来源于资本、劳动等要素的数量积累之外,还包括劳动或资本时间上的非同质性带来的经济增长,以及劳动、资本和技术进步之间的交互作用所具有的增长效应[124]。在经济发展的不同阶段上,任何增长要素都有可能处于相对过度、短缺或适当状态,任何单独要素都不可能总是对经济增长产生单方向的促进或抑制作用,而是各个增长要素协同地"非线性"地作用于经济增长。而技术的本质就在于其"组合—创生—演化"机制,依靠组合而呈现的新旧技术之间的创造和替换的适时交接[95],要素之间的协同程度则取决于技术选择对要素组合的质与量的适度匹配。

　　基于以上认识,在理论回顾方面,首先,从要素演进视角,通过对要素禀赋理论、经济增长理论、竞争优势理论的梳理,强调要素异质性分化贯穿经济增长过程;其次,从要素匹配视角,介绍经典经济学中成本最小化下的最优要素比例组合原则、要素质量理论中的要素结构最大化收益下的最优要素效率组合原则、经济增长理论中关于要素结构匹配的表述,揭示出技术效率的本质不仅在于同种要素同质性假设下的最优数量匹配,更在于同种要素异质性假设下在最优要素组合比例既定时对最优要素质量匹配的追求;最后,从技术与要素耦合发展视角,回溯偏向性技术进步理论、适宜性技术选择理论、要素拥挤理论及大国经济优势理论,凸显适宜性技术选择与要素禀赋结构的动态适配是发展中大国经济持续增长与协调发展的基石。

　　通过对中国地区增长差异文献的梳理,发现既有实证研究普遍存在以下不足:一是无视技术与要素交互融合与匹配发展。拘泥于数量型经济增长阶段特征,孤立地看待要素投入和全要素生产率对经济增长的贡献,忽视技术与要素耦合发展过程中的要素质量演进,忽视要素投入结构与技术环境的相依性,忽视适宜性技术选择与要素禀赋结构之间的动态匹配对发展中大国协调型经济增长的内在影响。二是忽视区域技术选择的适宜性。基于生产效率理论的随机前沿分析,普遍假设中国所有区域具有相同的生产函数,忽视发展中大国基于要素禀赋差异基础上的多元化技术和技术适应能力的存在,即不同区域受自身要素禀赋制约而选择适宜技术以实现经济增长。三是忽视要素异质性分化。基于要素替代弹性与经济增长关系的研究,普遍假设中国丰裕劳动力具有同质性,忽视劳动力内部结构分化对要素替代弹性的动态冲击。

从 TFP 增长率估算方法论看,基于随机前沿分析地区增长差异的实证文献普遍存在以下不足:一是普遍将不同区域生产过程中的要素协同作用方式都做趋同化处理,无视区域要素异质性、要素匹配差异性、技术选择适宜性,因而既无从有效甄别区域生产结构差异,更无从探究中国区域非均衡增长本质。二是对前沿生产函数形式选择具有任意性,缺乏对预先设定的生产函数进行适宜性检验,因而,难以避免生产函数先验设定偏误,也难以确保结果的稳健性。三是对我国丰裕劳动力异质性分化缺乏多维度、多层次的刻画,因而难以揭示不同类型人力资本及其技术吸收能力以及质量阶梯匹配对区域前沿技术选择的影响差异。

◆ 第三章 ◆

要素异质视角的多元化技术选择形成机理

从经典经济学看,技术是有弹性的,对于一等量产出往往可以由投入要素的不同组合来实现,即资本与劳动的配置比例在一定的范围内是可以变动的。厂商或企业会根据要素相对价格变化而改变投入要素的组合比例以实现生产成本的最小化。然而,生产成本最小化只是利润最大化的一个必要条件,在质量型经济增长阶段,要素成本并非企业自生能力的唯一决定因素,企业技术选择更取决于要素使用效率[124],企业竞争优势的建立更依赖于高质要素的培育和创造。

从偏向性技术进步理论看,技术并非独立于生产要素,技术进步通常以提高要素生产率和配置效率方式与资本和劳动要素耦合发展,因对要素生产率产生非对称影响,在促进要素质量提升的同时也改变着要素之间的相对替代弹性,导致要素组合生产中的要素密集度出现调整甚至逆转,进而存在着动态比较优势。因此,在要素质量与要素结构存在动态演进的条件下,在既定的最优要素组合配置比例下,企业还面临着"物尽其用,人尽其才"的最佳要素质量组合选择[24]。

中国是劳动力丰裕国家,技术进步呈现出物化和技能双重偏向特征[54,55],我国劳动力市场存在着异质性分化现象。本章基于劳动力异质性视角,采用嵌套 CES 生产函数,讨论多要素组合生产基础上的多元化技术选择形成机理,为进一步的实证研究提供理论依托。

3.1 要素异质性与技术进步偏向相关理论研究

经济增长的历史和实践表明,由于经济发展水平和资源禀赋差异,不同国家或地区的技术进步呈现出多样性和阶段性特征。虽然不同类型技术进步都会提高劳动生产率,但从长期看,中性技术进步提高越快,技术被即刻采用的范围就越广,技术多样性水平就越低[126],劳动技能水平趋同化也越高,这将减少技能劳动的供给,而非中性和资本体现式技术进步却与其相反。正是偏向性技术进步和经济增长使得个体能力、知识经验积累和受教育水平差异更大,进而使人力资本的非同质性更为突出,劳动禀赋结构分化日趋明显。

基于异质性劳动视角,杨飞利用 CES 生产函数分析了技术前沿国家劳动禀赋结构对技能偏向性技术进步的影响。其研究表明,技能偏向性技术进步方向取决于高、中、低技能劳动之间的替代弹性和劳动禀赋结构的变化。技术进步和技能劳动并不总是互补关系,也有可能表现出相互替代特征,由此使得技术进步呈现出不同的技能偏向[127]。

周亚等基于异质性人力资本视角,在一般生产函数假定下,构造人力资源开发、配置与使用的宏观经济模型,讨论了系统的定态解及其稳定性,证明人力资本与物质资本之间存在最佳投资分配比例。这一最佳比例取决于均衡时人均人力资本存量和人均物质资本存量的边际产出率,这显然是由生产函数形式决定的。也就是说,在经济发展的不同阶段上,受到自身要素禀赋结构的制约,不同要素在生产中的相对重要性存在差异[128]。

李雪艳等利用传统 C-D 生产函数,论证了人力资本存量结构对经济增长的作用机理和影响途径。分析结果表明,经济增长不仅取决于物质资本总量和人力资本总量的增长,还取决于不同类型人力资本的相对增长水平。通过提高人力资本的异质性程度,可以实现规模报酬递增,促进经济发展方式转变[129]。

基于要素协同视角,"人力资本结构研究"课题组利用 C-D 生产函数和动态最优化分析,讨论了人力资本与物质资本协调匹配关系对经济增长的影响。他们认为,人力资本与物质资本的有效积累不仅在于两者数量上的增加,而且在于数量结构上的匹配和均衡[130]。云鹤等采用总量生产函数构建协调改善、知识增进的增长效应模型,探讨了经济持续增长的一般原理,研究结果表明,生产要素之间的互补效应是经济持续增长的动力源泉[40]。欧阳峣和刘智勇则发现,尽管发展中大国的人力资本水平较低,但是,如果其异质性人力资本与多元化产业结构、物质资本投资、技术水平之间存在耦合效应,仍能够促进经济持续快速协调发展[82]。

涉及偏向技术进步的相关理论研究普遍选择 CES 生产技术构建模型框架,但其常数替代弹性假设隐含了稳态增长方程特征,即生产结构参数和投资率有着严格的收敛速度[42],还需要满足技术进步是劳动增进型假设[43]。因此,对于 CES 生产函数用于增长实证研究尚存在争议。但为了理论分析方便,本书仍在 CES 技术框架内讨论多要素组合下技术进步偏向的变动机理,而在实证部分则采用更为一般的超越对数生产函数,剖析技术选择与要素结构匹配下的区域经济发展效率差异。

3.2　基本模型

这里参照 Duffy 等、Arpain 等的偏向性技术进步建模思路[131,132],借鉴 Acemoglu 和 Autor、Autor 和 Dorn 异质性劳动理论模型[133,134],假定经济中存在着两个部门:(1)最终产品部门;(2)中间产品生产部门。经济中只有一种最终产品,其产量为 Y,由最终产品部门提供。中间产品生产部门生产差异化产品 Y_I,由资本密集型产品 Y_K 和技能劳动密集型产品 Y_H 构成,中间品生产厂商根据中间品市场价值最大化条件来确定中间产品质量改进的研发决策,然后将新研发出来的中间产品出售给最终产品生产商;最终产品生产商使用其购买来的中间产品,并利用非熟练劳动力生产的劳动密集型产品 Y_L 来生产最终产品。

最终产品 Y 的生产技术采用双层嵌套常替代弹性 CES 生产函数形式:

$$Y=\left[\gamma Y_I^{\frac{\varepsilon-1}{\varepsilon}}+(1-\gamma)Y_L^{\frac{\varepsilon-1}{\varepsilon}}\right]^{\frac{\varepsilon}{\varepsilon-1}}\quad Y_I=\left[\lambda Y_K^{\frac{\beta-1}{\beta}}+(1-\lambda)Y_H^{\frac{\beta-1}{\beta}}\right]^{\frac{\beta}{\beta-1}}\quad \beta<1<\varepsilon$$

$$(3-1)$$

其中,分布参数 $\lambda,\gamma\in(0,1)$ 反映投入产品的相对重要性;ε 为差异化产品 Y_I 和同质化产品 Y_L 之间的替代弹性,β 为资本密集型产品 Y_K 和技能劳动密集型产品 Y_H 之间的替代弹性,$\beta<1<\varepsilon$ 表明,设备资本品与非技能劳动密集产品之间的替代弹性大于设备资本品与技能劳动密集产品之间的替代弹性,即设备资本品与非技能劳动密集产品之间存在替代关系,而设备资本品与技能劳动密集产品之间存在互补关系。这就是最早由 Griliches 发现并提出的"资本技能互补假说"[135],即具有更高生产力的先进机器设备只有在和积累了特定知识和技能的劳动者相结合时,设备资本品的生产效率才能得到充分利用,技能劳动生产率得以最大限度地发挥。

为最终产品提供生产原料的中间品部门的生产函数为:

$$Y_i=\frac{E_i^{\sigma}}{1-\sigma}\int_0^1 A_i^{\sigma}(j)x_i(j)^{1-\sigma}\mathrm{d}j,i=L,K,H \quad (3-2)$$

其中,E_i 表示中间产品 $x_i(j)$ 的种类;$\sigma\in(0,1)$ 为投入要素产出弹性;

$A_i(j)$ 表示第 j 种中间产品 x_j 的质量，$A_i(j)$ 越大则表明 i 部门技术水平越高。L、K、H 分别为非技能劳动、资本、技能劳动要素投入。由于中间产品是差异化的，故假定中间产品供应商拥有专利技术，因而中间品市场结构是垄断竞争的。

3.3 产品市场均衡分析

在完全竞争市场条件下，产品价格等于其边际产品，有下式成立：

$$P = [\gamma^\epsilon P_I^{1-\epsilon} + (1-\gamma)^\epsilon P_L^{1-\epsilon}]^{\frac{1}{1-\epsilon}} \quad p_I = [\lambda^\beta p_K^{1-\beta} + (1-\lambda)^\beta p_H^{1-\beta}]^{\frac{1}{1-\beta}}$$

(3-3)

不失一般性，将最终消费产品 Y 的价格标准化为 1，即：

$$P = [\gamma^\epsilon P_I^{1-\epsilon} + (1-\gamma)^\epsilon P_L^{1-\epsilon}]^{\frac{1}{1-\epsilon}} \equiv 1$$

(3-4)

则需求函数满足如下条件：

$$p_I = \gamma \left(\frac{Y_I}{Y}\right)^{-\frac{1}{\epsilon}}, p_L = (1-\gamma)\left(\frac{Y_L}{Y}\right)^{-\frac{1}{\epsilon}}$$

(3-5)

$$\frac{p_K}{p_I} = \lambda \left(\frac{Y_K}{Y_I}\right)^{-\frac{1}{\beta}}, \frac{p_H}{p_I} = (1-\lambda)\left(\frac{Y_H}{Y_I}\right)^{-\frac{1}{\beta}}$$

(3-6)

产品部门和服务部门的利润最大化问题分别为：

$$Max_{E_K,E_H,x_K,x_H} p_I Y_I - \omega_K E_K - \omega_H E_H - \int_0^1 x_K(j)x_K(j)dj - \int_0^1 x_H(j)x_H(j)dj$$

(3-7)

$$Max_{E_L,x_L} p_L Y_L - \omega_L E_L - \int_0^1 \chi_L(j)x_L(j)dj$$

(3-8)

对(8)和(9)式分别求一阶导数，得到产品部门和服务部门对中间产品 $x_i(j)$ 的需求函数(10)式，该函数也是这种中间品生产商所面对的市场约束。

$$x_i(j) = \left(\frac{p_i}{\chi_i(j)}\right)^{\frac{1}{\sigma}} A_i(j)E_i$$

(3-9)

要素投入量 E_i 的反需求函数表达式为：

$$\omega_i = p_i \frac{\sigma}{1-\sigma} \int_0^1 (A_i(j))^\sigma x_i(j)^{1-\sigma} dj E_i^{\sigma-1}$$

(3-10)

同样，对中间品生产部门来说，记中间产品 $x_i(j)$ 的价格为 $\chi_i(j)$，由 Y_i 部

门利润最大化一阶条件,得到:

$$\frac{x_i(j)}{x_i(s)} = \left[\frac{\chi_i(j)}{\chi_i(s)}\right]^{\frac{1}{\sigma-1}}, \quad i = L, K, H \tag{3-11}$$

由此得到部门 i 的价格指数为:

$$p_i = \left[\int_0^1 \chi_i(j)^{\frac{1}{\sigma}} \mathrm{d}j\right]^{-\sigma}, \quad i = L, K, H \tag{3-12}$$

生产中间产品的三个部门的生产技术为:

$$Y = i = \frac{1}{1-\sigma} p_i^{\frac{1-\sigma}{\sigma}} E_i \int_0^1 A_i(j) \mathrm{d}j, \quad i = L, K, H \tag{3-13}$$

虽然中间产品 x_i 的生产企业在产品市场上是垄断竞争的,但每个部门都有很多类似的企业,因而要素市场是完全竞争的。每个企业都是要素价格的被动接受者,即生产要素价格外生给定。求解企业生产中间品的利润最大化问题,得到中间品的定价策略:

$$\chi_i = \chi_i(j) = \frac{\omega_i}{(1-\sigma)}, \quad i = L, K, H \tag{3-14}$$

3.4 要素市场均衡分析

参照王永进和盛丹[136],由要素市场出清条件,可得:

$$Y_i = \left[\lambda (Z_K A_K K)^{\frac{\beta-1}{\beta}} + (1-\lambda)(Z_H A_H H)^{\frac{\beta-1}{\beta}}\right]^{\frac{\beta}{1-\beta}} \tag{3-15}$$

$$Y_i = Z_i A_i E_i, \quad i = L, K, H \tag{3-16}$$

Z_i 表示相应中间产品的生产效率。

将(3-15)式、(3-16)式代入(3-5)式和(3-6)式,有产品市场均衡条件:

$$\frac{p_K}{p_H} = \frac{\lambda}{1-\lambda}\left[\frac{Z_K A_K K}{Z_H A_H H}\right]^{-\frac{1}{\beta}} \tag{3-17}$$

$$\frac{p_I}{p_L} = \frac{\gamma}{1-\gamma}\left\{\left[\left(\frac{Z_K A_K K}{Z_L A_L L}\right)^{\frac{\varepsilon-1}{\varepsilon}} + \left(\frac{Z_H A_H H}{Z_L A_L L}\right)^{\frac{\varepsilon-1}{\varepsilon}}\right]^{\frac{\varepsilon}{\varepsilon-1}}\right\}^{-\frac{1}{\varepsilon}} \tag{3-18}$$

由(3-5)和(3-6)式及(3-17)和(3-18)式进一步得到技能与非技能劳动密集产品之间的相对价格表达式:

$$\frac{p_H}{p_L} = \frac{1-\lambda}{1-\lambda}\left(\frac{Z_H A_H H}{Z_L A_L L}\right)^{-\frac{1}{\varepsilon}}\left[\left(\frac{Z_K A_K K}{Z_H A_H H}\right)^{\frac{\beta-1}{\beta}} + 1\right]^{\frac{\beta-\varepsilon}{\varepsilon(1-\beta)}} \tag{3-19}$$

以上式子表明,当产品市场和要素市场满足均衡条件时,某种特定要素的相对禀赋越丰裕,密集使用这种要素的产品的相对价格就越低。也就是说,产品相对价格与该产品密集使用的要素的相对供给呈负相关关系。

3.5 技术市场均衡分析

为简化分析,假设中间生产企业生产 Y_L,Y_K,Y_H 的边际成本 $\omega_i=1-\sigma,i=L,K,H$,此时中间品定价决策为:

$$\chi_i(j)=\frac{w_i}{1-\sigma}=1,i=L,K,H \tag{3-20}$$

根据(3-13)式和(3-20)式得到中间品生产企业的利润表达式:

$$\pi_i(j)=\sigma p_i^{\frac{1}{\sigma}}A_i(j)E_i,\ i=L,K,H \tag{3-21}$$

该式表明,无疑地,中间产品的价格越高则中间品厂商生产利润越大,企业即期利润越丰厚。但企业更关注提升哪个部门的中间产品质量以最大化中间品市场价值的研发决策。

假设企业生产某种中间品 $x_i(j)$ 的市场价值为 $V_i(j)$,市场价值随时间的折损变动记作 $\dot{V}_i(j)$,市场利率为 r,研发投入为 $R_i(j)$,研发效率为 $\xi(R_i(j))$,则技术开发商无套利研发激励满足以下条件[127]:

$$\pi_i(j)=[r+\xi(R_i(j))]V_i(j)-\dot{V}_i(j),\ i=L,K,H \tag{3-22}$$

在均衡增长路径上,$\dot{V}_i(j)=0$,且三部门技术进步率相同,即 $\xi(R_i(j))=R^*$,此时中间品市场研发价值满足:

$$V_i(j)=\frac{\pi_i(j)}{r+R^*},\ i=L,K,H \tag{3-23}$$

假定研发一种新的中间产品需要投入 μ 单位最终产品,则研发均衡条件为:$V_i(j)=\mu$ 或者 $\pi_L=\pi_K=\pi_H$。利用研发市场出清条件,得到中间品研发的相对市场价值之比,即:

$$\frac{V_K}{V_H}=\frac{Z_K K}{Z_H H}\left(\frac{p_K}{p_H}\right)^{\frac{1}{\sigma}}=1,\ \frac{V_H}{V_L}=\frac{Z_H H}{Z_L L}\left(\frac{p_H}{p_L}\right)^{\frac{1}{\sigma}}=1, \tag{3-24}$$

将(3-17)和(3-19)式代入,可得中间产品部门在技术市场均衡条件下的相对技术进步水平:

$$\frac{A_K}{A_H}=\left(\frac{\lambda}{1-\lambda}\right)^{\beta}\left(\frac{Z_K K}{Z_H H}\right)^{\eta-1} \tag{3-25}$$

$$\frac{A_H}{A_L}=\left(\frac{\lambda(1-\gamma)}{1-\lambda}\right)^{\varepsilon}\left(\frac{Z_H H}{Z_L L}\right)^{\sigma(\varepsilon-1)}\left[\left(\frac{\gamma}{1-\gamma}\right)^{\beta}\left(\frac{Z_H H}{Z_K K}\right)^{1-\eta}+1\right]^{\frac{\varepsilon-\beta}{\beta-1}} \quad (3-26)$$

其中,$\eta=\sigma(\beta-1)+1$,表示资本和技能劳动之间的要素替代弹性,此式意味着,当资本密集产品与技能密集产品之间的替代弹性 $\beta>1$ 时,资本和技能劳动要素之间的替代弹性 η 也大于1。由(3-25)、(3-26)式知,要素相对技术依赖于要素禀赋结构和要素生产效率。

3.6　要素禀赋结构与技术进步偏向变动分析

中间品生产企业的利润表达式(3-21)表明,如果要素相对供给(如 K/H)越大,当要素市场上的资本相对技能劳动供给更多时,设备资本品的密集使用使厂商获得的相对利润越大,从而激励企业研发密集使用资本的中间产品,进而导致资本增强型技术进步,资本增强型技术进步更有助于提高资本边际产出,Acemoglu 称这种由要素相对供给变化对技术进步方向的影响为"市场规模效应"[137];同样地,如果中间品相对价格如 p_K/p_H 越高,即密集使用资本要素的产品价格相对于密集使用技能劳动的产品价格更高,无疑地生产资本密集型中间产品获得的相对利润更大,激励企业研发资本密集型中间产品的生产技术,进而促进资本增强型技术进步,Acemoglu 称这种由产品相对价格变动对技术进步方向的影响为"价格效应"[137]。可见,在经济行为人理性行为下,技术进步偏向是利润最大化的引致性结果,因而技术进步方向是内生的。

根据(3-24)式,由要素相对供给引发的"市场规模效应"与相应密集使用该要素的产品相对价格诱致的"价格效应"对技术进步的影响方向恰好相反。

依据(3-25)式,资本和技能劳动要素禀赋结构变动引致的技术进步偏向分为两类:

其一,当 $\eta>1$ 时,即 $\beta>1$,资本相对供给增加的市场规模效应大于价格效应,这时物质资本供给的增加将导致资本增强型技术进步。

其二,当 $\eta<1$,即 $\beta<1$,资本相对供给增加的市场规模效应小于因资本要素价格下降引发的价格效应,此时物质资本供给的增加将引致技能增强型技术进步,这就是"资本技能互补假说"成立的情况。

依据(3-26)式,要素禀赋结构变动对技能和非技能劳动密集型相对技术水平的影响具有不确定性。一方面,技能劳动供给水平提高,使得技能劳动要素使用价格相对廉价,技能劳动要素使用成本的降低促进了技能增强型技术进步;另一方面,技能劳动供给水平的提高,降低了技能劳动密集行业产品的相对价格,从而降低了技能增强型技术进步的利润水平。尤其在资本技能互补条件下,该效应对技能增强型技术进步的抑制作用更为显著。具体而言:

(1)当 $\varepsilon > 1$ 时,技能劳动相对非技能劳动供给的增加,即 H/L 的相对上升,将诱致技能增强型技术进步。

(2)如果 $1 < \varepsilon < \beta$,技能劳动相对资本供给的增加,即 H/K 的相对上升,将促进技能劳动增强型技术进步,此时技术进步具有技能劳动增强型的单偏向特征;如果 $\varepsilon > 1 > \beta$,技能劳动相对资本供给的增加,即 H/K 的相对上升,将促进资本增强型技术进步,此时技术进步存在资本与技能劳动互补的双重偏向性,但更偏向资本增强型技术进步,而技术进步的非技能劳动偏向性受到抑制。

(3)当 $\varepsilon < 1$ 时,技能劳动相对非技能劳动供给的增加,即 H/L 的相对上升,将诱致非技能劳动增强型技术进步。

(4)如果 $\varepsilon < 1 < \beta$,技能劳动相对资本供给的增加,即 H/K 的相对上升,将促进技能劳动增强型技术进步,此时技术进步呈现出技能劳动和非技能劳动互补的双重偏向性,但更偏向非技能劳动,而技术进步的资本偏向性受到抑制;如果 $\varepsilon < \beta < 1$,技能劳动相对资本供给的增加,即 H/K 的相对上升,将促进资本增强型技术进步,此时技术进步呈现出资本和非技能劳动互补的双重偏向性,但更偏向非技能劳动,而技术进步的技能劳动偏向性受到抑制。

(5)当 $\varepsilon < 1$ 且 $\beta > 1$ 时,如果 H/K 的上升幅度远大于 H/L 的上升幅度,技能劳动相对供给的提高将促进劳动增强型技术进步,此时技术进步具有技能和非技能劳动双重偏向性,但更偏向技能劳动,而技术进步的资本偏向性受到抑制。

综上所述,内生的技术进步偏向是要素投入结构和要素使用效率的非线性函数,技术进步路径演化具有不确定性。在经济发展的不同阶段,任何增长要素都有可能处于相对过度、短缺或适当状态,因而任何单独的生产要素都不可能总是对经济增长产生单方向的促进或抑制作用,而是各个增长要素"协同"地"非线性"地作用于经济增长,即技术进步的非连续性和生产要素的阶段性转化贯穿经济增长过程之中,技术与要素交互融合和匹配发展对经济持续增长更为重要。

3.7　本章小结

　　本章利用 CES 生产函数框架,讨论了多要素组合生产条件下内生的技术进步偏向的影响因素。分析结果表明,技术进步方向与资源禀赋结构具有明显的依赖关系,这意味着,技术进步与资源禀赋匹配的契合程度是技术效率发挥的关键。另外,投入要素生产效率、要素相对重要性,以及要素相对替代弹性作为常量也出现在技术进步偏向表达式中。如果从短期动态视角看,要素生产率并非一成不变,在经济发展的不同阶段上要素相对重要性也存在波动,随着要素质量演进和要素相对丰裕度变化,要素之间的相对替代弹性也处在动态变动之中。因而,技术进步偏向、要素异质性及要素结构质量的双重演进将通过技术、资本和劳动的交互融合和匹配发展而内生于经济增长过程,即技术存在着多样化的要素组合机制,关键在于适宜技术选择必然与要素禀赋结构的变动相互适应而彼此促进。

　　为了理论分析方便,这里采用了 CES 生产函数来讨论技术进步偏向。无疑地,CES 生产函数的常数替代弹性假设使其具有稳态增长特征,对处于转型路径上的经济体而言,要素边际生产率是变化的,要素替代弹性也并非常数。替代弹性作为生产函数的一个重要技术参数,显然地与要素投入数量、质量及要素之间的协同作用方式息息相关,即不同要素组合构成的生产函数,其要素替代弹性存在差异。因此,检验经济体生产函数形式设定的适宜性以确保分析结果的稳健性,对于技术进步偏态视角下的地区增长差异实证研究尤为重要。

◆ 第四章 ◆

异质劳动视角的技术选择与区域发展效率

中国劳动力比较优势战略的实施有效地开发了一度沉淀于传统农业部门的低素质劳动力资源,伴随着工业化进程中的"干中学"技术进步以及教育制度改革,我国劳动力禀赋异质性分化日趋明显。然而,既有研究中国经济增长的文献尽管分别考虑了纯劳动力投入和人力资本积累,却往往对劳动力做同质化假定,仍将就业总量直接等同于劳动力投入,忽视接受不同教育水平的就业者所提供的劳动是异质的。

首先,本章简要回顾了中国劳动力异质性及其分化进程以及我国的技术进步方向与技术选择研究现状。通过文献梳理发现,对中国技术进步偏向的研究普遍基于资本和劳动要素同质性假设[48,49,53,97,138],忽视我国经济高速增长过程中的劳动力素质变化及劳动力内部结构变动对前沿技术选择以及经济增长的影响。其次,本章实证部分在随机前沿生产模型框架内,基于异质劳动视角构建全国前沿生产函数,揭示异质性劳动力对中国前沿技术结构的影响,并在同一前沿基准面上比较三大区域发展效率差异。最后,基于我国要素禀赋非均衡分布现实的描述,笔者认为与区域要素禀赋结构相匹配,各区域前沿技术选择存在差异,为引入下一章埋下伏笔。

4.1 中国劳动力异质性及其分化进程概述

我国劳动力异质性分化与工业化进程和教育体制改革的推进相伴而行。工业化进程中的"干中学"技术进步、科教兴国战略、义务教育政策和高等教育改革对我国人力资源开发和人力资本积累的促进效应明显,各个层次受教育水平的劳动力数量大幅增长。劳动力结构的不断优化和具有高等学历劳动力比重的不断增加大大推动了我国的经济发展。

　　在中国经济发展的初期阶段,由于缺少资本积累因而需要劳动积累[124],显然,资本持有量异质的重要性掩盖了劳动技能异质的重要性。作为世界最大的发展中国家,我国有着世界上最多的人口,长期城乡分割的二元经济结构造就了近乎无限供给的农村剩余劳动力;同时,教育资源短缺,研发投入严重不足,资本积累的缺乏使得潜在的劳动力不能进入真正的劳动过程,大量人力资源处于闲置状态。1986年《中华人民共和国义务教育法》的颁布掀起普及义务教育热潮,初等教育成为人力资本积累的主要驱动力。

　　在农业劳动力非农转化起步时期,主要以劳动密集为主的轻工业吸纳农村剩余劳动力,对劳动力基本素质与专业技能要求不高,第一代农民工普遍具有小学和初中文化水平[1]。伴随着20世纪70年代中后期经济全球化发展,发达国家把低技能劳动密集型生产环节转移到发展中国家,中国以广阔的国内市场、相对完整的工业基础、近乎无限劳动供给的独特要素组合,承接了大量制造业的国际转移,通过外资引进和出口导向相结合的双引擎开放战略,解决了发展过程中所面临的资本和技术缺口;同时利用劳动力成本比较优势,比较成功地开发了一度沉淀于传统农业部门的庞大剩余劳动力,把中国经济送入快速起飞的跑道。此外,我国工业化发展战略"由重转轻"的调整、政府对农村劳动力流动政策的转变,以及劳动密集产业的蓬勃发展,都对低素质劳动力产生了巨大需求,极大地提高了资源配置效率。1993年国务院颁布的《中国教育改革和发展纲要》提出21世纪中国教育改革新规定。在教育改革发展中,学校教育逐渐形成基础教育、职业技术教育、高等教育、成人教育和特殊教育五大类,极大地促进了人力资本的多元化发展。

　　在工业化与城市化并行推进阶段,资本积累及其快速形成依然是保证经济活力的重要因素,技术进步亦随着资本积累而得以实现。经济的发展促进了社会分工的深化和广化,新技术的应用产生了对不同类型人力资本的需求,劳动技能的异质性开始逐步增强。伴随着整个经济起飞过程,技术的普遍应用以及大规模的工业化生产对技术能力的要求成为中等教育发展的巨大动力。在1990年代中期以后,陆续加入"民工潮"的"第二代农民工"群体占农民工总量的40%～50%[1],相比于普遍具有小学和初中文化水平的第一代农民工,他们不仅年轻而且具有相对较高的文化知识和技能水平。劳动者的知识结构和知识存量也在发生变化,特别是在就业和竞争压力下,劳动者的知识体系在不断更新与发展,却难掩技术进步路径依赖带来的产业结构低端化锁定。

　　自1990年以来,中国教育的迅速扩展增加了高技能劳动力的市场供给。

高中毕业生升学率从 27.3% 提高到 78.8%,特别是 1999 年开始的大学扩招,促使高中毕业升学率蹿升,高校聚集地区人力资本投资甚至出现规模报酬递减效应[86]。2011 年全国高校毕业生总量达到 660 万人,加上前两年累积的近 200 万的未就业毕业生,待就业的毕业生人数接近 900 万。肇始于 2004 年的东部沿海地区劳动密集产业的"民工荒"和明显的"机器换人潮"[21],到 2007 年"高级技工荒"和"大学生就业难",产业结构与就业结构扭曲引发了极大关注。

不可否认的事实是,中国经济在全球化时代大背景下的迅速崛起及其世界贸易份额的急剧上升。全球制造业向中国的迅速转移也客观地反映出我国劳动力和人力资本所具有的巨大比较优势以及迅速增长的庞大国内市场。然而,人口多、底子薄在相当长时期内依然将是我国要素禀赋的基本特征,因此经济理论和政策研究既不能忽略我国人力资本的潜在比较优势,也无法回避严峻的就业问题。

4.2 中国的技术进步方向与技术选择研究现状

20 世纪 90 年代以来,中国经济的高速增长离不开"干中学"技术进步机制[1]。在对外开放进程中,我国主要通过 FDI 技术外溢和国际贸易诱发的"干中学"来跟踪和消化先进技术。然而,一些国内学者对经济增长中 TFP 的测算研究发现,改革开放以来中国 TFP 增长率不高且有较大波动,甚至在 1990 年代中后期出现了持续下降[13,140,141]。基于省际数据的研究也发现,TFP 增长率在东、中、西部三大区域之间以及各省区之间同样存在着明显的差异。于是,有学者认为,中国经济主要依靠要素积累尤其是高投资推动增长,TFP 增长的贡献不高,粗放型增长方式仍占主导;另有学者坚持,中国的技术进步可能更多的是内嵌于设备资本的体现型或物化的技术进步;还有学者强调,中国过早的资本深化加剧了资本替代劳动,由于技术选择偏差而背离了劳动力禀赋比较优势,资本边际报酬过快下降导致技术进步减缓。关于中国技术进步方向及技术选择路径的研究悄然兴起。

技术并非独立于生产要素,技术进步通常以提高要素生产率和配置效率方式与资本及劳动要素耦合发展,因对资本和劳动生产率产生非对称影响而出现偏向性。戴天仕和徐现祥在 CES 生产函数假定下,利用"标准化供给面系统"方法估计出中国劳动资本替代弹性为 0.736,技术进步总体偏向资本。具体而言,1979—1982 年技术进步偏向劳动;1983—1990 年技术进步开始偏向资本;

1991 年之后技术进步偏向资本的速度明显加快[48]。雷钦礼构建要素偏向性技术进步测算方法,并估算 1991—2011 年经济增长中的技术进步方向,研究表明,这一时期我国劳动生产效率逐年提升,而资本生产效率在 1995 年以后逐年下降,技术进步偏向资本使用和劳动节约[49]。王林辉和袁礼测算我国八大产业技术进步偏向,结果发现,要素禀赋不同引致产业技术进步偏向性呈阶段性变化趋势;金融业与其他产业资本和劳动偏向交替变化特征不同,技术进步总体呈劳动偏向性[141]。陈晓玲和连玉君则从区域尺度估算了我国 1978—2008 年各省区的替代弹性和有偏技术进步。研究发现,东部大部分省区以及内蒙古的资本和劳动呈替代关系,多数中西部省份的资本与劳动呈互补关系,多数省区的技术进步呈资本偏向型[97]。上述关于中国技术进步偏向的研究仅局限于经济增长中的资本和劳动效率的增长差异,忽视了多要素组合生产中要素之间的协同作用方式差异,尤其忽视要素效率提升过程中客观存在的要素质量阶梯对要素替代弹性及技术进步方向的影响,因而未免一叶障目,不见森林。

既有文献少有区分要素异质性及其对经济增长的影响差异,尤其缺乏针对存在着要素拥挤和无效配置的发展中国家的实证研究。我国是劳动力丰裕国家,尽管近年来资本有机构成不断提高,但劳动力相对于资本仍具有成本优势。随着九年义务教育普及、职业教育发展、高等教育扩招和素质教育推行,我国劳动力内部结构异质性分化日趋显现。宋冬林等考察了我国技能偏向性技术进步存在性,发现不同类型技术进步都具有技能偏向特征,尤其是资本体现式技术进步与技能需求和技能溢价呈现出较强的互补性[54]。更进一步地,张月玲和叶阿忠将劳动细分为技能劳动和非技能劳动,探讨了劳动力异质性对中国技术进步方向和技术路径选择的影响。结果表明,中国的技术进步表现出资本技能双重偏向性特征;资本对技能和非技能劳动都富于替代弹性,但技术进步资本偏向性程度的加深加大了对技能劳动的替代;劳动力内部结构存在匹配失当。要素价格扭曲下的技术选择偏差和产业结构调整滞后是"高级技工荒"和"大学生就业难"现象共存的根本原因[55]。

4.3　技术选择与区域发展效率的既有研究

世界经济发展历史实践表明,技术选择问题是发展中国家制定经济发展战略的重要问题,技术选择直接影响经济增长绩效。适宜技术选择要求技术进步方向或者说技术结构应该与发展中国家的要素禀赋结构相匹配,选择发展的技术能够充分利用本国经济资源,充分吸收转轨过程中产生的剩余劳动力,并进一步将静态的比较优势转化为动态比较优势,不断优化和提升要素禀赋结构的质量。如果不顾及自身要素禀赋实际情况,选择过快资本深化的技术,虽然一定程度上能够使得产业结构得到升级,却不能有效提高劳动生产率[68],也难以推动经济持续健康发展。

不可忽视的是,我国是一个地区经济技术发展不平衡的大国,"多元"和"转型"特征明显。各地区特别是省域之间要素禀赋结构差异明显,劳动生产率和产业结构也不尽相同。与经济发达地区的资本充裕且人力资本水平较高不同,经济落后地区往往劳动力资源丰富、资金短缺、技术落后、人力资本水平低下。显然"一刀切"地选择具有普适性的技术并不现实。

在实证研究方面,虽然不乏探讨地区经济增长差异的文献,但从技术选择角度考察我国区域发展效率差异的研究还非常少见。黄茂兴和李军军利用1991—2007年全国31省面板数据采用C-D生产函数,实证技术选择对产业结构升级和经济增长的促进作用。结果发现,从全国平均来看,技术选择系数的提高促进了经济增长,但技术选择对不同省份的促进作用存在明显差异,少数省份甚至出现了负作用[68]。但他们并没有根究为什么不同省份的技术选择对地区经济增长影响迥异。

张月玲和叶阿忠基于要素替代弹性分析视角,实证研究了我国东、中、西三大区域技术选择与要素结构匹配差异。结果发现,东部技术选择更偏向资本和非技能劳动使用,但倾向于依赖要素投入数量而忽视要素质量提升的增长模式以及技术选择上的惰性,造成产业结构低端锁定和区域产业转移迟滞。中部地区资本与技能劳动双重偏向的技术选择偏差,有悖于其劳动力丰裕而资本投入匮乏的要素禀赋特征,致使生产中要素结构匹配失当长期存在。西部地区倾向于劳动资源比较优势的"适宜技术"选择,有利于传统部门劳动力与现代部门资本有效结合,产业结构过渡较为平稳[69]。上述研究重点关注了区域技术选择与要素结构匹配差异,尚未深入分析这种匹配差异对区域发展效率的影响。

4.4 同质性随机前沿生产函数与区域发展效率实证

本章的实证分为两部分:其一,重点关注我国丰富劳动力比较优势的动态变化,利用Battese和Coelli(1992)面板数据随机前沿分析模型,构建区域同质性生产函数,探讨异质性劳动投入对中国前沿技术选择的影响;其二,利用全国前沿生产函数计量回归结果,计算区域 TFP 增长率及其分解项,并基于同一前沿基准面比较区域发展效率差异。通过技术进步引致的要素使用偏向分析比较区域技术进步路径演化差异,为了解我国区域经济发展差异及其变化特点,进一步为服务于本书的研究目的——基于要素异质视角揭示区域非均衡增长本质——提供比较分析的现实基础。

4.4.1 分析模型及研究方法

基于面板数据的前沿技术分析已经成为经济增长和地区差异研究中的重要分析工具。傅晓霞和吴利学的研究发现,因中国经济增长过程中存在着不可忽略的随机扰动影响,SFA 是比 DEA 更为适合的生产率分解工具,其测算结果更为可靠[106],尤其适用于区域全要素生产率分析[116,123]。故此,本书亦选择面板数据下的 SFA 参数回归法测算并分解区域全要素生产率增长。

利用超越对数生产函数可以深入研究生产过程中投入要素之间的交互影响、各种投入要素的技术进步差异以及技术进步随时间的变化路径等等。与 Kumbhakar 类似,本书在超越对数生产函数表示的前沿技术表达式中加入时间趋势项,具体形式为:

$$\ln Y_{it} = \beta_0 + \beta_1 \ln K_{it} + \beta_2 \ln L_{it} + \beta_3 \ln S_{it} + \beta_4 t + \frac{1}{2}\beta_5 (\ln K_{it})^2 +$$

$$\frac{1}{2}\beta_6 (\ln L_{it})^2 + \frac{1}{2}\beta_7 (\ln S_{it})^2 + \frac{1}{2}\beta_8 t^2 + \beta_9 \ln k_{it} \ln L_{it} + \tag{4-1}$$

$$\beta_{10} \ln K_{it} \ln S_{it} + \beta_{11} \ln L_{it} \ln S_{it} + \beta_{12} t \ln K_{it} + \beta_{13} t \ln L_{it} +$$

$$\beta_{14} t \ln S_{it} + v_{it} - U_{it}$$

$$U_{it} = \{U_i \exp [-\eta(t-T)]\} \propto iid N(\mu, \sigma_U^2) \tag{4-2}$$

其中,Y 表示各省生产总值 GDP;K、L、S 分别为资本存量、非技能和技能劳动投入数量;时间趋势 $t = 1, 2, \cdots, T$ 表示技术进步;β_0 为截面效应均值,$\beta_1 \sim \beta_4$ 分别表示资本、非技能和技能劳动以及技术进步的要素积累效应;$\beta_5 \sim \beta_8$ 表示资本、非技能和技能劳动以及技术进步的规模效应,如果参数值为正,表示规模报酬递增,参数值为负,规模报酬递减;二阶交叉项 $\beta_9 \sim \beta_{14}$ 分别表示两两要素之间协调效应,参数值为正,表示相应的两要素之间是同向变化的互补效应,参数值为负,表示相应的两要素之间是反向变化的替代效应;v_{it} 是随机误差项,$v_{it} \propto iid N(0, \sigma_v^2)$。

根据超越对数生产函数计量回归得到的参数,可以依次求得要素产出弹性、要素边际生产率、技术进步的要素使用相对偏向差异(技术进步路径演化)以及 TFP 增长率分解。

(1)i 省 t 期各投入要素的产出弹性

$$\eta_{Kit}=\frac{\partial \ln Y_{it}}{\partial \ln K_{it}}=\beta_1+\beta_5\ln K_{it}+\beta_9\ln L_{it}+\beta_{10}\ln S_{it}+\beta_{12}t \tag{4-3}$$

$$\eta_{Lit}=\frac{\partial \ln Y_{it}}{\partial \ln L_{it}}=\beta_2+\beta_6\ln L_{it}+\beta_9\ln K_{it}+\beta_{11}\ln S_{it}+\beta_{13}t \tag{4-4}$$

$$\eta_{Sit}=\frac{\partial \ln Y_{it}}{\partial \ln S_{it}}=\beta_3+\beta_7\ln S_{it}+\beta_{10}\ln K_{it}+\beta_{11}\ln L_{it}+\beta_{14}t \tag{4-5}$$

(2)由要素产出弹性可求得投入要素的边际生产率

$$MP_{Kit}=\eta_{Kit}\times\frac{Y_{it}}{K_{it}} \tag{4-6}$$

$$MP_{Lit}=\eta_{Lit}\times\frac{Y_{it}}{L_{it}} \tag{4-7}$$

$$MP_{Sit}=\eta_{Sit}\times\frac{Y_{it}}{S_{it}} \tag{4-8}$$

(3)全要素生产率增长率($T\dot{F}P$)的分解

$$T\dot{F}P_{it}=TC_{it}+TEC_{it}+SEC_{it} \tag{4-9}$$

其中,技术进步变化(TC_{it})反映生产前沿向产出增加方向的移动:

$$TC_{it}=\frac{\partial \ln f(x_{it},t)}{\partial t}=\beta_4+\beta_8 t+\beta_{12}\ln K_{it}+\beta_{13}\ln L_{it}+\beta_{14}\ln S_{it} \tag{4-10}$$

技术效率变化(TEC_{it})反映实际产出向生产前沿的追赶速度:

$$TEC_{it}=TE_{it}/TE_{it-1}-1 \tag{4-11}$$

由 Front4.1 可以直接得到地区技术效率 TE,再根据上式计算技术效率变化。

规模效应变化(SEC_{it})反映规模报酬可变条件下,行业规模经济导致的生产率改进:

$$SEC_{it}=(RTS_{it}-1)\sum_{j=1}\frac{\eta_{jit}}{RTS_{it}}\dot{X}_{jit} \tag{4-12}$$

(4)技术进步要素偏向差异($Bias_{sj}$)

Ferguson 提出以两种投入要素之间的边际替代率随时间的变化率来度量要素之间的技术进步差异[142]。为进一步揭示生产过程中技术进步路径演化,本书选择 Diamond、Khanna 的技术进步偏向指数 $Bias_{sj}$ 来表示多要素投入中技术进步诱致的要素使用偏向[143,144]。

$$Bias_{sj} = \frac{\beta_{ts}}{\eta_s} - \frac{\beta_{tj}}{\beta_j} \qquad (4\text{-}13)$$

其中，$\beta_{ts}(\beta_{tj})$ 表示要素 $s(j)$ 和时间趋势变量 t 的交叉项系数，同时也是对应要素产出弹性对时间趋势的偏导数，反映纯技术进步对要素产出弹性的作用；$\eta_s(\eta_j)$ 是投入要素 $s(j)$ 的产出弹性。$Bias_{sj}>0(<0)$ 意味着技术进步引起的要素 $s(j)$ 边际产出增长率大于要素 $j(s)$ 的边际产出增长率，称为技术进步偏向要素 $s(j)$；$Bias_{sj}=0$ 表示生产过程中的技术进步是希克斯中性的。

4.4.2　数据处理与模型估计

本章以分区域数据为依据进行分析。因数据缺失或不全而舍弃海南省，并将重庆市归入四川，因此全国现有的 31 个省、市、自治区在样本中变成了 29 个省级地区。东部地区包括北京、天津、河北、辽宁、上海、江苏、浙江、福建、山东、广东 10 省市；中部地区包括山西、吉林、黑龙江、安徽、江西、河南、湖北、湖南 8 省市；西部地区包括广西、内蒙古、四川、贵州、云南、西藏、陕西、甘肃、青海、宁夏、新疆 11 省市。

由于《中国劳动统计年鉴》从 1996 年才开始统计"分地区全国就业人员受教育程度构成"，故此，本书样本区间选择为 1996—2012 年，由 29 个地区相关数据构成面板数据集。

4.4.2.1　指标选择与数据处理

（1）地区生产总值（Y）

为消除价格因素影响，各地区生产总值采用 1952 年为基期的不变价格生产总值。利用《新中国 60 年统计资料汇编》中以 1952 年为基期的各省生产总值指数和 1952 年当年价生产总值得到各省不变价生产总值。

（2）资本存量（K）

各省资本存量测算采用永续盘存法，基本公式为：$K_{it}=I_{it}/P_{it}+(1-\delta_{it})K_{i,t-1}$，其中 K_{it} 代表 i 省 t 年的资本存量，I_{it} 为固定资产投资，P_{it} 是固定资产投资价格指数，δ_{it} 为资本折旧率。I_{it} 以各地区资本形成总额表示，并利用固定资产投资价格指数换算为以 1952 年为基期的不变价格固定资产投资，指标数据来自《中国统计年鉴》。各省资本折旧率统一取 10.96%，这里沿用单豪杰计算方法[145]并将其结果扩展到 2012 年。

因为西藏没有相关的固定资产投资价格指数，因此取靠近西藏且与西藏经济发展水平相似的新疆和青海的投资价格指数的算术平均值作为替代指标;将重庆并入四川计算,其固定资产形成额直接相加,指数则采用加权平均的方法。

(3)异质性劳动投入(S 和 L)

对于技能和非技能劳动指标的选择,不同学者根据各自研究目的的不同选择的指标有所差异。董直庆和王林辉、殷德生等、王林辉和袁礼都以具有大学学历的劳动者存量数或从业人员中的专业技术人员数作为技能劳动数量,以行业从业人员年末数与专业技术人员差额代表低技术工人数[141,146,147]。按照受教育程度,Caselli 等把初中及以下学历的就业人员(包括初中学历)视为低技能劳动,把初中以上学历就业人员视为高技能劳动[148]。其中,低技能劳动是未上过学、小学和初中就业人员的加权和,高技能劳动是高中、大专以上(大专、本科、研究生及以上)学历就业人员的加权和[98]。

基于本书更加关注生产过程中不同要素之间的协同匹配方式,这里参照王永进和盛丹对技能劳动测度采用中学和大学在校生数表示,以在校小学生数表示非技能劳动[136];以及 Duffy 等对资本技能互补假说的经验分析,即当采用中学及中学以上工人数量来衡量技能劳动时,资本技能互补效应更明显[131]。考虑到:第一,我国是发展中国家,人力资本水平还远低于发达国家,尤其大专及以上学历的高级人力资本占比很低,相对于我国经济发展阶段,以专科以上学历劳动者作为技能工人似乎尚不合时宜;第二,况兼我国制造业大国特征明显,具有初、高中学历的技能操作工人应该与机器设备资本品更为互补;第三,本书第六章考虑人力资本结构对技术效率的影响时,将人力资本按基础、中等及高等教育区分为初级、中级和高级人力资本,其中的中等教育包括初中和高中学历,为避免将二者割裂,这里将初中、高中、专科、本科、研究生学历的劳动者一起作为技能劳动。

基于以上考虑,本书用就业人员中的未上学和小学教育程度二者所占比例之和表示非技能劳动比例,初中、高中、专科、本科、研究生所占比例之和为技能劳动比例。非技能劳动(L)和技能劳动(S)以各省就业人员数为据,按《中国劳动统计年鉴》中"各省全国就业人员受教育程度比例"区分为技能和非技能劳动。各省就业人员数据来自《中国统计年鉴》"按城乡分就业人员数(年底数)"。

4.4.2.2 模型检验及估计结果

由于随机前沿分析高度依赖于模型生产函数形式设定,不正确的模型将产生误导性的结论,因此需要对预先设定的生产函数形式进行严格的假设检验。

为检验模型(3-1)的适宜性,依次对如下假设进行检验,以确保结果稳健性：

（1）随机前沿生产模型是否有效

$H_0: \gamma = 0$，如果原假设成立，则 $\sigma_U^2 = 0$，模型中不存在 U_{it}，表明生产点已经位于生产前沿曲线上，根本无须采用随机前沿分析；如果拒绝原假设，则意味着明显存在技术的无效率使用。

（2）技术非效率特征信息检验

在实证分析中，基于极大似然法的面板数据 SFA 估计过程需要强分布假设和强独立性假设，对应于不同的分布，计量方法也有所不同。

$H_0: \mu = 0$，即 U_{it} 服从半正态分布，否则 U_{it} 服从截断正态分布；

$H_0: \eta = 0$，即技术无效率不具有时变性，否则技术无效率具有时变性；

$H_0: \mu = \eta = 0$，即均值 μ 服从半正态分布且技术无效率是非时变的。

（3）随机前沿模型生产函数形式检验

$H_0: \beta_5 = \beta_6 = \beta_7 = \beta_8 = \beta_9 = \beta_{10} = \beta_{11} = \beta_{12} = \beta_{13} = \beta_{14} = 0$，即生产前沿函数为 C-D 函数形式。

（4）前沿生产函数中是否存在技术进步因素

$H_0: \beta_4 = \beta_8 = \beta_{12} = \beta_{13} = \beta_{14} = 0$，即前沿生产函数不存在技术进步；如果存在技术进步，再检验是否为中性技术进步：$H_0: \beta_{12} = \beta_{13} = \beta_{14} = 0$。

（5）对初选前沿生产函数回归项的整理

$H_0: \beta_i = 0$，即初选模型中未通过统计检验的变量的系数为 0。

所有假设都使用广义似然率统计量 $\lambda = -2\ln[L(H_0)/L(H_1)]$ 检验，其中 $L(H_0)$、$L(H_1)$ 分别是原假设 H_0 和被择假设 H_1 前沿模型的对数似然函数值。在原假设的"约束条件成立"的条件下，$\lambda \propto \chi^2(m)$，其中 m 表示约束条件的个数。如果 $\lambda > \chi_\alpha^2(m)$，则拒绝原假设；否则，接受原假设。

采用 Front4.1 最大似然估计法对上述假设进行检验，结果见表 4-1。

首先，超越对数生产函数回归方程的似然比检验拒绝不存在技术无效率的零假设（$\gamma = 0$），表明技术无效率对地区增长影响显著，选择随机前沿生产函数模型是合理的；其次，对技术非效率分布假定检验显示，技术非效率均值服从半正态分布，而且具有时变性；进一步对适宜生产函数形式的层层筛选，最终得到利用全国混合数据计量回归的随机生产前沿模型，见表 4-1。

表 4-1　假设检验结果

	式(3)	式(4)	式(2.1)	式(2.2)	式(2.3)	$\beta_7=0$	$\beta_{7,10}=0$	$\beta_{7,10,1}=0$	$\beta_{7,10,1,9}=0$	$\beta_{7,10,1,9,4}=0$
Log-L	−20.51	15.72	26.35	−46.18	−5.23	26.34	26.34	26.33	26.28	26.27
λ	93.90	21.44	0.18	145.24	63.4	0.02	0.02	0.04	0.14	0.16
m	10	5	1	1	2	1	2	3	4	5
$\chi^2_{0.05}$	18.31	11.07	3.84	3.84	5.99	3.84	5.99	7.82	9.49	11.07
结论	拒绝	拒绝	接受	拒绝	拒绝	接受	接受	接受	接受	接受

表 4-2　同质前沿下生产函数模型回归结果（全国平均技术效率 0.407）

变量	系数	原始模型	$\beta_{7,10,1,9,4}$	变量	系数	原始模型	$\beta_{7,10,1,9,4}=0$
截距	β_0	9.5485*** (4.1250)	9.8868*** (17.0125)	$\ln K \times \ln S$	β_{10}	0.0066 (0.0793)	
$\ln K$	β_1	0.0941 (0.1458)		$\ln L \times \ln S$	β_{11}	0.0625 (0.7627)	0.0430* (1.8384)
$\ln L$	β_2	1.0007** (2.6060)	0.9031*** (5.3053)	$t \times \ln K$	β_{12}	0.0037 (0.3377)	
$\ln S$	β_3	−0.3710 (−0.9178)	−0.2980* (−1.8231)	$t \times \ln L$	β_{13}	−0.0100* (−1.3736)	−0.0113*** (−3.2564)
t	β_4	−0.0118 (−0.1508)		$t \times \ln S$	β_{14}	0.0113 (1.3282)	0.0137*** (3.8668)
$0.5(\ln K)^2$	β_5	0.0113 (0.2362)	0.0180*** (7.6993)	σ^2		1.4999*** (3.6130)	1.4727*** (3.7092)
$0.5(\ln L)^2$	β_6	−0.1135*** (3.0049)	−0.1042*** (−4.8784)	γ		0.9747*** (130.3593)	0.9742*** (132.6033)
$0.5(\ln S)^2$	β_7	−0.0055 (−0.1061)		μ		半正态分布	半正态分布
$0.5t^2$	β_8	0.0006 (0.7109)	0.0009** (1.8892)	η		0.0239*** (8.3792)	0.0241*** (9.4882)
$\ln K \times \ln L$	β_9	−0.0147 (−0.2154)		似然函数对数值		26.3476	25.8680

注：括号内为 t 统计值，＊＊＊、＊＊、＊分别表示1％、5％、10％显著性水平。

4.4.3　异质性劳动对中国前沿技术的影响分析

　　根据表4-2，经筛选后的中国前沿生产函数模型显示，我国异质性劳动对前沿技术结构的影响正在发生悄然变化。参数一次项系数表明，非技能劳动对经济增长具有正向累积效应，而技能劳动则为负向累积效应；二次项系数显示，非技能劳动投入已呈规模报酬递减之势；交叉项系数则表明，经济增长过程中的技能和非技能劳动投入存在互补关系，即技能劳动投入的增减会带动非技能劳动投入的同方向增减；技术进步与非技能劳动呈替代关系，二者具有逆向变动特征,即技术进步的提高对非技能劳动投入存在挤出效应;同样,非技能劳动投入的增加也会削弱技术进步;技术进步与技能劳动则为互补关系,即技术进步提高会促进技能劳动投入增加;同样,技能劳动投入的增加也会推动技术进步提高。

综上所述,非技能劳动积累曾经对我国经济增长发挥了重要作用,非技能劳动增量投入对前沿技术结构的影响呈现逐渐弱化趋势,但与技能劳动互补的那部分非技能劳动仍对经济增长存在正向贡献。虽然技能劳动投入对我国经济增长的累积效应尚为负值,但技术进步与技能劳动的互补效应意味着技能劳动对我国经济持续增长的影响越来越重要,尽管其增量投入尚不具备规模报酬递增效应。

就全国前沿生产函数模型整体来看,如果不考虑我国劳动力内部结构的异质性分化,那么,全国前沿生产函数基本上就简化为 C-D 生产函数形式。这与 Wu(2003)、Chow 和 Lin(2002)、傅晓霞和吴利学(2006)等认为 C-D 生产函数能够较好描述中国经济增长[84,100,101]的结论趋于一致,究其原因则在于,他们忽视了异质性劳动对经济增长的影响差异,忽视了"干中学"过程中我国劳动力比较优势的动态变化走向,即蕴含于劳动力内部结构配置中的异质性分化正在悄然影响着前沿技术选择。

值得注意的是,在全国随机前沿生产函数中,$\gamma=0.9742$ 且其伴随概率通过 1% 显著性检验,这意味着 97.42% 的产出波动来自于技术无效率的影响;$\eta=0.0241$ 则表示技术非效率存在下降趋势,即技术效率水平不断提高。

4.4.4 区域 TFP 增长率及其分解项变化

根据前述计算公式,得到三大区域 TFP 增长率及其分解项,列示于表 4-3。

从三大区域 TFP 增长率分解项的平均值来看,东部技术进步率大于中部大于西部;技术效率增长率则是东部小于中部小于西部;规模效应增长率都为负值,相对而言,西部规模效应增长率下降幅度小于东部小于中部。技术进步是东部和中部地区 TFP 增长的首要推动力,而技术效率变化的贡献位居第二;对于西部地区而言,技术效率变化对 TFP 增长的贡献居于首位,技术进步则次之。值得注意的是,规模效应增长率下降共同成为三大区域 TFP 增长的最大掣肘因素。

表 4-3　1996—2012年同质前沿生产函数下的区域全要素生产率及其分解项

	东部地区					中部地区					西部地区				
	GY	TFP	SEC	TEC	TC	GY	TFP	SEC	TEC	TC	GY	TFP	SEC	TEC	TC
1996—1997	0.116	0.080	−0.936	0.012	0.032	0.109	0.071	(−19.5)	0.032	0.029	0.093	0.061	−0.193	0.057	0.017
1997—1998	0.102	0.052	−0.416	0.012	0.034	0.086	0.048	−0.126	0.031	0.030	0.097	0.072	0.175	0.056	0.020
1998—1999	0.099	0.055	−7.956	0.012	0.037	0.080	0.040	0.071	0.031	0.033	0.088	0.053	0.035	0.055	0.023
1999—2000	0.105	0.062	−0.487	0.012	0.040	0.088	0.033	−2.417	0.030	0.037	0.092	0.055	−1.274	0.053	0.026
2000—2001	0.102	0.059	−0.342	0.011	0.043	0.092	0.036	−0.428	0.029	0.040	0.096	0.055	−0.051	0.052	0.029
2001—2002	0.114	0.078	−0.220	0.011	0.047	0.100	0.088	0.075	0.028	0.042	0.107	0.070	0.755	0.051	0.033
2002—2003	0.130	0.061	−0.503	0.011	0.050	0.110	0.043	−4.126	0.028	0.046	0.116	0.066	−1.905	0.049	0.036
2003—2004	0.141	0.107	−0.103	0.010	0.053	0.128	0.076	−0.416	0.027	0.049	0.126	0.067	−0.258	0.048	0.039
2004—2005	0.129	0.115	0.094	0.010	0.054	0.123	0.135	−1.021	0.026	0.049	0.129	0.129	−0.623	0.047	0.039
2005—2006	0.139	0.086	−0.310	0.010	0.055	0.130	0.084	0.071	0.026	0.051	0.130	0.078	2.312	0.046	0.042
2006—2007	0.144	0.084	−0.261	0.010	0.059	0.141	0.056	−2.087	0.025	0.054	0.140	0.078	−0.366	0.045	0.045
2007—2008	0.116	0.053	−0.237	0.009	0.062	0.125	0.051	−0.612	0.025	0.057	0.124	0.068	−0.109	0.044	0.048
2008—2009	0.114	0.040	−0.266	0.009	0.064	0.118	0.029	−0.674	0.024	0.061	0.122	0.061	0.214	0.043	0.050
2009—2010	0.128	0.059	−0.176	0.009	0.069	0.139	0.045	−0.463	0.023	0.065	0.133	0.038	−0.905	0.042	0.055
2010—2011	0.109	0.026	−0.222	0.009	0.075	0.129	0.003	−0.519	0.023	0.070	0.132	0.068	−1.737	0.041	0.063
2011—2012	0.096	0.186	0.064	0.009	0.073	0.110	0.168	0.063	0.022	0.068	0.126	0.229	0.077	0.040	0.059
均值	0.118	0.075	−0.767	0.010	0.053	0.113	0.063	−0.841	0.027	0.049	0.116	0.078	−0.241	0.048	0.039

注:此处 TFP 增长率是利用 SFA 回归参数,首先计算出要素产出弹性和要素投入增长率,再按照技术进步率核算法得到的。由于篇幅限制,未列示规模效率变化、技术效率变化、技术进步率。带括号的异常点是由四川省 2011—2012 年 GDP 异常所致,如果不含四川此处相应平均值 GY=0.132,TFP=0.068;中部地区 1996—1997 年的规模效应是由于湖北省的资本、技能劳动和非技能劳动三者产出弹性之和接近 0 值而出现异常,未做调整。

从 TFP 增长率分解项的变化趋势看,三大区域的技术进步都呈平稳递增变化,而且东部技术进步率大于中部大于西部;恰恰相反,三大区域的技术效率增长都呈平稳递减变化,而且西部技术效率增长率大于中部大于东部;而三大区域规模收益率变化的波动差异巨大。其中,中西部波动幅度较大,中部规模效应增长率全部为负值,西部规模收益率变化则正负相间,东部规模收益率变动幅度虽然比较小,但也都是负增长率。这意味着,在全国范围内普遍存在着要素数量投入结构与要素质量结构(使用效率)之间匹配失当现象,要素组合效率的下降严重阻碍着三大区域的 TFP 增长。

从增长核算法得到的 TFP 增长率的变化趋势看(图 4-1),三大区域 TFP 增长率都大于零而且波动走势基本相同,即 1996—2005 年 TFP 增长率在波动中攀升,之后在波动中持续下行。相比较而言,中西部地区 TFP 增长率的波动幅度较大。具体来说,在前一阶段中,东部地区 TFP 增长率较为平稳地持续小幅走高;中部地区 TFP 增长率则先行持续下降之后在波动中爬升;西部地区 TFP 增长率在持续的平稳中实现跃升。在后一阶段中,中部 TFP 增长率下降最快,东部次之,西部则较慢;2011 年后三大区域 TFP 增长率强势反弹。从 TFP 增长率变化的平稳性上看,东部优于西部,而西部优于中部。

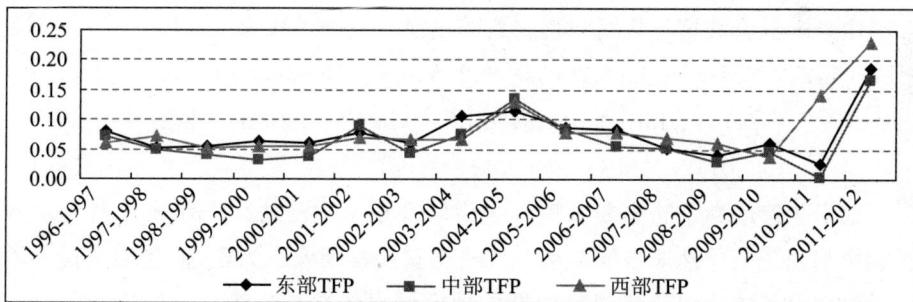

图 4-1　增长核算法估测的三大区域 TFP 增长率

从 SFA 分解法得到的 TFP 增长率变化趋势看(图 4-2),虽然三大区域 TFP 增长率变动趋势基本一致,而且在 1996—2005 年东部地区依然是较为平稳地持续小幅走高,但相比于增长核算法得到的 TFP 增长率变化,中部和西部的 TFP 增长率波动更为剧烈;在 2005 年之后三大区域 TFP 增长率出现较为明显的收敛趋势,相对而言东部和中部收敛较快。

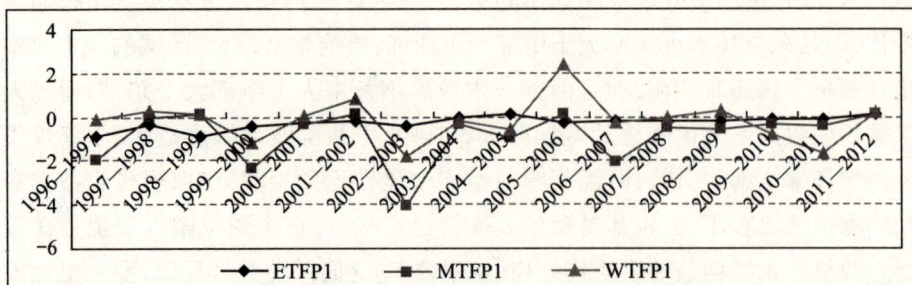

图 4-2　随机前沿分解法估测的三大区域 TFP 增长率

比较 SFA 分解法估算的 TFP 增长率和 SRA 核算法估测的 TFP 增长率，可以看出，两种方法得到的三大区域 TFP 增长率的变化走势基本相同，区别在于 SFA 分解法得到的 TFP 增长率明显小于 SRA 核算法的 TFP 增长率而且波动幅度较为剧烈。由于索洛余值法估算的 TFP 增长代表的是经济增长中不能用要素投入解释的那部分剩余，索洛称之为"对无知的度量"。通常索洛余值法（SRA）估算的 TFP 增长率都大于随机前沿法（SFA）估算的 TFP 增长率。

4.4.5　区域要素边际生产率演化及技术进步偏向差异

由全国混合数据计量回归得到的随机前沿生产函数为：

$$\ln Y_{it} = 9.8868 + 0.9031\ln L_{it} - 0.2980\ln S_{it} + 0.0180(\ln K_{it})^2 -$$
$$0.1042(\ln L_{it})^2 + 0.0430\ln L_{it} \times \ln S_{it} - 0.0113\tau \times \ln L_{it} +$$
$$0.0137\tau \times \ln S_{it} + 0.0009\tau^2 \qquad (4\text{-}14)$$

前沿生产函数反映出要素投入规模以及要素之间协同作用方式对经济增长的影响：其一，虽然非技能劳动对经济增长的累积效应为正，但其增量投入不利于经济增长或者说非技能劳动投入规模呈报酬递减趋势；其二，技能劳动与非技能劳动、技能劳动与技术进步之间的互补效应对经济增长具有促进作用，这表示技术与技能结构存在一定程度的适配关系；但是，技能劳动的累积效应在 10% 统计水平上显著为负值，这意味着，技能劳动内部结构存在失当匹配；其三，非技能劳动与技术进步之间呈替代关系；其四，值得注意的是，资本增量投入具有规模报酬递增效应，但是资本投入与其他要素之间并不存在显著的交互影响，尤其是资本存量和技术进步并不相关（见式（4-7）），这就为资本化扩张下的赶超型经济技术进步特征提供了一个注脚[72]。

综合以上分析并结合近些年"大学生就业难"和"高级技工荒"现象可以大

致判断出,中国总体劳动力结构与技术结构存在一定程度的失配现象,这与张月玲和叶阿忠(2014)的研究结论不谋而合。一方面,技术进步的提高会加大对技能劳动的需求,而技能劳动投入的增加会强化其对经济增长的负向累积效应;另一方面,技术进步的提高加大了对非技能劳动的替代,而非技能劳动投入减少不仅会降低其对经济增长的正向累积效应,而且会通过与技能劳动的互补关系削弱二者间的协同增长效应。由此可见,中国经济当前技术处于中等水平,更偏向于劳动禀赋结构中的中级人力资本投入,这和刘霞辉等(2008)的发现也是一致的。

由此得到生产要素产出弹性计算公式:

$$\eta_{L_u} = 0.9031 - 0.2085\ln L_{it} + 0.0430\ln S_{it} - 0.0113\tau \qquad (4\text{-}15)$$

$$\eta_{S_u} = -0.2980 + 0.0430\ln L_{it} + 0.0137\tau \qquad (4\text{-}16)$$

$$\eta_{K_u} = 0.0360\ln K_{it} \qquad (4\text{-}17)$$

$$TC_{it} - 0.0137\ln S_{it} - 0.0113\ln L_{it} + 0.0018\tau \qquad (4\text{-}18)$$

式(4-15)显示,非技能劳动投入减少和技能劳动投入增加能够提高非技能劳动产出弹性,技术进步对非技能劳动存在替代;式(4-16)表示,非技能劳动投入增加和技术进步都有利于技能劳动产出;然而,资本产出弹性增大只源于其自身投入增加,而与其他要素之间的交互协同效应很差,这从全国层面反映出我国投资驱动型经济增长粗放的一面。

要素之间的技术进步差异计算公式:

$$B_{KL_u} = \frac{\beta_{\tau K}}{\eta_{K_u}} - \frac{\beta_{\tau L}}{\eta_{L_u}} = \frac{0.0113}{\eta_{L_u}} \qquad (4\text{-}19)$$

$$B_{LS_u} = \frac{\beta_{\tau L}}{\eta_{L_u}} - \frac{\beta_{\tau S}}{\eta_{S_u}} = \frac{0.0113}{\eta_{L_u}} - \frac{0.0137}{\eta_{S_u}} \qquad (4\text{-}20)$$

$$B_{SK_u} = \frac{\beta_{\tau S}}{\eta_{S_u}} - \frac{\beta_{\tau K}}{\eta_{K_u}} = \frac{0.0137}{\eta_{K_u}} \qquad (4\text{-}21)$$

根据以上计算公式,分别计算出三大区域要素边际生产率及技术进步偏向。见表4-3、表4-4、表4-5。

表 4-4　东部地区要素边际生产率及技术进步差异(全国平均技术效率 0.407)

	η_K	η_L	η_S	MPK	MPL	MPS	BTC	TC	TE	BKL	BLS	BSK
1996	0.266	-0.144	-0.007	19.172	35.408	-2.723	0.028	0.030	0.644	-0.011	-0.122	0.133
1997	0.271	-0.145	0.005	19.102	36.319	-1.656	0.029	0.033	0.649	-0.009	-0.354	0.363
1998	0.275	-0.149	0.017	18.824	37.100	-0.832	0.028	0.034	0.655	-0.007	-0.165	0.172
1999	0.280	-0.139	0.027	18.713	66.409	0.200	0.030	0.038	0.661	-0.013	-0.085	0.098
2000	0.284	-0.138	0.039	18.794	74.127	1.707	0.031	0.041	0.666	-0.012	-0.023	0.036
2001	0.288	-0.138	0.051	18.874	77.339	3.619	0.032	0.044	0.672	-0.012	0.059	-0.047
2002	0.292	-0.139	0.064	19.098	61.468	6.405	0.033	0.047	0.677	-0.010	-0.353	0.364
2003	0.296	-0.125	0.073	19.317	221.51	7.502	0.035	0.051	0.683	-0.017	0.677	-0.660
2004	0.301	-0.137	0.087	19.494	139.88	11.199	0.036	0.054	0.688	-0.014	-1.004	1.018
2005	0.306	-0.176	0.107	19.295	49.174	17.259	0.034	0.054	0.694	-0.002	-0.210	0.213
1996—2005	0.286	-0.143	0.046	19.068	79.873	4.268	0.032	0.043	0.669	-0.011	-0.158	0.169
2006	0.311	-0.193	0.123	19.212	48.873	21.970	0.035	0.057	0.699	-0.001	-0.155	0.156
2007	0.316	-0.195	0.136	19.181	67.723	27.035	0.036	0.060	0.704	0.000	-0.132	0.132
2008	0.322	-0.205	0.150	18.505	45.145	32.451	0.036	0.062	0.709	0.003	-0.115	0.111
2009	0.327	-0.206	0.162	18.066	79.713	36.942	0.038	0.066	0.715	0.006	-0.106	0.100
2010	0.332	-0.189	0.171	17.916	35.160	43.277	0.040	0.070	0.720	0.003	-0.095	0.092
2011	0.337	-0.161	0.178	17.600	175.32	44.183	0.043	0.075	0.725	-0.003	-0.085	0.088
2012	0.341	-0.049	0.135	17.178	1181.5	137.65	0.040	0.074	0.730	-0.023	-0.091	0.113
2006—2012	0.327	-0.157	0.151	18.237	233.348	49.073	0.038	0.066	0.715	-0.002	-0.111	0.113
均值	0.303	-0.149	0.089	18.726	143.07	22.717	0.034	0.052	0.688	-0.007	-0.139	0.146

表 4-5　中部地区要素边际生产率及其技术进步差异(全国平均技术效率 0.407)

	η_K	η_L	η_S	MPK	MPL	MPS	BTC	TC	TE	BKL	BLS	BSK
1996	0.240	−0.241	0.014	13.841	−8.921	0.316	0.024	0.026	0.280	−0.067	0.065	0.002
1997	0.244	−0.244	0.027	13.950	−10.836	0.776	0.025	0.029	0.288	−0.057	1.017	−0.960
1998	0.248	−0.252	0.040	13.731	−12.529	1.374	0.025	0.031	0.296	−0.054	−0.872	0.926
1999	0.252	−0.251	0.052	13.519	−13.733	1.943	0.026	0.034	0.305	−0.060	−0.375	0.435
2000	0.256	−0.242	0.062	13.439	−15.618	2.440	0.028	0.038	0.313	−0.063	−0.230	0.293
2001	0.259	−0.231	0.072	13.504	−17.934	3.004	0.029	0.041	0.322	−0.066	−0.164	0.230
2002	0.263	−0.250	0.087	13.468	−20.403	4.294	0.029	0.043	0.330	−0.063	−0.118	0.181
2003	0.268	−0.237	0.097	13.515	−23.555	4.873	0.031	0.047	0.339	−0.066	−0.093	0.158
2004	0.273	−0.238	0.109	13.604	−27.852	5.955	0.032	0.050	0.347	−0.065	−0.073	0.137
2005	0.278	−0.281	0.129	13.448	−33.485	8.463	0.029	0.049	0.356	−0.049	−0.064	0.114
2006	0.284	−0.290	0.143	13.144	−40.922	11.000	0.029	0.051	0.364	−0.046	−0.056	0.102
2007	0.290	−0.287	0.155	12.891	−47.377	12.290	0.031	0.055	0.373	−0.047	−0.046	0.094
2008	0.297	−0.290	0.168	12.483	−55.844	14.436	0.032	0.058	0.381	−0.046	−0.040	0.086
2009	0.303	−0.289	0.179	11.874	−65.594	16.476	0.033	0.061	0.390	−0.045	−0.034	0.080
2010	0.310	−0.283	0.190	11.601	−78.153	18.617	0.035	0.065	0.399	−0.047	−0.028	0.075
2011	0.316	−0.252	0.197	11.353	−87.631	19.044	0.039	0.071	0.407	−0.071	−0.001	0.073
2012	0.321	0.033	0.134	11.033	128.406	83.503	0.034	0.068	0.416	0.032	−0.138	0.106
均值	0.277	−0.243	0.109	12.965	−25.411	12.283	0.030	0.048	0.347	−0.052	−0.074	0.125

首先,三大区域的资本、非技能劳动以及技能劳动的产出弹性变化趋势基本相同。其一,各区域资本产出弹性都呈递增走势,并且东部地区资本产出弹性始终大于中部大于西部;其二,各区域技能劳动产出弹性均呈递增变化,并且中部地区技能劳动产出弹性始终大于西部大于东部;其三,各区域非技能劳动产出弹性均为负值且样本期间内具有基本相同的变化趋势。其中,在1996—2009年三大区域非技能劳动边际生产率在波动中趋于下降,2009年之后产出弹性回升,逐渐由负值转为正值;从区域平均值来看,东部非技能劳动产出弹性优于西部,西部优于中部。

值得注意的是,截然不同于中西部非技能劳动边际生产率为负值,东部非技能劳动的边际产出恒为正。这意味着,虽然各区域生产过程中都存在着过剩的非技能劳动投入,但中西部非技能劳动投入对产出贡献为负值,而东部地区"过剩"的非技能劳动仍然有助于东部产出增长。显然,三大区域的劳动力内部结构匹配存在着显著差异,很可能东部地区非技能劳动对技能劳动富于替代弹性,而中西部地区非技能劳动对技能劳动缺乏替代弹性。

正如本书在前期的阶段性工作中,利用要素替代弹性分析的中国技术选择偏差在于:资本对技能和非技能劳动都富于替代弹性,尤其是资本对技能劳动替代严重;技能和非技能劳动之间则存在替代刚性,致使生产过程中或非技能相对过剩(1996—2001年),或技能劳动相对过剩(2002—2009年),劳动力内部结构匹配失当陷生产于不经济区域内[55]。

其次,从三大区域技术进步和技术效率水平看,无论是偏向性技术进步还是总体技术进步率都表现为东部高于中部而中部又高于西部,东、中、西各区域偏向性技术进步占整体技术进步比例分别为65.4%、62.5%和50%,这意味着,技术进步对区域要素生产率的影响存在显著差异,技术进步对东部和中部要素生产率提升的影响大于西部;东部平均技术效率水平0.688远高于全国平均值0.407,中西部平均技术利用水平分别为0.347和0.194,都低于全国平均值,尤其是西部地区的技术利用效率仅为全国平均值的一半。可见全国普遍存在着技术利用效率低下的情况。

再次,结合要素边际产出来看技术进步偏向差异,东部地区尽管要素生产率排列顺序由1996—2005年的$MPL>MPK>MPS$,转变为2006—2012年的$MPL>MPS>MPK$,但是,技术进步诱致的要素使用偏向基本没有变化,两阶段内的要素偏好均为$S>L>K$。相对于资本,技术进步更偏向技能和非技能劳动使用,仅在2008—2010年传统劳动密集部门中的技术进步短暂偏向资本;

而在劳动力内部结构匹配上更偏向技能劳动配置。虽然东部地区非技能劳动边际生产率始终大于技能劳动边际生产率,但东部地区并未按照要素使用效率来选择最优要素组合进行生产。

对于中部地区,相比于东部和西部技术进步偏向的变动,中部的技术进步方向更具一贯性,即技术进步的要素偏好依次为 $S>L>K$。虽然从技术进步平均偏向来看,中部和东部的技术进步具有相同的要素偏好,但是,中部技能劳动边际生产率大于非技能劳动,与其劳动力内部结构匹配更偏向技能劳动配置存在适宜性。为什么中部与东部的技术进步具有相同的要素偏好次序,但两地区要素边际生产率排序却截然不同?

西部与中部地区无论要素产出弹性还是要素边际生产率的变化都极其类似,但是,西部技术进步偏向更具波动性,而且从技术进步偏向的平均值来看,与中部技术进步依次偏好于 $S>L>K$ 的顺序不同,西部依次偏好于 $L>S>K$。为什么中西部地区要素同质性明显,却选择了不同的技术进步路径?

反观三大区域同质前沿生产函数,资本对经济增长的累积效应不足,新增资本具有规模报酬递增效应,也就是说,就全国范围而言,仍明显存在着投资饥渴,这也许解释了三大区域要素使用并未一致偏向资本的原因;非技能劳动增量投入报酬递减以及非技能劳动和技能劳动之间的互补关系或许对理解三大区域非技能劳动产出弹性为负值但边际产出的截然不同有所助益;正是区域生产要素丰裕程度及质量级别迥异导致要素之间可替代的广度和深度存在差异,才使得三大区域虽然前沿技术结构相同,不同区域却出现相异的技术进步路径。

显然,三大区域要素禀赋存量的供给约束不同,丰裕要素和稀缺要素之间的替代弹性限制存在差异,即区域要素禀赋在数量及质量、水平及结构上各有所长亦各有所短,由此决定了要素组合生产中各区域之间具有不同的短边要素约束。比如经济落后地区劳动力资源丰富但资金投入匮乏,使得潜在劳动力无法进入真正的劳动过程;而对于经济发达地区,往往资本充裕而且技术水平较高,对高级人力资本的需求更加迫切。然而要素之间的替代并非是无限的。在要素替代方面不仅存在着因要素之间质量差异过大而无法替代的技术约束的情况,还存在着虽然技术上可行但因缺乏相关要素供给而引致的要素供给有限约束。

无疑,区域同质性前沿生产函数假设忽视了地区要素禀赋非均衡分布的现实,即不同区域受制于自身要素禀赋制约,将选择与自身要素禀赋结构相匹配的适宜技术以实现经济增长。同质性随机前沿生产函数假设实际上视各地区生产投入为同质要素,将生产过程中的要素协同作用方式进行了趋同化处理,消弭了区域要素异质性、要素匹配差异性、技术选择适宜性,既无从有效区分区域生产技术差异,无从探究区域非均衡增长本质,亦无助于区域差异化发展战略的制定和实施。

4.5   区域要素禀赋非均衡分布的现实

在经济发展的不同时期和不同水平上,任何要素都有可能处于相对过度、短缺或适当状态,因此,任何单独的生产要素都不可能总是对经济增长产生单方向的促进或抑制作用[40],而是各个增长要素"协同"地"非线性"地作用于经济增长。而在静态经济环境中,任一时点的既定技术都对应着一个最优的相对价格和生产要素相对禀赋体系。例如对于劳动密集型技术,劳动力丰裕的地区将成为最优的要素市场;反之,对于既定的要素禀赋和相对价格体系,也存在最优的技术。对于资本丰富的地区,资本密集型技术显然会成为最佳选择[149]。那么,三大区域要素禀赋质量及其结构变化是否存在不同?这些不同是否影响前沿技术选择?如何影响技术选择?这一部分内容将作为本章的延伸讨论,同时作为引入下一章研究的事实铺垫。

4.5.1   区域要素禀赋结构及要素生产率比较

通过对相关数据进行简单核算,可以得到三大区域要素禀赋分布及要素生产率变化情况,见表4-6。

由表4-6可知,三大区域劳均资本存量、劳均生产率以及资本生产率变化趋势相同,但区域之间差异显著。从要素禀赋结构水平和要素生产率的平均值来看,1996—2003年间,东部地区劳均资本存量平均为2.342万元/人(1952年价,以后均相同),而中西部仅为0.571万元/人和0.617万元/人,东部劳均资本存量是中西部地区的3.9倍,东部劳均产出平均为101.748万元/人,是中西部地区的3.6倍。东部地区资金装备率和劳动生产率远远大于中西部地区,我国东、中、西部三大地带劳均资本存量和劳均生产率存在巨大差距。2004—2012年中西部劳均资本存量快速增加,平均值分别达到3.440万元/人和3.945万元/人,但东部劳均资本存量仍高居榜首,是中西部的近1.7倍,同时东部劳均产出是中西部2.4倍。尽管中西部人均资本存量向东部的迅速收敛,极大地提高了劳均生产率,但劳动生产率的提高速度远比劳均资本存量增加速度缓慢。

表 4-6　西部地区要素边际生产率及其技术进步差异(全国平均技术效率 0.407)

	η_K	η_L	η_S	MPK	MPL	MPS	BTC	TC	TE	BKL	BLS	BSK
1996	0.204	-0.170	-0.012	14.294	-3.659	-3.591	0.013	0.015	0.144	0.222	-0.131	-0.091
1997	0.208	-0.187	0.002	14.208	-4.774	-4.845	0.012	0.016	0.149	0.144	-0.107	-0.036
1998	0.212	-0.190	0.015	13.995	-5.493	-2.246	0.013	0.019	0.155	-0.511	0.004	0.507
1999	0.217	-0.194	0.028	13.685	-6.215	-1.874	0.014	0.022	0.161	-0.004	0.510	-0.507
2000	0.221	-0.196	0.041	13.557	-7.254	0.078	0.015	0.025	0.167	0.028	-0.071	0.043
2001	0.226	-0.198	0.054	13.400	-8.464	1.765	0.016	0.028	0.174	0.304	1.387	-1.692
2002	0.231	-0.202	0.067	13.324	-9.381	3.284	0.017	0.031	0.180	-1.283	0.437	0.846
2003	0.237	-0.211	0.081	13.093	-11.85	5.343	0.018	0.034	0.186	0.115	-0.397	0.283
2004	0.242	-0.207	0.092	13.003	-14.04	6.704	0.020	0.038	0.193	-0.416	0.211	0.205
2005	0.248	-0.243	0.111	12.715	-17.37	10.095	0.018	0.038	0.199	0.208	-0.363	0.155
2006	0.254	-0.258	0.126	12.501	-21.42	12.957	0.018	0.040	0.206	-0.156	0.028	0.128
2007	0.259	-0.258	0.138	12.402	-25.76	15.440	0.019	0.043	0.205	-0.168	0.054	0.113
2008	0.264	-0.261	0.151	12.321	-30.13	18.469	0.020	0.046	0.220	0.033	-0.135	0.102
2009	0.271	-0.270	0.165	11.950	-35.99	21.597	0.021	0.049	0.227	-0.348	0.257	0.091
2010	0.277	-0.259	0.176	11.401	-42.04	21.352	0.024	0.054	0.234	-0.231	0.146	0.085
2011	0.283	-0.199	0.177	12.761	-53.68	21.166	0.030	0.062	0.242	-0.120	0.036	0.085
2012	0.290	0.073	0.117	12.414	204.34	94.106	0.024	0.058	0.249	-0.046	-0.182	0.136
均值	0.244	-0.202	0.090	13.001	-5.480	12.929	0.018	0.036	0.194	-0.126	0.099	0.027

综合以上分析,人力资本和物质资本之间存在着适度匹配。一方面,人力资本效能的发挥需要内含一定技术水平的物质资本与其相匹配,正所谓"巧妇难为无米之炊",物质资本匮乏必然导致劳动生产效率低下。另一方面,虽然物质资本积累丰裕但人力资本缺乏或不匹配,同样无法维持经济长期稳定发展。

从区域劳均资本存量的变化趋势来看要素禀赋结构差异(图 4-3),样本期间内三大区域资金装备率均呈上升态势。东部地区与中、西部劳均资本存量差异逐年拉大,人均资本存量平均值相当于中部和西部的两倍多;中西部人均资本存量变化相近,在 1996—2003 年间两地区相差无几,2003 年之后西部人均资本存量渐渐超过中部地区。相比于中西部地区,东部资本更为充裕,而中西部更富集劳动力资源。在要素价格能够充分反映要素稀缺性的前提下,如果东部选择偏向丰裕资本使用的前沿技术来降低生产成本提高劳动生产率,对于资本相对稀缺的中西部地区而言却未必是潜在的适用技术。

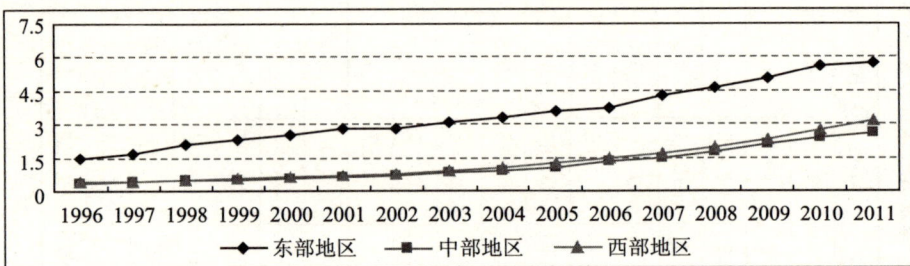

图 4-3　1996—2011 年三大区域劳均资本存量差异

从区域劳均生产率水平的变化趋势看(图 4-4),虽然三大区域劳动生产率都在提高,但显然,东部劳均生产率水平远远高于中西部地区,而且差距越来越大;中西部劳动生产率几乎相同,劳均生产率水平的提高相对较为缓慢。

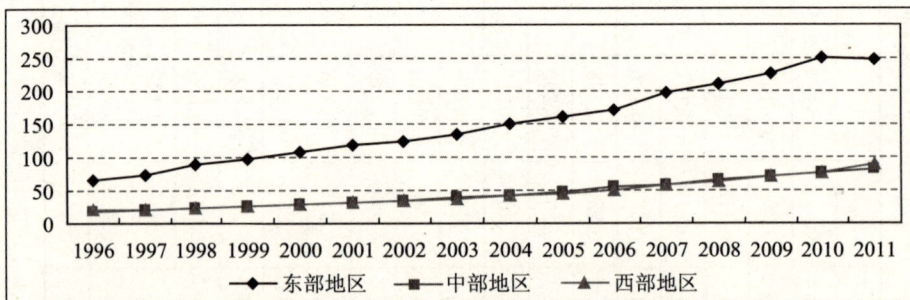

图 4-4　1996—2011 年三大区域劳均生产率水平比较

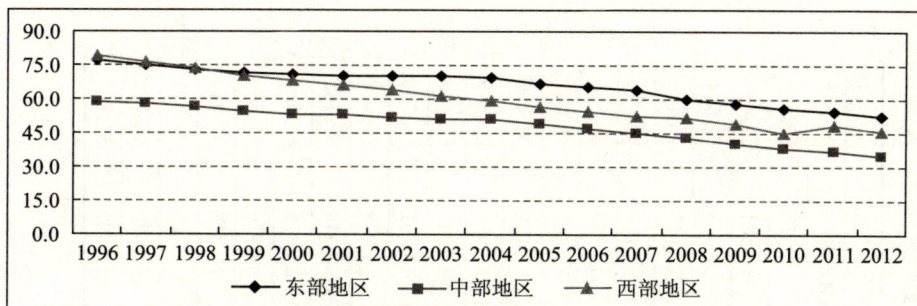

图 4-5 1996—2012 年三大区域资本生产率水平比较

从区域资本平均生产率水平的变化趋势来看,三大区域资本生产率均呈下行态势。相比于东部和中西部巨大的劳均生产率水平差异,三大区域的资本生产率水平相差不是那么悬殊,东部地区资本生产率持续高于西部,西部始终高于中部;东部和中部资本生产率差距几乎不变;而西部资本生产率在 1996—2004 年下降较快。显然,东、中、西部三大区域之间的资本投入效率相差不大,资本产出比差异并非造成地区差距的主要因素。

综上所述,三大区域的要素禀赋结构(劳均资本存量)水平和劳均生产率水平都在逐年提高,东部地区远高于中西部而且差距渐增;资本生产率水平都呈下降趋势,2003 年开始三大区域资本生产率差距较为稳定,东部大于西部,西部大于中部。可见,东部地区无论是要素禀赋结构水平还是单要素生产率水平都高于中西部地区,即东部地区资本要素更为充裕,要素质量也更高。同时,我们注意到,中西部具有一定的后发优势潜力。

4.5.2 区域要素禀赋结构及要素生产率变化比较

以上我们比较了三大区域要素禀赋结构及要素生产率水平的变化趋势,那么,区域要素禀赋结构及要素生产率变化速度又如何?哪个会成为地区经济增长的潜力股呢?根据表 4-6 中的数据经过简单计算得到三大区域要素禀赋结构及要素生产率的变化速度,见表 4-7。

表 4-7 1996—2012 年三大区域劳均资本存量及要素平均生产率比较（非计量得到）

	东部地区			中部地区			西部地区		
	K/L+H	GDP/L+H	GDP/K	K/L+H	GDP/L+H	GDP/K	K/L+H	GDP/L+H	GDP/K
1996	1.461	66.853	76.769	0.366	19.619	58.536	0.400	20.377	79.027
1997	1.672	74.076	75.275	0.403	21.382	58.077	0.437	21.874	76.646
1998	2.073	88.890	72.994	0.467	23.950	56.260	0.496	24.315	73.594
1999	2.306	97.755	71.591	0.524	26.033	54.563	0.554	26.142	70.148
2000	2.558	108.602	70.954	0.588	28.591	53.449	0.623	28.465	68.018
2001	2.775	118.149	70.339	0.656	31.536	52.993	0.706	31.099	65.826
2002	2.837	124.411	70.231	0.734	34.389	52.061	0.796	33.681	64.081
2003	3.053	135.249	69.916	0.830	39.000	51.445	0.923	37.122	61.455
1996—2003	2.342	101.748	72.259	0.571	28.063	54.673	0.617	27.884	69.849
2004	3.305	149.007	69.222	0.933	42.011	50.861	1.073	41.237	59.608
2005	3.594	161.833	67.155	1.075	46.787	49.307	1.258	45.991	56.780
2006	3.743	171.488	65.467	1.301	54.540	47.168	1.437	50.058	54.477
2007	4.293	198.124	63.980	1.502	58.956	45.269	1.711	57.343	52.768
2008	4.595	210.561	60.211	1.757	64.859	42.936	1.997	63.978	51.513
2009	5.057	225.773	57.717	2.085	70.678	39.964	2.337	69.876	48.833
2010	5.636	250.068	56.219	2.409	77.570	38.265	2.748	77.316	45.218
2011	5.782	247.877	54.311	2.626	81.073	36.749	3.128	89.798	48.071
2012	20.803	883.807	52.194	17.271	501.484	35.106	19.814	561.922	45.576
2004—2012	6.312	277.615	60.720	3.440	110.884	42.847	3.945	117.502	51.427

注：数据来源于各年《中国统计年鉴》和《中国劳动统计年鉴》并进行简单计算。

表 4-8 1996—2012 年劳均资本存量及要素生产率的增长率比较（非计量得到）

	东部地区			中部地区			西部地区		
	G(K/LH)	G(Y/LH)	G(Y/K)	G(K/LH)	G(Y/LH)	G(Y/K)	G(K/LH)	G(Y/LH)	G(Y/K)
1996—1997	0.144	0.108	−0.019	0.101	0.090	−0.008	0.092	0.073	−0.030
1997—1998	0.240	0.200	−0.030	0.159	0.120	−0.031	0.135	0.112	−0.040
1998—1999	0.112	0.100	−0.019	0.122	0.087	−0.030	0.117	0.075	−0.047
1999—2000	0.109	0.111	−0.009	0.122	0.098	−0.020	0.125	0.089	−0.030
2000—2001	0.085	0.088	−0.009	0.116	0.103	−0.009	0.133	0.093	−0.032
2001—2002	0.022	0.053	−0.002	0.119	0.090	−0.018	0.127	0.083	−0.027
2002—2003	0.076	0.087	−0.004	0.131	0.134	−0.012	0.160	0.102	−0.041
2003—2004	0.083	0.102	−0.010	0.124	0.077	−0.011	0.163	0.111	−0.030
2004—2005	0.087	0.086	−0.030	0.152	0.114	−0.031	0.172	0.115	−0.047
2005—2006	0.041	0.060	−0.025	0.210	0.166	−0.043	0.142	0.088	−0.041
2006—2007	0.147	0.155	−0.023	0.154	0.081	−0.040	0.191	0.146	−0.031
2007—2008	0.070	0.063	−0.059	0.170	0.100	−0.052	0.167	0.116	−0.024
2008—2009	0.101	0.072	−0.041	0.187	0.090	−0.069	0.170	0.092	−0.052
2009—2010	0.114	0.108	−0.026	0.155	0.098	−0.043	0.176	0.106	−0.074
2010—2011	0.026	−0.009	−0.034	0.090	0.045	−0.040	0.138	0.161	0.063
2011—2012	2.598	2.566	−0.039	5.577	5.186	−0.045	5.334	5.258	−0.052
1996—2012	0.254	0.247	−0.024	0.481	0.417	−0.031	0.471	0.426	−0.033

单从表 4-7 中的数据并不容易看出各区域劳均资本存量及要素生产率增长速度的变化规律。为了更直观清晰地比较各变量的变化趋势,仍采用折线图表示。由于相比于 1996—2011 年的劳均资本存量增长率和劳均生产率变化率,2011—2012 年三大区域都存在一个巨变,为了便于比较总体变化趋势,在图 4-6 和图 4-7 中将 2011—2012 年的劳均资本存量增长率和劳均生产率变化率作为奇异点处理,未在图中标注。

从三大区域劳均资本存量的增长速度变化看(图 4-6),在样本期间内,只有 1996—1998 年东部地区劳均资本存量增长率高于中西部地区,其余年份中西部劳均资本存量增长始终高于东部地区。

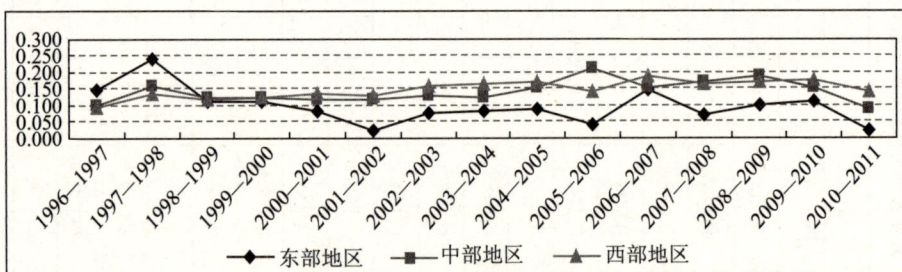

图 4-6　1996—2011 年三大区域劳均资本存量的增长率变化比较

20 世纪 90 年代后期,为推动区域经济协调发展,中央在资源开发与基础设施建设上,以及财政转移支付和引导外资投向方面加大了向中西部倾斜力度。从 1999 年西部大开发战略实施,2002 年振兴东北老工业基地,再到 2005 年中部崛起战略,无疑,区域协调发展政策对中西部劳均资本存量增长或者说对产业结构升级速度具有积极的助推作用。然而,也正如前面数据分析显示,中西部的劳均生产率水平与东部地区仍呈持续发散趋势。可见,区域技术选择一定要考虑自身要素禀赋实际情况,加速资本深化固然在一定程度上可以推动产业结构升级,但如果不能有效地提高劳动生产率,反而可能不利于经济增长[68]。

从区域劳均生产率增长速度变化看(图 4-7),在 1996—2000 年间东部劳均生产率增长快于中部,中部高于西部;从 2001 年开始,中西部劳均生产率增长加快,值得注意的是,西部地区劳动生产率提高速度较快且较为平稳,尤其是金融危机过后,中西部劳均生产率增长高于东部地区。由此可见,虽然目前中西部地区劳动生产率水平还偏低,但从劳均生产率提高速度看,中西部很有潜力实现其在劳动力成本上的比较优势,承接和发展东部劳动密集产业转移,进一步发挥我国劳动力资源禀赋比较优势,实现区域梯度轮动的可持续发展。

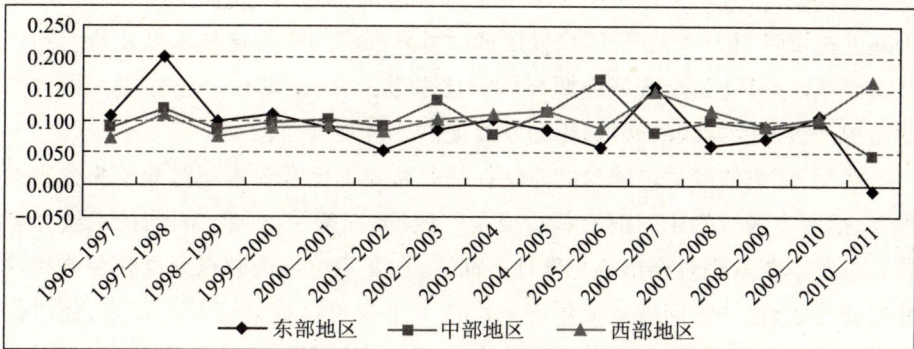

图 4-7 　三大区域劳均生产率增长速度变化比较

从区域资本生产率增长速度变化看(图 4-8),三大区域资本生产率基本均为负增长。总体来看,东部资本生产率下降速度比中西部缓慢,在 1996—2006 年间东部资本生产率增长优于中部,中部优于西部;2006—2010 年间东部资本生产率增长速度依然优于中部,但西部的资本生产率增长有超越东中部的趋势,然而其波动幅度较大,增长速度十分不稳定。可见,相比于中西部地区,东部地区资本使用效率更高,仍将吸引更多资本要素投入该地区;另一方面,东部劳均生产率增长速度反而不如中西部更具优势(图 4-7)。因此,为适应劳动力和土地成本提高的动态比较优势变化,东部更应该着力推动产业结构向更加技术密集型升级,以符合增长方式转变的要求[76]。

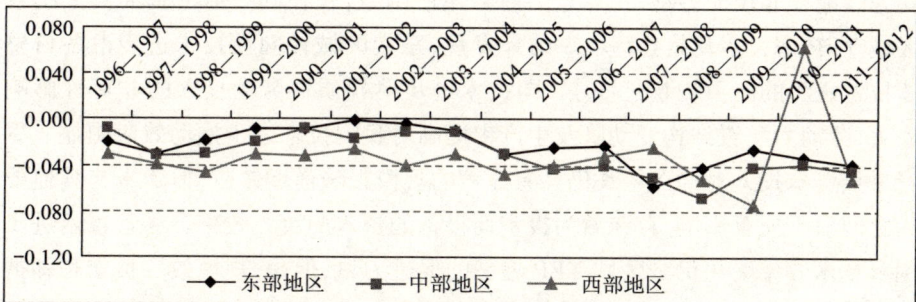

图 4-8 　1996—2012 年三大区域资本生产率增长速度变化比较

综合本节分析可见,我国区域要素禀赋非均衡分布差异明显。一方面表现为要素禀赋结构及要素生产率水平上的明显差异,即东部要素禀赋结构水平以及要素质量相对更高,而中西部资本相对稀缺且劳均生产率水平较低;另一方面表现为要素禀赋结构及要素生产率变化速度上的差异,即中西部资本劳动比提高速度更快,劳均生产率增长速度也可谓可圈可点,但资本生产率增长较慢仍缺乏投资吸引力。无疑,区域发展梯度差异形成的多元化技术以及特有的区域资源禀赋差异,为跨区域资源合作和技术合作、分区域分产业分层次推动产业结构升级的区域经济梯次、轮动发展提供了客观条件。

然而,传统估算生产前沿的方法往往忽略我国地区要素禀赋非均衡分布的现实,把所有区域的生产前沿都看成是一致的,掩盖了区域之间的技术选择差异。对资本要素相对充裕的东部地区而言,在要素价格能够充分反映要素稀缺性的前提下,选择偏向资本使用的前沿技术不仅可以提高劳动生产率,还可促进产业结构优化升级;但对劳动力丰富而资本相对稀缺的中西部而言,却并非适宜前沿技术选择,如果仍将其作为各区域共同的前沿技术,就有可能高估中西部的生产前沿,相应地低估其技术效率。反之,中西部多用劳动的前沿技术在东部资本相对充足的条件下也并非前沿技术,如果将其作为所有区域的前沿技术就有可能低估东部的生产前沿,而相应地高估其技术效率。考虑到东部地区经济发展在我国经济增长中的主导地位,区域同质前沿生产函数假设会不可避免地高估中西部的生产前沿,相应地低估其技术效率。

4.6　本章小结

本章着眼于我国丰富的劳动力资源比较优势,基于劳动异质视角,细分劳动为技能和非技能劳动,构建全国前沿生产函数,并在同一前沿基准面上比较区域 TFP 增长率及其分解项。结果发现,三大区域偏向性技术进步占各自整体技术进步的比重均超过 50%,即技术进步对异质性劳动投入的非对称影响显著,劳动力配置结构变动以及生产率提高对我国技术进步推动效应明显。尽管增量资本投入对经济增长仍具有显著的规模报酬递增效应,但资本与其他要素之间缺乏交互影响,存在着为投资而投资的资本配置无效率。尽管技术进步率和技术效率变化仍是区域 TFP 增长的促进力量,但是,规模效应负增长却抵消甚至超出了二者对 TFP 增长的贡献之和,成为各自区域 TFP 增长的最大掣肘因素。具体而言,主要结论有:

第一,无论是非技能劳动还是技能劳动都曾经或正在对我国经济增长发挥了或正在发挥着重要作用。从全国前沿生产函数看,相比于非技能劳动对经济增长显著的正向累积效应,技能劳动投入对经济增长的累积效应尚为负值,但非技能劳动增量投入的规模报酬递减、技能与非技能劳动之间的互补关系以及技术进步和技能劳动之间的互补增长效应表明,非技能劳动质量在提升(非技能劳动投入与技能劳动呈互补关系),但仍有待进一步提高(非技能劳动投入与时间趋势项存在替代关系),可见非技能劳动曾经(对经济增长的累积效应)并正在(与技能劳动互补部分)或即将(有待素质提升部分)对我国经济增长再次展现劳动力资源禀赋的比较优势;技术与技能劳动存在适宜匹配(技能劳动和时间趋势项呈互补关系),而且三大区域的技能劳动无论是产出弹性还是其边际生产率都呈单调递增趋势,可见技能劳动对经济持续增长发挥着越来越重要的作用。

第二,从区域全要素生产率增长的分解情况看,技术进步率和技术效率变化仍是三大区域 TFP 增长的重要推动力,而规模效应下降已经成为各区域 TFP 增长的最大掣肘因素。其一,我国整体技术利用效率水平仅为 0.407,东、中、西部技术效率水平依次为 0.688、0.347 和 0.194,中西部技术效率远低于全国平均效率水平。其二,东、中、西部技术进步率分别为 0.053、0.049、0.039,技术效率增长率分别为 0.010、0.027 和 0.048,中西部技术效率增长明显快于东部;各区域偏向性技术进步明显,东、中、西部依次占各自整体技术进步的 65.4%、62.5% 和 50.0%,表明技术进步显著提高了劳动生产率,改善了劳动要素禀赋结构的质量。其三,东、中、西部规模效应平均增长率依次为 -0.767、-0.841 和 -0.241,三大区域要素组合匹配失当导致整体效率协同发挥恶化严重,足以抵消甚至超过了技术进步和技术效率变化带来的正效应,尤以东部和中部为甚。

第三,从区域要素生产率演进趋势来看,三大区域资本和技能劳动产出弹性基本上是单调递增的;东部地区无论资本、技能还是非技能劳动的边际生产率的平均值都大于中西部,表明东部要素质量普遍优于中西部地区。从区域技术进步路径选择来看,东中部技术进步的要素偏好变化基本一致,依次偏向于技能劳动、非技能劳动和资本,其中中部技术进步偏向具有一贯性,东部则存在一定波动性;西部在技术进步平均偏向上表现为依次偏好于非技能劳动、技能劳动和资本,但偏向波动更为频繁。

同样的前沿技术结构下,为什么三大区域的技术进步路径选择存在差异?而且东部和西部技术进步偏向存在波动?三大区域 TFP 增长的最大掣肘因素共同表现为规模效应下降,已经表明,生产要素组合内部各要素之间的协同匹配存在失当,导致要素组合整体效率的恶化。既然是要素匹配失当,究竟是哪些要素配置过剩而存在要素拥挤,又是哪些要素是要素组合中的短板呢?显然,同质性前沿生产函数假设无从区分区域技术结构差异。

　　不同区域投入要素在生产过程中的协同作用方式是否存在差异?适宜技术选择理论认为,受制于自身资源禀赋条件约束,各经济体应该选择与自身要素禀赋结构相匹配的技术,只有这样,技术真正得以应用并最大化转为现实生产力,而要素生产率也得以充分发挥。通过对区域现实数据的进一步比较分析,发现不仅区域要素禀赋结构差异巨大,要素生产率水平迥异,而且区域要素禀赋结构及要素生产率质量演进潜质存在明显差异。区域要素组合生产中的短边要素约束肯定不同,各区域要素之间的可替代性肯定存在差异。比如,东部产业升级更亟须技能劳动和更为先进的技术,非技能劳动很难替代技能劳动,而中西部传统要素禀赋的开发尚有待资本投入,通过发挥非技能劳动成本优势以加速资本积累,况且我国要素禀赋非均衡分布以及地区经济技术发展不平衡是不争的事实,因而,基于随机前沿生产函数研究我国地区经济发展差异,假设所有区域具有相同的前沿生产函数存在欠适宜性。

◆ 第五章 ◆

技术选择差异下的要素结构匹配与区域发展效率

在经济发展的不同阶段,任何增长要素都有可能处于相对过度、短缺或适当状态。因此,在要素组合生产中,各增长要素总是"协同"地、"非线性"地作用于经济增长,要素组合整体效率的协同发挥受制于组合生产中的短边要素制约。正是由于资源禀赋约束以及要素在不同用途之间具有一定程度的可替代性,技术作为资源配置的手段,会改变资源的配置方式、配置规模和配置效率,以达到消除或缓解制约要素组合整体效率发挥的短边要素的影响。资本、非技能劳动、技能劳动、技术进步之间能否替代? 如果能,可在多大程度上替代? 是否具有显著的区域性差异? 资本积累是否具有动态效率? 伴随着要素边际生产率和技术进步路径的演化,要素替代弹性如何演变? 区域技术选择与要素结构是否匹配? 区域经济增长的源泉是如何变化的? 区域非均衡增长的本质是什么?

本章首先简要梳理了关于中国要素替代弹性研究的相关文献,并从文献研究局限和借鉴意义两个方面进行了述评。在此基础上,从技术选择与要素结构匹配视角,创新性地将适宜技术选择理论纳入随机前沿分析框架,构建区域异质性前沿生产函数模型,详细考察区域要素生产率动态演化、技术进步路径变动轨迹、要素替代弹性变化、资本积累的动态效率演变,以及 TFP 增长率及其分解项的变化,以更为全面地剖析区域经济发展效率差异,深度解读区域非均衡增长本质。

5.1　关于中国要素替代弹性的既有实证研究

要素替代弹性是生产函数中的一个重要技术参数,它反映了要素之间相互替代的难易程度,其值的变化不仅能反映经济的灵活程度,也是产出增长和效率提升的重要影响因素。国外大量文献,无论是理论还是实证研究,都表明要素替代弹性与经济增长率正相关[150-153],即要素替代弹性是经济增长的重要动力[154]。

专注于中国要素替代弹性研究的实证文献还非常少见。张明海在 CES 总量生产函数框架下,研究了资本—劳动替代弹性对中国经济增长模式变化的影响。其研究发现,1993 年以前中国经济中的要素替代弹性很低,资本—劳动替代弹性约为 0.466,经济增长主要来源于要素投入同步增长的贡献;1993 年之后伴随市场化改革,要素替代弹性明显上升,约为 1.466,显著地提高了全要素生产率对经济增长的贡献[155]。陈晓玲和连玉君利用标准化供给面系统方法测算我国各省区 1978—2008 年的替代弹性和有偏技术进步。结果显示,除辽宁和河北外的东部省区以及内蒙古的资本与劳动是替代关系,替代弹性在 1.133～2.28 之间,其他省区的替代弹性都小于 1。具有较高替代弹性的地区也具有较高的经济增长率,我国地区经济增长支持德拉格兰德维尔假说[97]。张月玲和叶阿忠利用超越对数生产函数,基于异质性劳动视角的相对要素替代弹性分析,研究了中国的技术进步与技术选择,发现资本对技能和非技能劳动都富于替代弹性,而且资本对技能劳动的替代始终大于其对非技能劳动的替代,造成劳动力内部结构匹配失当长期存在而陷生产于不经济区域内[55]。钟世川利用 CES 生产函数实证检验要素替代弹性、技术进步偏向对我国工业行业经济增长的影响。结果表明,大多数行业要素替代弹性大于 0 小于 1,1987—2011 年要素替代弹性变大和技术进步偏向资本显著促进了工业经济增长,然而资本深化却对其有抑制效应[156]。

对于资本—劳动替代弹性的估计大多散见于技术进步偏向的测算中。戴天仕和徐现祥采用标准化供给面系统方法测算中国技术进步方向,估计了 1978—2003 年和 1978—2005 年两个时间段的资本—劳动替代弹性分别为 0.813 和 0.736[48]。郝枫和盛卫燕基于 CES 生产函数,以变系数面板模型估算的我国 1978—2011 年资本劳动替代弹性介于 0.23～0.55 之间[157];雷钦礼在 CES 生产函数框架下,估计 1991—2011 年劳动—资本替代弹性为 0.3823[49]。吴海民利用 CES 生产函数,实证检验了资本深化、替代弹性与劳动生产率之间的非线性关系,发现当资本劳动替代弹性大于 1 时,劳动生产率随资本深化的推进而不断提高;当资本劳动替代弹性小于 1 时,劳动生产率随资本深化的推进而不断降低[158]。不同于以上资本劳动替代弹性测算,周申和张亮基于我国省际 1990—2007 年面板数据,分别采用嵌套 CES 生产函数和超越对数生产函数模型,采用岭回归估计方法,对我国劳动禀赋结构中的熟练和非熟练劳动之间的替代弹性进行估计,发现两种测算方法下的替代弹性分别为 0.996 和 0.99,都非常接近 1[159]。

对于要素替代弹性影响因素的分析,张月友和刘志彪研究了要素替代弹性与劳动力流动对中国服务业发展的影响,他们发现:我国经济发展在“去农业化”阶段,要素之间因质量差别较大而技术上存在替代困难,表现为资本—劳动替代弹性较小,农业部门劳动力将大量向非农部门转移。在“去工业化”阶段,要素间替代弹性虽然受技术约束较小,然而,受制于相关的专业化要素供给不足的影响,要素间替代弹性较大,但制造业劳动力向服务业部门转移较难[28]。他们的研究体现出劳动要素质量阶梯演进的重要性及其对提高要素替代弹性的重要意义。

上述研究大多局限于仅讨论资本—劳动替代弹性,而且普遍地存在着以下不足:一是忽视要素组合生产中多要素之间的交互影响。事实上,生产过程中的要素投入是多元的,其他要素投入与资本和劳动的交互作用也会对资本—劳动替代弹性产生影响。二是普遍地对资本和劳动的同质化假定,即无视我国劳动力资源丰富及人力资本禀赋快速异质性分化的现实,尤其是教育体制系列改革和对外开放中的技术引进对我国劳动力禀赋结构的影响。宋冬林等、张月玲和叶阿忠的研究均表明,我国现阶段的技术进步呈现出资本和技能双重偏向性特征[54,55]。三是普遍对 CES 生产函数的完全技术效率假设。忽视要素结构匹配失当或者要素拥挤对资本—劳动替代弹性的影响,当经济体未实现最优生产时,成本最小化假设下得到的要素替代弹性存在一定的偏误。四是 CES 生产函数用于增长实证尚存在争议。不仅因为其隐含的稳态增长方程特征,要求生产结构参数及投资率要有严格的收敛速度[42],还需要满足技术进步是劳动增进型假设[43],尤其是其常替代弹性假设背离了要素产出弹性并非恒定的现实。

对于多要素之间替代弹性的测算,更多地集中于能源与非能源生产要素替代关系的研究。郑照宁和刘德顺建立资本—能源—劳动三要素超越对数生产函数模型研究各要素之间的替代弹性[160];Ma 等基于包含能源价格的超越对数成本函数估算各投入要素及各种能源之间的替代弹性[161];陈道平和刘伟基于超越对数生产函数对中国汽车工业规模经济与替代弹性及价格弹性的研究[162];董会忠等将能源要素纳入超越对数成本函数,分析钢铁工业生产要素之间的替代关系[163];杨福霞等利用超越对数生产函数研究能源与资本、劳动力之间的替代弹性及各投入要素的相对技术进步差异[164];赵领娣等从区域视角借助超越对数生产函数估计了劳动—能源替代弹性[165]。

以上研究都是针对多要素组合生产中的要素替代弹性的分析,都采用了包容性较好的超越对数生产函数,但遗憾的是,这些文献都忽视了技术非效率的存在,也没有足够重视生产函数所表达的技术结构与要素替代弹性之间的关系。但是,它们对本书基于超越对数生产函数的随机前沿分析构思有着重要的借鉴意义。

5.2 模型设定及研究方法

基于异质性随机前沿生产函数研究我国地区 TFP 增长率变化,可以充分考虑区域要素禀赋非均衡分布与技术选择间的互动影响,但目前这类实证研究依然非常少见。王志平采用 C-D 生产函数随机前沿模型,对全国和三大区域分别建模探讨区域生产效率变化及其影响因素[111],但该文对资本和劳动要素的同质性假设使得三大区域前沿技术结构并无实质差别。李胜文等在区域前沿生产函数同质和异质性假设下,对比分析三大区域 1985—2007 年技术效率差异[112]。由于该文关注区域技术选择差异下的生产效率比较,并未对区域 TFP 增长差异进行全面解读。

5.2.1 异质性随机前沿生产函数的设定

将中国分为技术集不同的 R 个区域,每个区域内有 N_j 个省,R 个区域各有一个由其技术水平决定的前沿生产函数,表示为:

$$Y_{it(j)} = f(X_{it(j)}, t) e^{V_{it(j)} - U_{it(j)}} \qquad (5-1)$$

其中 $i=1,2,\cdots,N_j$;$t=1,2,\cdots,T$;$j=1,2,\cdots,R$;$Y_{it(j)}$ 表示第 j 区域内第 i 省在 t 期的产出,$X_{it(j)}$ 为第 j 区域内第 i 省在 t 期的投入,$V_{it(j)}$ 是随机误差,$U_{it(j)}$ 表示技术无效率,服从截断型正态分布或半正态分布,不同分布条件下无效率项估算方法有所差异。

知识溢出、技术扩散以及要素流动都与地理位置远近密切相关,尤其是企业之间的隐性知识溢出效应和地理因素的联系更为密切。根据诸多文献认为我国东、中、西三大区域经济发展水平存在明显俱乐部收敛的结论,本书遵循传统地理位置划分方法,将中国分为东、中、西部三组具有不同前沿技术水平的区域,利用分区域数据为三大区域分别构建随机前沿生产函数。

在前沿生产函数选择上,超越对数生产函数比 C-D 和 CES 生产函数的常替代弹性假设更具有灵活性：第一，它允许替代弹性随着资本密集度变化；第二，它能有效反映多要素投入下最小投入需求、任意要素之间的替代弹性及生产不经济区域等[166]；第三，放松了技术进步中性及规模收益不变的假定，在现实应用中普适性较大，可以更好地避免由函数形式误设和参数约束过强导致的估计偏差，更适合多要素投入下的技术进步方向及要素替代弹性全景式动态分析研究。

依据 Battese 和 Coelli(1992)模型，在生产无效率方程选择上，假定技术效率改进只存在趋势变化而不考虑具体影响因素：

$$\ln Y_{it} = \beta_0 + \beta_1 \ln K_{it} + \beta_2 \ln L_{it} + \beta_3 \ln S_{it} + \beta_4 t + \frac{1}{2}\beta_5(\ln K_{it})^2 +$$

$$\frac{1}{2}\beta_6(\ln L_{it})^2 + \frac{1}{2}\beta_7(\ln S_{it})^2 + \frac{1}{2}\beta_8 t^2 + \beta_9 \ln k_{it}\ln L_{it} + \beta_{10}\ln K_{it}\ln S_{it} +$$

$$\beta_{11}\ln L_{it}\ln S_{it} + \beta_{12}t\ln K_{it} + \beta_{13}t\ln L_{it} + \beta_{14}t\ln S_{it} + v_{it} - U_{it} \quad (5\text{-}1)$$

$$U_{it} = \{U_i \exp[-\eta(t-T)]\}$$

$$v_{it} \propto N(0, \sigma_U^2)$$

其中，Y 表示各省生产总值 GDP；K、L、S 分别为资本存量、非技能劳动投入数量和技能劳动投入数量；时间趋势 $t=1,2,\cdots,T$ 表示技术进步；V_{it} 为随机误差项，$U_{it}>0$，表示技术非效率，衡量实际产出与技术前沿的差距；η 为待估参数，$\eta<0$，$\eta=0$，$\eta>0$，分别表示技术无效率变量 U_{it} 随时间递增、不变、递减；复合残差项方差 $\sigma^2=\sigma_U^2+\sigma_v^2$，其中 $\gamma=\sigma_U^2/(\sigma_U^2+\sigma_v^2)$（$0\leqslant\gamma\leqslant1$），表示技术非效率方差在总误差项中所占比例，$\gamma$ 值越接近 1，说明在控制了投入要素以后，技术无效率对生产的波动越具有解释力，同时也意味着随机前沿模型比确定性模型更适合。

5.2.2 基于超越对数生产函数的要素替代弹性计算

要素替代弹性衡量的是要素组合生产中边际技术替代率对要素投入比率变化的敏感程度和要素之间相互替代的难易程度。弹性值越大，表明生产要素之间的替代性越强，两种要素在生产中的相似程度越高，根据要素相对价格的微小变化，企业越易于对要素投入比例做出相应的较大调整，以便更多地使用相对价格较低的要素。较高的替代弹性值还意味着不仅可以改变而且能以类似于技术进步的方式拓展生产可能性集合[167]。

要素替代弹性是生产函数的一个重要技术参数，在微观经济理论中存在着不同的替代弹性表达形式。考虑到:与发达国家诱致性技术变迁不同,中国"强制性技术变迁"是依赖国家主导下的要素价格非市场化来实现的[44],我国特有的二元经济结构下的体制差异不仅使得劳动力市场存在多重市场分割;而且政府和国有垄断部门往往以低于市场甚至零成本获得廉价和充足的资本,导致资本被过度使用。两方面同时作用加大了资本、劳动价格的扭曲程度[168],畸形的要素比价关系必然扭曲要素投入结构,造成技术无效率,甚至落入生产函数理论所称的"生产不经济区域"。

正是由于我国要素市场缺乏有效竞争及激励机制,市场发育程度还比较低,要素价格无法准确反映要素生产成本及其稀缺性,尤其是在资本市场上主要实行政府指导型定价。因此,以要素按边际产出获得报酬来测算中国的资本—劳动替代弹性,隐含了完全技术效率假定,并不符合我国转型经济特征,对要素之间替代性难易的解释力较弱。

为避免引入扭曲的要素价格,本书采用希克斯替代弹性定义,即两种要素投入比例的变化率与其边际技术替代率的变化率之比。以资本对非技能劳动替代弹性为例,推算出各要素之间的相对替代弹性表达式。

$$\sigma_{KL} = \frac{d\left(\frac{K}{L}\right)}{\frac{K}{L}} + \frac{d\left(\frac{MP_L}{MP_K}\right)}{\frac{MP_L}{MP_K}}$$

$$\frac{MP_L}{MP_K} = \frac{\partial Y/\partial L}{\partial Y/\partial K} = \frac{\eta_L}{\eta_K}\frac{K}{L}$$

$$\frac{d\left(\frac{\eta_L}{\eta_K}\frac{K}{L}\right)}{d\left(\frac{K}{L}\right)} = \frac{\eta_L}{\eta_K} + \frac{\frac{d\eta_L}{\eta_K} - \frac{\eta_L d\eta_K}{\eta_K^2}}{\frac{dK}{K} - \frac{dL}{L}} = \frac{\eta_L}{\eta_K}\frac{\frac{d\eta_L}{\eta_K dL} - \frac{\eta_L d\eta_K}{\eta_K^2 dL}}{\frac{dK}{K dL} - \frac{1}{L}}$$

$$\frac{d\eta_L}{dL} = \frac{\beta_{LL}}{L}; \; \frac{d\eta_K}{dL} = \frac{\beta_{KL}}{L}$$

$$\sigma_{KL} = \frac{\eta_L}{\eta_K}\frac{d\left(\frac{K}{L}\right)}{d\left(\frac{\eta_L}{\eta_K}\frac{K}{L}\right)} = \frac{\frac{\eta_L}{\eta_K}}{\frac{\eta_L}{\eta_K} + \frac{\frac{\beta_{LL}}{\eta_K} - \frac{\eta_L\beta_{KL}}{\eta_K^2}}{\frac{L}{K}\frac{dK}{dL} - 1}} = \left(1 - \frac{\beta_{KL} - \beta_{LL}\frac{\eta_K}{\eta_L}}{\eta_K - \frac{L}{K}\frac{dK}{dL}\eta_K}\right)$$

$$= \left[1 - \left(\beta_{KL} - \beta_{LL}\frac{\eta_K}{\eta_L}\right)(\eta_K - \eta_L)^{-1}\right]^{-1} \quad (5-3)$$

同理可得其他投入要素间的相对替代弹性表达式：

$$\sigma_{LK} = \left[1 - \left(\beta_{LK} - \beta_{KK} \frac{\eta_L}{\eta_K} \right) (\eta_L - \eta_K)^{-1} \right]^{-1} \tag{5-4}$$

$$\sigma_{HK} = \left[1 - \left(\beta_{HK} - \beta_{KK} \frac{\eta_H}{\eta_K} \right) (\eta_H - \eta_K)^{-1} \right]^{-1} \tag{5-5}$$

$$\sigma_{KH} = \left[1 - \left(\beta_{KH} - \beta_{HH} \frac{\eta_L}{\eta_H} \right) (\eta_K - \eta_H)^{-1} \right]^{-1} \tag{5-6}$$

$$\sigma_{LH} = \left[1 - \left(\beta_{LH} - \beta_{HH} \frac{\eta_L}{\eta_H} \right) (\eta_L - \eta_H)^{-1} \right]^{-1} \tag{5-7}$$

$$\sigma_{HL} = \left[1 - \left(\beta_{HL} - \beta_{LL} \frac{\eta_H}{\eta_L} \right) (\eta_H - \eta_L)^{-1} \right]^{-1} \tag{5-8}$$

如果将技术进步看作是产出随时间变化的自主弹性，视技术进步为一种特殊要素投入的话，可依上述要素替代弹性推导过程得到技术进步与实体要素投入之间的替代弹性表达式：

$$\sigma_{\tau S} = \left[1 - \frac{\beta_{\tau S} \eta_S - \beta_{SS} TC}{\eta_S (TC - \eta_S)} \right]^{-1} \tag{5-9}$$

$$\sigma_{S\tau} = \left[1 - \frac{\beta_{S\tau} TC - \beta_{\tau\tau} \eta_S}{TC (\eta_S - TC)} \right]^{-1} \tag{5-10}$$

$$\sigma_{\tau K} = \left[1 - \frac{\beta_{\tau K} \eta_K - \beta_{KK} TC}{\eta_K (TC - \eta_K)} \right]^{-1} \tag{5-11}$$

$$\sigma_{K\tau} = \left[1 - \frac{\beta_{K\tau} TC - \beta_{\tau\tau} \eta_K}{TC (\eta_K - TC)} \right]^{-1} \tag{5-12}$$

$$\sigma_{\tau L} = \left[1 - \frac{\beta_{\tau L} \eta_L - \beta_{LL} TC}{\eta_L (TC - \eta_L)} \right]^{-1} \tag{5-13}$$

$$\sigma_{L\tau} = \left[1 - \frac{\beta_{L\tau} TC - \beta_{\tau\tau} \eta_L}{TC (\eta_L - TC)} \right]^{-1} \tag{5-14}$$

σ_{ij} 值的含义总体上分两种情况：其一，$\sigma_{ij} < 0$，表明要素 i 和 j 之间是互补关系，要素投入比例与生产技术结构不匹配，这种要素组合方式将陷生产于不经济区域。其二，$\sigma_{ij} > 0$，说明要素 i 对要素 j 呈替代关系，这种要素组合方式使得生产处于有效经济区间。$0 < \sigma_{ij} < 1$ 表示要素 i 对 j 存在替代刚性，σ_{ij} 越小，要素间的替代越困难；当 $\sigma_{ij} > 1$ 时，要素 i 对 j 的替代富于弹性；$\sigma_{ij} = 1$，表示在其他要素投入不变情况下，两要素 i 和 j 以 Cobb-Douglas 技术进行生产，即两要素边际产出比与要素投入比同比例变化。

5.3　模型检验及回归结果分析

为确保回归结果的稳健性,需要对随机前沿生产函数模型形式设定进行严格的假设检验,以避免不正确模型产生误导性结论。表 5-1 描述了对全国混合数据以及三大区域各自数据建立的随机前沿模型适宜性的检验结果。

表 5-1　全国及三大区域生产前沿模型检验结果

检验项目	东部地区	中部地区	西部地区	全国数据	$\chi^0_{0.05}$
$\gamma=2$	235.05(拒绝)	298.32(拒绝)	137.00(拒绝)	121.01(拒绝)	
$\mu=0$	374.94(接受)	298.14(接受)	323.95(接受)	120.64(接受)	3.84
$\eta=0$	202.56(拒绝)	288.26(拒绝)	135.51(接受)	101.71(拒绝)	3.84
$\mu=\eta=0$	374.88(接受)	298.08(拒绝)	323.11(接受)	100.97(拒绝)	5.99
$\beta_5=\beta_6=\cdots=\beta_{14}=0$	276.64(拒绝)	248.17(拒绝)	279.88(拒绝)	85.59(拒绝)	18.31
$\beta_4=\beta_8=\beta_{12}=\beta_{13}=\beta_{14}=0$	96.71(拒绝)	185.30(拒绝)	61.63(拒绝)	104.44(拒绝)	11.07
结论	半正态时变效率	半正态时变效率	半正态非时变效率	半正态时变效率	

注:备择假设 H_1 是技术效率均值服从截断分布且具有时变性的随机前沿模型。

表 5-1 显示,全国混合数据以及分区域数据回归结果中 σ^2 和 r 值都显著不等于 0,表明模型不仅存在技术无效率,而且全国及东、中、西部技术无效率对产出波动的解释力分别达到 97.42%、99.93%、99.78%和 99.92%,因此各区域选择随机前沿生产函数模型是合理的。全国及三大区域的技术无效率均值 μ 都服从半正态分布;东部虽然拒绝技术效率不具有时变性,但却同时接受半正态分布和不具时变性,为稳健性起见,选择东部技术效率存在时变性;中部和全国的技术效率具有时变性;而西部技术效率不具有时变性。全国及三大区域都拒绝 C-D 生产函数假设,拒绝不存在技术进步。

在筛选三大区域随机前沿生产函数适宜形式的过程中,对于有些因素虽统计上不显著,但如果删除该项不仅降低模型解释力,而且会导致其他因素显著性明显下降,对此做保留处理。应用 Frontier4.1 软件计量回归三大区域前沿生产函数的最终形式见表 5-2。

表5-2　全国及三大区域前沿生产函数比较

域名	不同前沿基准面			同一前沿基准面
	东部(技术效率0.496)	中部(技术效率0.695)	西部(技术效率0.449)	全国(技术效率0.407)
截距	14.6903*** (16.5552)	9.4630*** (19.6008)	8.5532*** (17.4825)	9.8868*** (17.0125)
$\ln K$	−1.4285*** (−6.0040)	0.2752*** (3.5180)	0.2068 (1.3611)	0.9031*** (5.3053)
$\ln L$	0.3818*** (4.7898)	−0.1691* (−1.4574)	0.1962*** (4.4112)	−0.2980* (−1.8231)
$\ln S$	−0.4025** (−2.6486)	0.1361 (1.0547)	−0.0043 (−0.1268)	
t	0.3586*** (9.7457)	0.0469** (2.6317)	0.0445** (2.0131)	0.0180*** (7.6993)
$0.5(\ln K)^2$	0.1348*** (7.8882)		0.0230*** (1.8487)	−0.1042*** (−4.8784)
$0.5(\ln L)^2$	0.0272*** (6.3946)	−0.0261*** (−2.4283)	−0.0275*** (−3.7863)	
$0.5(\ln S)^2$	0.0789*** (4.9541)			0.0009*** (1.8892)
$0.5t^2$	0.0022*** (6.5284)	0.0013*** (6.2770)	0.0007*** (2.1560)	
$\ln K \times \ln L$		0.0460*** (3.3053)		0.0430* (1.8384)
$\ln K \times \ln S$		−0.0520*** (−2.8074)	−0.0198*** (−4.7677)	
$\ln L \times \ln S$	−0.0891*** (−6.2342)	0.0309** (2.1711)	0.0238*** (2.9460)	
$t \times \ln K$	−0.0295*** (−6.7567)		−0.0007 (−0.1911)	−0.0113*** (−3.2564)
$t \times \ln L$		−0.0079** (−2.5305)		0.0137*** (3.8668)
$t \times \ln S$	−0.0150*** (−10.8741)	0.0085* (1.7894)		
σ^2	0.6452** (2.3325)	0.2143** (2.0188)	1.3566** (2.3138)	1.4727*** (3.7092)
γ	0.9993*** (0.327E+04)	0.9978*** (0.872E+03)	0.9992*** (0.270E+04)	0.9742*** (132.6033)
η	−0.0010 (−0.6604)	0.0012 (0.4945)		0.0241*** (9.4882)
似然函数对数	374.037	297.498	322.816	
单边误差检验	602.303	495.295	650.162	25.8680

注：括号内为 t 统计值，＊＊＊、＊＊、＊分别表示 1%、5%、10%显著性水平。

尽管各区域经济生产过程中都投以相同类别的生产要素,但显而易见的是,东、中、西部各区域生产要素之间的协同作用方式并不相同,即三大区域前沿生产函数存在着显著差异。首先,中西部技术利用效率水平并不必然低于东部地区。相比于同一前沿基准面下东、中、西部技术效率水平依次为 0.688、0.347、0.194(见第四章表 4-2),在区域异质前沿生产函数下,东、中、西部技术效率水平分别为 0.496、0.695、0.449,即中部技术效率水平相对其生产前沿并不比东部低;同样,西部技术效率水平相对其生产前沿也并非像共同技术前沿下的那么低,反倒是东部技术利用水平低于共同生产前沿下的技术效率水平。

三大区域前沿生产函数差异明显。一是经济发展阶段不同。各生产函数截距项显示,东部经济增长水平高于中西部地区,中部和西部发展阶段则大致相同。二是生产要素协同作用方式不同。投入要素二次项显示,东部经济增长更多地得益于增量要素的规模投入,即东部生产要素的供应更为充裕;中部经济增长相对得益于不同要素交互影响产生的增长效应,即中部生产要素供给相对匮乏,尤其是缺乏资本和技能劳动这样的高质要素的规模投入;西部经济增长方式则介于东中部之间,既兼有要素规模投入和要素交互效应,但又稍逊于东部要素规模投入、不足于中部要素交互影响。三是技术水平及技术进步速度不同。时间趋势的一次项系数表明,东部地区技术水平(0.3586)远远高于中西部;时间趋势的二次项系数显示,东部技术扩散速度(0.0022)高于中部,更高于西部地区。从时间趋势与资本、技能和非技能劳动的交互项看,各区域技术进步偏向存在显著差异。只有中部技能劳动与技术进步呈互补关系,即技术进步与技能劳动投入存在同向变化特征,因此中部更具备可持续经济增长动力;东部技术进步与资本和技能劳动之间的替代关系表明,技术进步与资本和技能劳动投入之间存在逆向变动特征;而西部技术进步与资本投入之间存在着不明显的替代关系。

三大区域前沿生产函数之间,以及三大区域与全国前沿生产函数之间都存在着明显差异。这意味着三大区域前沿生产技术结构截然不同,即区域技术选择与要素结构匹配存在差异,也就是说,各区域受制于自身要素禀赋条件制约而选择了不同的前沿技术以实现区域经济增长。因而,假设各区域具有相同的前沿生产函数,无从有效甄别区域要素异质性、要素匹配差异性以及技术选择适宜性,难以探究区域生产技术结构差异,难以揭示区域非均衡增长本质,亦难以给出差异化的区域经济协调发展建议。

5.4 东部地区经济发展效率

根据表 5-2,从东部前沿生产函数表达式来看,生产要素的一次项显示,资本存量和技能劳动投入对区域经济增长都呈现出显著的负向累积效应,但二者的平方项却表明增量资本和增量技能劳动投入仍是规模报酬递增的,也就是说,东部地区对资本和技能劳动的需求一方面仍存在投资饥渴,另一方面却又存在过量无效投入。由此可推断资本投资结构和技能劳动内部配置结构都存在一定程度的扭曲,或者说与前沿技术结构的不匹配。非技能劳动投入对经济增长具有正向累积和规模投入效应;技能和非技能劳动、技术进步和资本、技术进步和技能劳动两两要素之间都存在着不同程度的替代关系。由此可见,东部前沿技术结构更适合非技能劳动投入,资本和技能劳动投入结构则存在一定程度的扭曲而出现相对过剩(要素拥挤)。

5.4.1 要素边际生产率及技术进步路径演进

根据东部随机前沿生产函数的回归参数以及计算公式,可以具体分析要素边际生产率及技术进步的要素偏好变化(见表 5-3)、揭示技术进步路径演化背后的要素替代弹性变动(见表 5-4),以及拆分 TFP 增长率以进一步探讨区域经济发展效率的影响因素(见表 5-5)。

从东部地区要素产出弹性变动来看(图 5-1),资本产出弹性始终最大(除1996 年资本产出弹性小于非技能劳动)且呈递增趋势,资本平均产出弹性0.573;非技能劳动产出弹性远远大于技能劳动,二者基本上都呈递减变化,尤其是 2004 年之后,技能劳动产出弹性下降较快向零趋近并在 2012 年转为负值,非技能和技能劳动产出弹性平均值分别为 0.504 和 0.062。这意味着,在其他条件不变的情况下,资本存量投入每增加 1%,产出增长提高 0.573%;非技能劳动投入每增加 1%,产出增长将提高 0.504%;而技能劳动投入每增加 1%,产出增长仅有 0.062% 的提高。

表 5-3 1996—2012 年东部地区要素边际生产率及技术进步方向（不含人力资本）

	η_K	η_L	η_S	BTC	TC	TE	MPK	MPL	MPS	BKL	BLS	BSK
1996	0.531	0.542	0.117	−0.323	0.040	0.499	31.648	163.537	12.655	−0.070	−0.120	0.190
1997	0.539	0.536	0.113	−0.328	0.040	0.498	31.077	182.599	12.937	−0.069	0.360	−0.291
1998	0.546	0.538	0.094	−0.331	0.041	0.498	30.237	211.560	12.385	−0.068	0.014	0.054
1999	0.549	0.529	0.094	−0.335	0.041	0.498	29.421	269.721	13.801	−0.069	0.016	0.053
2000	0.549	0.524	0.089	−0.339	0.042	0.497	28.927	309.355	13.990	−0.069	−26.969	27.038
2001	0.549	0.517	0.084	−0.343	0.042	0.497	28.419	346.307	13.972	−0.070	0.331	−0.261
2002	0.550	0.510	0.082	−0.347	0.042	0.497	28.192	361.650	13.217	−0.070	0.076	−0.006
2003	0.555	0.499	0.086	−0.352	0.042	0.496	28.289	559.398	16.917	−0.070	0.065	0.005
2004	0.561	0.496	0.077	−0.356	0.042	0.496	28.725	550.711	15.879	−0.068	0.138	−0.070
2005	0.570	0.502	0.051	−0.361	0.042	0.495	28.758	496.633	10.879	−0.066	0.901	−0.836
2006	0.579	0.500	0.041	−0.366	0.041	0.495	29.112	552.753	9.802	−0.063	−0.445	0.508
2007	0.588	0.495	0.035	−0.370	0.041	0.495	29.601	673.373	9.572	−0.061	−0.086	0.147
2008	0.597	0.490	0.029	−0.375	0.040	0.495	29.480	724.365	8.341	−0.058	0.052	0.006
2009	0.607	0.482	0.027	−0.381	0.039	0.494	29.008	852.738	8.717	−0.056	0.072	−0.017
2010	0.616	0.470	0.032	−0.386	0.039	0.494	28.983	942.925	7.322	−0.054	−1.657	1.711
2011	0.623	0.451	0.050	−0.392	0.037	0.494	28.585	1192.830	14.103	−0.053	0.352	−0.299
2012	0.627	0.493	−0.049	−0.376	0.057	0.493	27.913	3834.423	−55.741	−0.052	−0.639	0.691
1996—2012	0.573	0.504	0.062	−0.357	0.042	0.496	29.199	719.110	8.162			
										S＞L＞K		

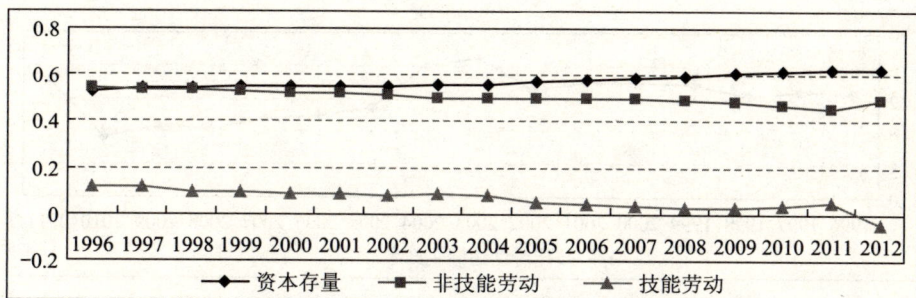

图 5-1 1996—2012 年东部地区要素产出弹性变化

要素边际生产率表示最后一单位要素投入创造的边际产出。从要素边际生产率变动来看:第一,资本边际生产率呈倒 S 形变化(图 5-2),总体表现为在波动中下降。其中,1996—2002 年间资本边际产出下降速度较快,2003—2007年间资本边际生产率出现上升趋势,而 2008 年后资本边际生产率再次下行。结合资本产出弹性的递增趋势和边际生产率的阶段性变化可知,1996—2002年间以及 2007 年之后存在无效率资本投资。

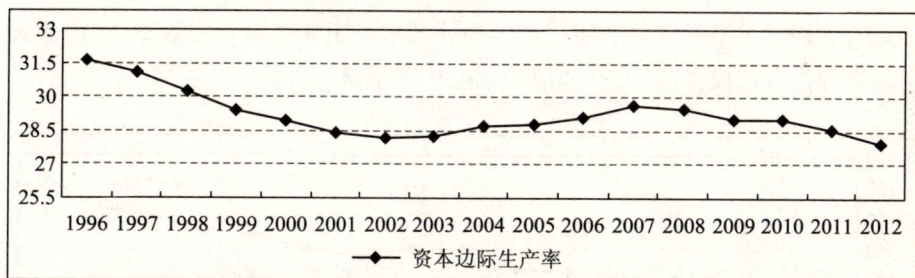

图 5-2 1996—2012 年东部地区资本边际生产率变化趋势

第二,技能劳动边际生产率呈 N 形波动(图 5-3),总体上表现为下行态势。1996—2003 年间技能劳动边际生产率阶段性缓慢攀升,2004—2010 年期间则一路下滑,之后更是大幅波动。由于技能和非技能劳动在 2012 年的边际生产率与其他年份的边际生产率差异巨大,为了能够清晰展现二者劳动生产率的变化趋势,故在图 5-3 和图 5-4 中未将 2012 年的边际生产率标示于图中。

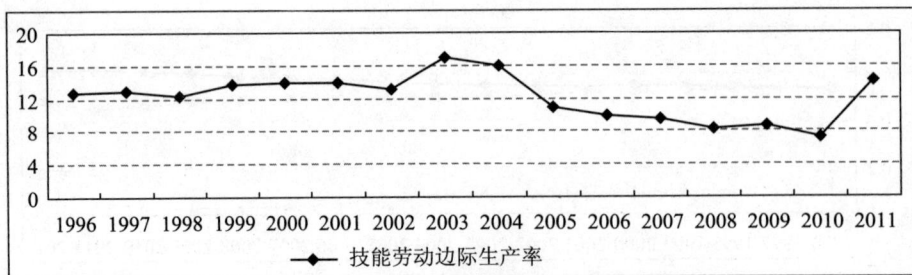

图 5-3　1996—2011 年东部技能劳动边际生产率变化

第三,与技能劳动边际产出形成鲜明对比的是,非技能劳动边际生产率快速提升(图 5-4),尽管在 2003—2005 年间有小幅下挫。20 世纪 90 年代中期以后,跨地域跨部门的剩余劳动力资源(包括外来流动人口)得到了积极有效的利用,大大提升了东部地区的要素配置效率,使得潜在劳动力得以真正进入生产过程,而这有可能正是东部劳动力边际生产率提高的最重要原因之一[169]。刘霞辉等也认为,这一时期我国高速的经济增长离不开"干中学"技术进步机制[1],非技能劳动生产率不断提高,而企业自主研发相对较弱,对技术创新重视不足。这种学习型经济体系将因为国内外技术差距变小而学习效率下降,进而学习过程迈入规模递减阶段,技能劳动生产率下降。

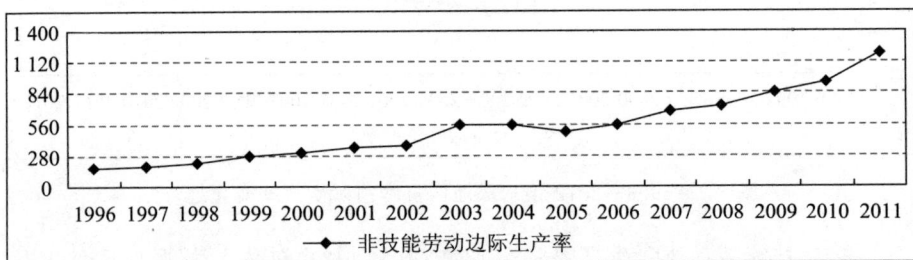

图 5-4　1996—2011 年东部非技能劳动边际生产率变化趋势

如果一个地区某种要素的边际产出较高,表明该地区现有的这种要素的投入过少,这将吸引更多的该种要素投入这一地区。从资本、非技能劳动和技能劳动边际生产率大小来看,东部地区将会吸引更多的非技能劳动以及资本的投入。然而,发生于 2002—2003 年及 2005—2006 年中国人口由东南沿海向内地的两度明显回流,珠三角和长三角等发达地区频现"用工荒",所有劳动密集产业自 2009 年以来均出现两一波明显的"机器换人潮"[21]。从东部前沿生产函数显见,技能劳动增量投入规模远大于非技能劳动,而且技能劳动对经济增长已经存在负向累积效应,即东部技能劳动低效配置现象普遍存在。

从技术效率水平和技术进步率变化来看,东部技术利用效率水平较低,平均值为 0.496 而微幅下降,这一点契合了确定东部前沿生产函数形式时检测到技术效率时变性不太明显的结论。整体技术进步率在 1996—2005 年微幅增长,之后微幅下降;而偏向性技术进步率始终为负值且下行趋势明显,这意味着东部地区的技术进步并不利于要素生产率的提高,而且这种负向影响是越来越大的,即东部地区前沿技术水平低于其经济发展阶段,致使较低的前沿技术结构与其较高的要素禀赋结构并不匹配,而这一点又能从东部前沿生产函数中的要素协同作用方式进一步得到印证,即东部时间趋势项与资本、与技能劳动均为替代关系,并且资本及技能劳动对东部经济增长呈现出负向累积效应,东部技术进步更偏向劳动密集型[69,76,170]。

从技术进步路径演化轨迹看:其一,相对于资本,技术进步一以贯之地更偏好于使用非技能劳动($BKL<0$),这意味着东部各省区在传统生产部门中的技术进步方向具有一致性且存在路径依赖性,显然,在传统生产部门中要素使用效率成为技术选择的决定因素。其二,从劳动力内部结构配置变化看,技术进步偏向摇摆于技能和非技能劳动之间($BLS>0$ 和 $BLS<0$ 交替出现)。尽管从平均偏向程度看,技术进步更偏向于技能劳动使用,但是,近 2/3 的年份偏向非技能劳动,这可能意味着,东部地区非技能劳动与技能劳动之间的可替代程度较高,在要素供给充裕的条件下,技术进步对劳动禀赋结构配置的调整更为灵活。其三,在现代产业部门中,技术进步方向游移于技能劳动和资本之间($BSK>0$ 和 $BSK<0$ 交替出现)。从技术进步平均偏向程度看,其更偏向于技能劳动,但仍有近 1/2 的年份偏向资本。然而,技能劳动无论产出弹性还是边际生产率都是小于资本的。在东部现代产业部门中,要素使用效率并未成为技术选择的决定因素。

综合来看,东部地区要素边际生产率由大到小排列为 $MPL>MPK>MPS$,而技术进步方向依次偏好于 $S>L>K$。显而易见,东部并未完全按照要素使用效率决定要素组合生产。虽然技能劳动无论产出弹性还是边际生产率都要远远小于资本和非技能劳动,但是相对于非技能劳动和资本,要素使用更偏向技能劳动的技术选择,必然意味着生产过程中存在一定程度的技能劳动低效配置或是技能劳动力闲置。一方面,传统劳动密集型产业技术升级缓慢,深化开放中资源配置“锁定效应”的存在[171],致使经济发展带来的资本存量增加被劳动密集型产业快速吸收,滞缓了劳动密集产业自然衰退进程,而金融、高科技等现代产业不活跃对高素质人才需求性不强,高质要素低效配置广泛存在;另一方面,20世纪90年代以来,高等教育急剧扩张和职业教育发展滞后偏离了我国是发展中国家的现实国情,造成"大学生就业难"与"高级技工荒"并存格局。产业投资结构扭曲、技术与技能结构不匹配成为经济转型升级阶段人力资本与产业结构发展错位的最直接反映。

5.4.2 要素替代弹性的动态变化

经济效率不仅来源于要素生产效率的提高,还受到要素投入组合变化带来的配置效率的影响。单要素生产效率的提高只能导致产出增加,而要素结构的优化不仅带来产出增加,还伴随着经济结构质量性质变化,有利于要素之间协同效应发挥。替代弹性分析通过要素投入结构对边际技术替代率变动的敏感程度反映生产过程中的技术结构与要素投入结构匹配合理性。

在传统经济学理论中,生产经济区内的要素替代表现为要素边际技术替代率为负的变化过程,即要素之间投入量是互斥关系;而处于拥挤状态的生产要素则呈现互补型投入需求,要素边际技术替代率为正值,生产陷于非经济区内。

从东部地区要素之间的替代弹性变化看:其一,在传统产业部门中,除少数年份资本相对非技能劳动投入存在过剩之外($\sigma_{LK}<0$),基本上资本对非技能劳动的替代弹性大于非技能劳动对资本的替代弹性($\sigma_{LK}>\sigma_{KL}$),资本对非技能劳动更富于替代弹性($\sigma_{LK}>1$),但同时,非技能劳动对资本的替代弹性逐渐增大,这意味着,东部传统产业部门中存在着资本替代非技能劳动现象,而伴随着非技能劳动投入的减少,非技能劳动对资本的替代弹性渐增。其二,在现代产业部门中,资本对技能劳动的替代弹性大于技能劳动对资本的替代弹性。一方面,技能劳动对资本存在互补性($0<\sigma_{KS}<0.5$),而且这种互补趋势越来越强烈(σ_{KS}递减变化);另一方面,资本对技能劳动的替代弹性具有阶段性变化特征,在1996—2004年间替代弹性小于1,在2005—2011年间资本对技能劳动富于替代,从两阶段的变化看,资本对技能劳动的替代强度加大,尤其是在2008年技能劳动对资本的替代弹性趋近于零,这意味着,技能劳动相对资本投入已经接近上限配置。其三,在劳动力内部结构配置上,非技能劳动对技能劳动更富替代弹性,而技能劳动对非技能劳动缺乏替代弹性且程度渐深。这意味着,东部地区技能劳动低效配置或闲置现象普遍存在。

表 5-4　1996—2012 年东部地区要素替代弹性（不含人力资本）

	σ_{LK}	σ_{KL}	σ_{KS}	σ_{LS}	σ_{SL}	σ_{rS}	σ_{Sr}	σ_{rK}	σ_{Kr}	σ_{Lr}	σ_{rL}	$\sigma_{\tau L}$
1996	3.995	0.318	0.319	1.007	0.302	1.352	3.608	3.630	2.178	0.779	0.846	1.008
1997	0.215	0.636	0.323	0.990	0.305	1.346	0.632	-3.177	2.731	0.777	0.843	1.008
1998	-3.091	0.702	0.287	0.860	0.268	1.313	0.943	0.774	0.317	0.780	0.846	1.008
1999	6.977	0.745	0.291	0.869	0.271	1.318	1.066	0.803	0.997	0.778	0.845	1.009
2000	-213.78	0.764	0.289	0.814	0.269	1.312	1.345	0.753	1.176	0.777	0.846	1.009
2001	7.025	0.777	0.285	0.698	0.265	1.309	-5.282	0.686	1.256	0.777	0.847	1.010
2002	2.487	0.793	0.266	0.783	0.246	1.323	-1.944	0.684	1.285	0.775	0.847	1.010
2003	1.905	0.809	0.268	0.872	0.243	1.361	2.643	0.716	1.201	0.775	0.846	1.010
2004	1.658	0.823	0.244	0.717	0.223	1.332	0.722	0.711	1.116	0.774	0.842	1.011
2005	1.638	0.823	0.161	1.133	0.144	1.288	1.218	1.032	0.921	0.773	0.837	1.010
2006	1.665	0.833	0.076	1.054	0.061	1.281	0.995	0.882	-5.160	0.770	0.829	1.010
2007	1.682	0.848	0.046	1.026	0.029	1.275	-1.948	0.823	1.660	0.769	0.824	1.010
2008	4.462	0.866	0.000	1.014	-0.020	1.270	2.059	0.784	1.300	0.773	0.822	1.010
2009	-0.898	0.896	0.057	1.014	0.041	1.268	-4.269	0.775	1.237	0.768	0.814	1.010
2010	0.991	0.938	0.086	1.020	0.067	1.295	-7.160	0.768	1.198	0.755	0.798	1.011
2011	2.724	1.267	0.189	1.039	0.166	1.337	-0.554	3.836	1.170	0.735	0.775	1.011
2012	1.464	1.041	-2.541	0.959	3.569	1.204	0.662	1.076	1.219	0.860	0.909	1.015
均值	-10.522	0.816	0.038	0.933	0.379	1.305	-0.310	0.915	0.930	0.776	0.836	1.010

从东部地区技术进步与要素之间的替代弹性变化看,非技能劳动和资本对技术进步都富于替代弹性,技能劳动对技术进步要么富于替代,要么相对技术进步存在过剩配置($\sigma_{rs} > 1$ 或 $\sigma_{rs} < 0$);而技术进步对资本、对非技能劳动、对技能劳动的替代弹性几乎都小于 1。这意味着,东部经济增长更多地来源于要素投入,尤其是非技能劳动和资本的投入,技能劳动投入却因与技术结构不匹配而存在着低效配置甚至闲置,即东部地区前沿技术水平低于其经济发展水平。

值得注意的是,少数替代弹性值中间杂着负值的出现,如 σ_{LK},资本和非技能劳动之间的替代弹性在个别年份出现负值,表明资本相对非技能劳动偶有过剩;而 σ_{rs} 较为频繁出现负值意味着,相对于技术进步,技能劳动的低效配置或闲置是陷东部于生产不经济区域内的主要原因。

东部地区非技能劳动对技术进步和技能劳动富于替代弹性;资本对非技能劳动富于替代,而对技能劳动经历了由替代刚性到富于替代的过程;技术进步对非技能劳动、技能劳动、资本都存在互补性(替代刚性);技能劳动相对于技术进步存在拥挤。可见,东部技术进步更偏向密集使用非技能劳动、资本对技能劳动替代的增强,以及技能劳动相对技术进步的过剩,意味着东部更偏向技术引进的"干中学"型技术进步。技术的过度引进和企业的低成本竞争行为,共同构成对人力资本积累的"侵蚀效应",逐渐弱化了人力资本积累在经济增长中的基础性驱动作用[172],并将进一步阻碍人力资本深化的进程,加剧技术进步和人力资本积累之间的差距,长此以往势必将陷入"低技术均衡"陷阱[173]。

5.4.3 经济增长质与量的演化

本章在测算各区域 TFP 增长率时采用了两种方法。在随机生产前沿框架内,一是对 TFP 增长率的各分解项做加法;二是利用索洛核算对经济增长率做减法。由于缺乏要素价格信息,在 TFP 增长率的分解项中未包括投入要素配置效率变动。为弥补此不足,故同时提供了第二种方法测算的结果,以资比较。

表 5-5　1996—2012 年东部地区经济发展效率变化(不含人力资本)

	GY(%)	TEC	SEC	TC	TFP1	TFP2	ΔTFP	MPK
1996—1997	11.587	−0.001	0.016	0.040	0.055	0.048	−0.007	31.077
1997—1998	10.169	−0.001	0.012	0.041	0.052	0.048	−0.004	30.237
1998—1999	9.886	−0.001	0.011	0.041	0.051	0.068	0.017	29.421
1999—2000	10.489	−0.001	0.010	0.042	0.051	0.061	0.010	28.927

续表

	GY(%)	TEC	SEC	TC	TFP1	TFP2	ΔTFP	MPK
2000—2001	10.195	−0.001	0.010	0.042	0.051	0.057	0.006	28.419
2001—2002	11.374	−0.001	0.015	0.042	0.057	0.053	−0.004	28.192
2002—2003	12.951	−0.001	0.010	0.042	0.051	0.083	0.032	28.289
2003—2004	14.094	−0.001	0.018	0.042	0.059	0.049	−0.010	28.725
2004—2005	12.878	−0.001	0.018	0.042	0.059	−0.038	−0.097	28.758
2005—2006	13.948	−0.001	0.013	0.041	0.054	0.025	−0.029	29.112
2006—2007	14.387	−0.001	0.011	0.041	0.051	0.069	0.018	29.601
2007—2008	11.585	−0.001	0.007	0.040	0.046	0.029	−0.017	29.480
2008—2009	11.360	−0.001	0.013	0.039	0.052	0.035	−0.017	29.008
2009—2010	12.760	−0.001	0.007	0.039	0.045	0.079	0.034	28.983
2010—2011	10.940	−0.001	0.002	0.037	0.039	0.084	0.045	28.585
2011—2012	9.569	−0.001	−0.006	0.057	0.050	(0.325)	(0.275)	27.913
均值	11.761	−0.001	0.010	0.042	0.051	0.050	−0.002	29.045

注:①由于缺乏要素价格因素,TFP1 是技术进步 TC、规模效应变化 SEC 和技术效率变化 TEC 三项做加法得到的;② TFP2 是按照索洛余值核算做减法得到的,即扣除要素投入增长贡献后的产出增长率,也即增长核算中的残差:$TFP = \dot{y} - \sum_j s_j \dot{x}_j$,其中,$s_j$ 表示要素 j 在产出中的份额;③ 均值中未包括奇异点;④ ΔTFP = TFP2 − TFP1。

(1)分解法与核算法得到的 TFP 增长率变化比较。由表 4-5 所示,在 TFP 增长率分解项中,技术进步是促进东部 TFP 增长的主要因素,占 TFP 增长率的 82.35%;规模效应对 TFP 增长的贡献居第二,占 TFP 增长率的 19.61%;技术效率匀速平缓下降,对 TFP 增长的负贡献为−1.96%。从 TFP 增长率及其分解项的变化趋势看(图 5-5),东部地区技术进步率徐缓而稳定地小幅增长;技术效率几无变化;1996—2009 年间规模收益率围绕 0.010 波动,基本上都是正向增长,虽然增长幅度在波动中下滑。东部经济似乎进入稳态增长,波澜不惊地进行着质和量的积累。

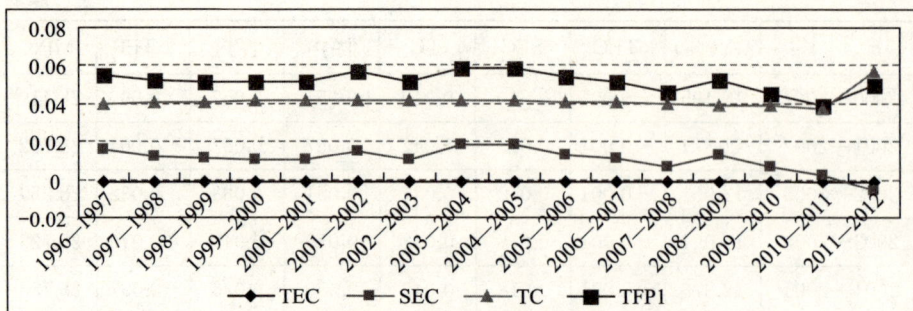

图 5-5　1996—2012 年东部地区 TFP 增长率及其分解项变化

值得一提的是,相比于同质生产前沿下的 TFP 增长率分解,最为显著的两点不同之处在于:一是规模效应变化。截然不同于同质生产前沿下的规模效应增长率几乎全部为负值的变化,异质前沿生产技术下的规模效应变化则几乎全部为正增长。二是技术效率变化。同质前沿下的技术效率增长率全部为正,而异质前沿下的技术效率增长全部为负值。但是,技术效率变化对各自的 TFP 增长率的贡献都比较小。

基于 SFA 框架下的 TFP 增长率分解法和索洛增长核算法得到的 TFP1 和 TFP2 变化趋势如图 5-6。相比于由分解法得到的 TFP 增长率的平缓波动,增长核算法得到的 TFP 增长率波动较大。尤其是出现在 2002—2003 年的小波峰和 2004—2005 年的小波谷,这一时期,随着我国加入 WTO 带来的国内外市场开放,出口贸易激增虽然有利于提高东部地区对丰裕劳动力的配置效率[174],但因城市生活成本上升和劳动密集型产业的低成本竞争依赖,一方面引发"用工荒"——2001 年以来中国人口曾经两度由东南沿海向内地回流,显然降低了东部地区要素配置效率;另一方面倒逼产业结构升级而出现一轮"投资潮

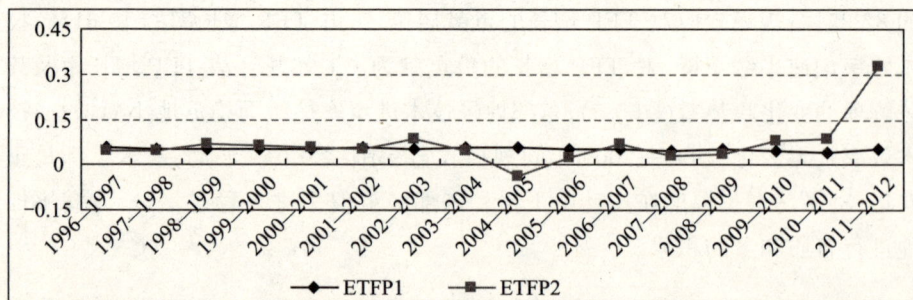

图 5-6　1996—2012 年东部 SFA 分解法和 SRA 核算法得到的 TFP 增长率比较

涌"[175,176]和"机器换人潮"[21]。由于索洛核算法能够包含要素配置效率变化,因此,TFP2 增长率的波动更多地反映了东部要素配置效率的变化,即内含于要素替代弹性变化中的结构增长效应。

(2)经济增长方式的演化轨迹。要素积累和技术进步是经济增长的源泉,但在边际报酬递减规律作用下,要素积累并不是推动现代经济增长的主导性因素;全要素生产率,即从索洛方程中扣除资本和劳动等生产要素贡献之后的残差部分,才是推动经济长期增长的最重要因素。故此,通过比较经济增长率(GY)和索洛核算法得到的 TFP2 增长率的相对变化趋势,可以判断区域经济增长源泉的变动(图 5-7),因为二者之间距恰好表示要素投入对经济增长的贡献。

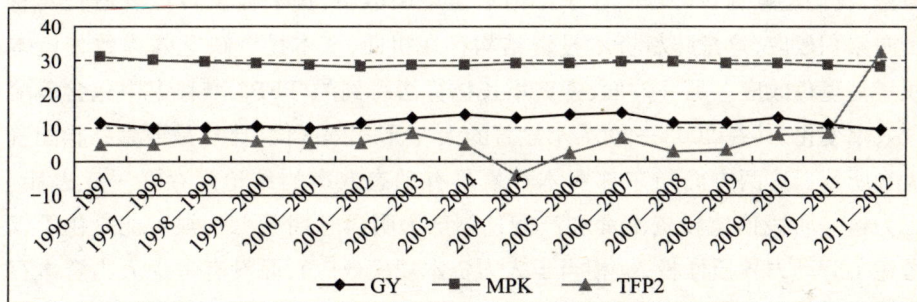

图 5-7　1996—2012 年东部经济增长率与 TFP 增长率及资本积累效率变化

由图 5-7 所示,东部经济增长的质与量呈阶段性变化,虽然经济增长量的变化(GY)较为平稳,但经济增长的质(TFP2)在 2003 年后出现较为剧烈的 W 型波动。具体而言,在 1996—1999 年经济增长处于下行区间,TFP 增长较快并达到一个局部峰值,对经济增长的贡献接近 70%(TFP 增长率与经济增长率 GY 的比值);1999—2003 年间经济增长率缓慢攀升,虽然 TFP 增长的贡献出现下滑,但与要素积累的贡献仍几乎各占半壁江山,TFP 增长率于 2001 年后回升,在 2003 年的峰值点处对经济增长贡献为 64.1%;2003—2007 年经济增长维持在 13.65 的高位平缓运行,但是,TFP 增长却出现一个大 V 形的塌陷区域,TFP 增长率骤然下降又急剧上升极其不稳定,甚至于在 2005 年出现负增长。显而易见,这一时期东部主要依靠要素积累尤其是高投资推动经济增长,低TFP 增长与高投资、高增长形成巨大反差。2007 年之后,TFP 增长率再次历经 U 形波动。

2003—2007 年东部地区 TFP 增长率的大 V 形塌陷区间,正值我国产业升级投资潮涌现象最为明显时期。固定资产投资快速增长,2003—2005 年分别达到 27.7%、26.6%、25.7%,这些投资主要集中在房地产、汽车、建材,行业扩张和重复建设造成大规模的产能过剩[176]。普遍的实物资本化扩张往往抑制 TFP 增长,而经济也更多地表现为资本积累驱动的粗放型增长[52]。

(3)资本积累的动态效率。由于经济增长而资本积累速度往往远超过劳动投入速度,对于中国这样依赖于投资驱动的转型经济,资本积累是否存在动态效率一直是经济增长研究领域关注的核心问题。通过对资本边际生产率与经济增长率的比较,可以判断资本积累是否具有动态效率[177—179]。

由图 5-7 可知,样本期间内的资本边际生产率自始至终大于经济增长率,即在不考虑技术效率影响因素的情况下,东部地区的资本积累具有动态效率。但是,我们注意到:一方面,在东部前沿生产函数中,资本存量对经济增长具有负向累积效应,这意味着资本投资结构存在扭曲,资本投资缺乏效率致使资本积累呈现负效应。另一方面,索洛增长核算法得到的 TFP2 增长率中包含着配置效率变化,其在 2003—2007 年显著的大 V 形塌陷区间,显然是要素结构配置失当所致。这两方面与东部资本积累具有动态效率的结论尚存在一定差距。因为这一阶段恰值投资潮涌和产能过剩至为明显时期[175,176],很可能是由于仅考虑了劳动力异质性投入(相当于人力资本规模效应),而没有考虑人力资本存量结构以及制度等因素对技术效率的影响所致。毕竟人力资本对经济增长的影响是通过人力资本投资形成的人力资本存量发挥作用的[129],而且人力资本与物质资本在数量和结构上的匹配与均衡对经济效率有显著的积极影响[130]。

5.5 中部地区经济发展效率

根据表 5-2,从中部前沿生产函数表达式来看,要素投入一次项显示,资本存量和技能劳动投入对区域经济增长都存在正向累积效应,但平方项却表明二者不具有规模投入效应,也就是说,中部地区高质要素增量投入匮乏,难以形成规模投入;非技能劳动对经济增长不仅存在负向累积效应,而且其增量投入表现为规模报酬递减;非技能和技能劳动、非技能劳动和资本之间的互补关系表明,高质要素与低质要素之间存在着普遍而显著的溢出效应,资本和技能劳动之间的替代效应造成的高质要素内耗是经济增长的削弱因素;技术进步和技能劳动之间的互补关系意味着,中部地区经济增长的质与量具有一定的协同性,即区域经济增长存在可持续性发展前景[98,173]。

　　根据中部随机前沿生产函数的回归参数以及计算公式,可以具体分析要素边际生产率及技术进步的要素偏好变化(见表 5-6);研究要素替代弹性变动趋势(见表 5-7)以及进一步分析区域经济发展效率变化(见表 5-8)。

5.5.1　要素边际生产率及技术进步路径演化

　　首先,从要素产出弹性变动看,如图 5-8,中部地区的资本产出弹性远大于技能和非技能劳动产出弹性,这意味着,中部经济增长对资本投入的增加更为敏感。资本产出弹性总体呈波动中小幅走低趋势;与东部技能和非技能劳动产出弹性均为正值,且非技能劳动产出弹性远大于技能劳动产出弹性的变化趋势不同,中部技能劳动产出弹性大于非技能劳动,而且非技能劳动产出弹性长期为负值。非技能劳动产出弹性在 1996—2001 年、2002—2004 年、2005—2012 年内为负值但分段递增,在 2009 年变为正值;技能劳动产出弹性在 1996—2005 年间持续小幅爬升,于 2006 年持续下降并向负值转化。从要素产出弹性平均值看:资本存量投入每增加 1%,产出增长提高 0.197%;非技能劳动投入每增加 1%,产出增长下降 0.003%;技能劳动投入每增加 1%,产出增长提高 0.015%。

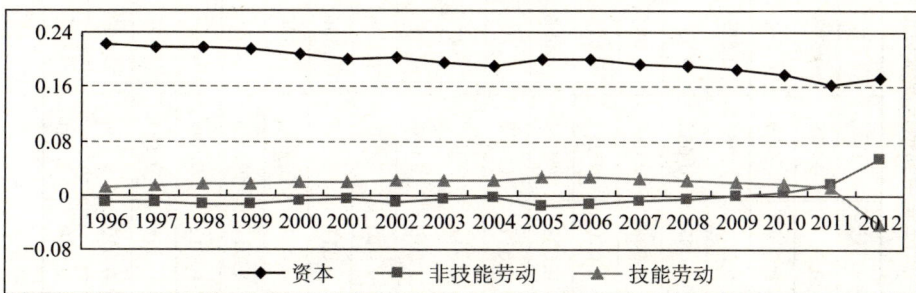

图 5-8　1996—2012 年中部地区要素产出弹性变化

　　值得注意的是,中部地区资本、非技能劳动和技能劳动的产出弹性变化的区间阶段基本一致,这意味着,在生产过程中三种要素之间存在某种共荣共生的紧密关联。一是资本与非技能劳动产出弹性的逆向变化趋势,即资本产出弹性的变化几乎与非技能劳动产出弹性的变化关于横轴的平行轴对称。非技能劳动产出弹性长期持续为负值,这意味着,中部非技能劳动投入长期存在过量投入。我们知道,资金投入匮乏一直是中部经济增长的硬伤[170],相应于中部较低的发展阶段和较低的人力资本水平,充分利用其丰富的非技能劳动有利于资本形成和积累。但是,在要素组合生产中,单一要素相对规模的增加是有限

表 5-6 1996—2012 年中部地区要素边际生产率及技术进步方向(不含人力资本)

	η_K	η_L	η_S	BTC	TC	TE	MPK	MPL	MPS	BKL	BLS	BSK
1996	0.222	0.013	-0.011	0.006	0.056	0.693	12.945	0.003	0.334	1.487	-1.467	-0.020
1997	0.217	0.014	-0.011	0.007	0.059	0.693	12.605	-0.222	0.425	-3.081	3.590	-0.509
1998	0.218	0.016	-0.013	0.007	0.061	0.693	12.249	-0.401	0.550	-0.914	-3.061	3.975
1999	0.214	0.017	-0.012	0.007	0.065	0.693	11.645	-0.334	0.607	-1.035	-0.081	1.116
2000	0.208	0.018	-0.009	0.008	0.068	0.694	11.070	-0.198	0.640	6.861	-7.589	0.729
2001	0.201	0.018	-0.006	0.010	0.072	0.694	10.636	0.019	0.691	3.351	-4.387	1.036
2002	0.203	0.021	-0.011	0.009	0.074	0.694	10.558	-0.238	0.979	-1.116	-1.861	2.977
2003	0.195	0.021	-0.006	0.011	0.078	0.695	10.050	0.140	0.947	0.701	-1.179	0.479
2004	0.191	0.021	-0.004	0.011	0.082	0.695	9.687	0.521	1.025	0.850	-1.427	0.577
2005	0.200	0.026	-0.015	0.010	0.083	0.695	9.855	-0.960	1.575	2.215	-2.401	0.185
2006	0.200	0.026	-0.014	0.010	0.085	0.696	9.408	-0.928	1.641	-0.578	0.908	-0.330
2007	0.194	0.023	-0.009	0.011	0.089	0.696	8.800	0.030	1.597	1.341	-6.984	5.643
2008	0.190	0.022	-0.006	0.011	0.092	0.696	8.206	0.726	1.578	1.783	-1.139	-0.645
2009	0.185	0.019	-0.001	0.012	0.096	0.696	7.467	1.933	1.402	0.230	-0.051	-0.179
2010	0.178	0.016	0.005	0.013	0.099	0.697	6.869	4.189	1.176	-0.564	0.530	0.033
2011	0.163	0.011	0.017	0.016	0.104	0.697	6.075	12.994	0.670	-1.042	1.203	-0.162
2012	0.173	-0.043	0.055	0.015	0.106	0.697	6.130	160.684	-27.259	-0.080	0.149	-0.069
均值	0.197	0.015	-0.003	0.010	0.081	0.695	9.662	10.468	-0.672	0.612	-1.485	0.873

度的,超过适当要素组合的匹配比例,不仅造成要素闲置而配置效率下降,还会影响到要素组合整体效率的发挥,导致规模效应损失。二是非技能和技能劳动产出弹性在 1996—2004 年间基本上呈同步增长变化,即无论是技能还是非技能劳动投入增加都会促进产出递增性增长;而 2005 年开始二者逆向而动,技能劳动产出弹性不断下降,非技能劳动产出弹性不断上升,即技能劳动投入促使产出递减性增长,而非技能劳动投入仍能促使产出递增性增长(图 5-9)。

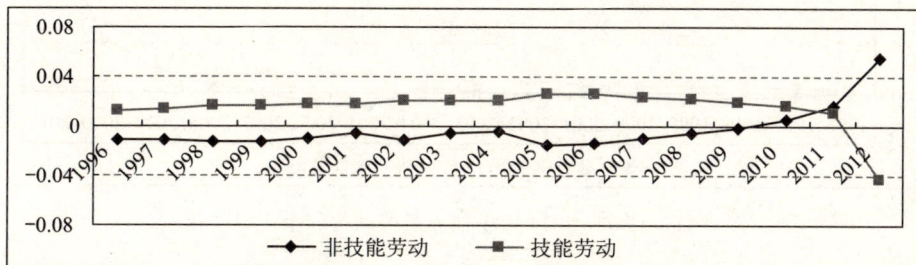

图 5-9   1996—2012 年中部异质劳动产出弹性变化

从要素边际生产率变化来看,中部地区的资本边际产出远高于技能和非技能劳动,说明中部存在着强烈的投资饥渴,潜在的非技能劳动因资本投入缺乏而难以进入真正劳动过程,丰富的劳动力资源有待开发利用,其中:资本边际生产率持续下降(图 5-10),技能和非技能劳动边际产出缓慢增长(图 5-11)。

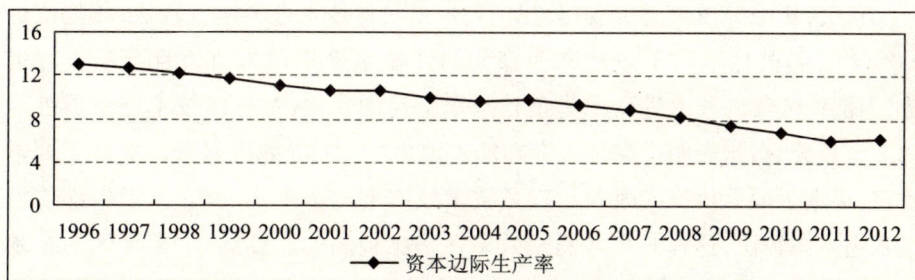

图 5-10   1996—2012 年中部地区资本边际生产率变化

值得关注的是非技能劳动边际产出的变化(图 5-11)。1996—2004 年间非技能劳动边际生产率在波动中呈上升趋势,并由负值向正值转变,这意味着,随着经济发展和资本投入增加,窖藏的非技能劳动逐渐得以释放并进入真正的生产过程;但在 2005—2007 年非技能劳动边际生产率再次为负值,而同时技能劳动生产率提高,这可能源于这一时期由东南沿海向内地回流的劳动力作为技能劳动而对非技能劳动产生的冲击影响。2008—2012 年非技能劳动边际产出疾速提升,伴随着东部劳动密集产业向中西部的转移,中部地区回归其劳动力成本比较优势。

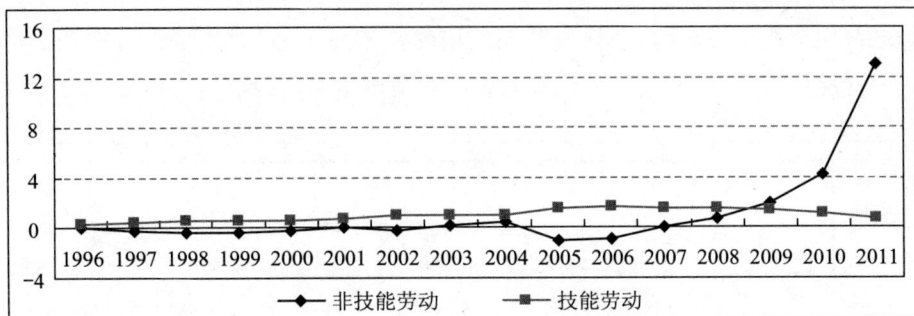

图 5-11　1996—2011 年中部异质劳动边际生产率变化

另外,截然不同于东部要素产出弹性与其相应的边际生产率变化趋势迥异的特征,中部地区资本、技能和非技能劳动的边际生产率变化与其产出弹性变化基本是吻合的。这意味着,中部地区内部各省区之间经济发展较为均衡,要素禀赋结构及其质量也较为相近,所以各省区的边际生产率与区域平均生产率偏差不大。这与东部各种生产要素相对充裕,从而依赖要素规模投入,而中部高质要素投入匮乏,进而依赖不同要素协同增长的不同经济增长模式分不开。

其次,从中部技术进步变化趋势看,一是总体技术进步速度较快,年均值达0.081。二是截然不同于东部和西部偏向性技术进步率为负值且不断下行走势,中部地区偏向技术进步率为正且基本呈递增变化,对总体技术进步贡献了12.3 个百分点,这表明中部地区存在的本地化"干中学"效应显著地提高了要素质量,促进了要素生产率改善。三是技术效率平均水平 0.695。由于中部前沿技术进步率较快,这样的技术利用效率还是比较高的。显然,中部地区的技术选择与其要素禀赋结构存在着一定程度的适配性。当然,这和中部地区技术水平还比较低,技术提升空间还比较大有关。

从技术进步诱致的要素使用偏向看,并非如东部一以贯之地偏向某一要素的使用,中部技术进步路径演化具有波动性。其一,从技术进步偏向程度的平均值来看,中部地区技术进步的要素使用偏好依次为 $S>K>L$;其二,从技术进步路径的动态演进看,在传统产业部门中,虽然相对非技能劳动,技术进步更偏向资本使用,但仍有 8 个年份偏向非技能劳动。其三,劳动力内部结构配置和现代产业部门中的技术进步偏向存在一定的规律性变化。即在 1996—2007 年期间,当劳动力内部结构配置偏向技能劳动使用时,则现代产业部门相对资本的使用,技术进步更偏向技能劳动,这意味着技能劳动流向现代产业部门;当劳动力内部结构配置偏向非技能劳动使用时,现代产业部门中技术进步更偏向资本使用,这意味着现代产业部门中的技能劳动水平是不断提高的。

无疑,中部地区技术进步偏向依次为 $S>K>L$ 的技术选择,偏离了其非技能劳动充裕、资本和技能劳动投入匮乏的现实要素禀赋条件所决定的比较优势。然而,中部前沿生产函数显示,不同要素之间多元交互效应的存在意味着,要素替代在一定程度上缓解了短边要素对要素组合生产效率的制约,尤其是中部前沿技术结构中的时间趋势项和技能劳动呈互补关系,更有助于区域经济持续增长。可见,相对于其发展阶段,中部地区选择了赶超型技术进步,虽然要素禀赋结构水平较低,但技术结构与技能劳动结构存在适配,有利于推动经济实现内生的持续增长。

5.5.2 要素替代弹性的动态变化

从中部地区经济生产过程中的要素替代弹性变化来看(表 5-7),其一,在传统产业部门中,虽然资本对非技能劳动的替代弹性大于非技能劳动对资本的替代弹性,但资本对非技能劳动的替代弹性小于 1。值得注意的是,2004—2012 年间,非技能劳动对资本替代弹性频出负值,表明非技能劳动投入相对资本存在拥挤现象,即随着非技能劳动投入的增加必须同时再增加资本投入,才能维持要素非拥挤状态下的产量水平。也就是说,应用范围越广的生产要素其生产率一般也比较高,增加该要素投入规模会提高资源配置效率,有利于产出增加,但是,单一要素相对规模的增加一旦超出要素组合规模配置最优,反而降低要素组合的规模效率,进而陷生产于不经济区域内。其二,在现代产业部门中,资本对技能劳动的替代弹性大于技能劳动对资本的替代弹性,而且资本对技能劳动富于替代($\sigma_{SK}>1$)。比如,通过引进较为先进的机器设备资本品或先进的生产流水线以替代技能劳动投入的缺乏。其三,在劳动力内部结构配置上,1996—2007 年间技能和非技能劳动之间的替代弹性都比较小,即二者投入在生产过程中更具有互补性(替代弹性小于 0.5);2007 年以后,技能劳动对非技能劳动富于替代弹性,非技能劳动对技能劳动的替代弹性也在增加,劳动禀赋结构质量明显提高。

表 5-7　1996—2012 年中部地区要素替代弹性(不含人力资本)

	σ_{LK}	σ_{KL}	σ_{KS}	σ_{SK}	σ_{LS}	σ_{SL}	σ_{rS}	σ_{Sr}	σ_{Kr}	σ_{rL}	σ_{Lr}	σ_{rK}
1996	0.831	0.090	0.800	1.335	0.995	0.452	1.169	0.960	0.941	0.122	1.155	1
1997	0.830	0.110	0.795	1.350	0.016	0.389	1.137	1.091	0.943	0.122	1.138	1
1998	0.832	0.141	0.794	1.353	0.155	0.374	1.136	0.994	0.944	0.151	1.125	1
1999	0.829	0.134	0.789	1.367	0.243	0.279	1.120	1.013	0.945	0.139	1.119	1
2000	0.822	0.085	0.783	1.386	0.188	0.214	1.099	1.073	0.946	0.088	1.120	1
2001	0.815	0.026	0.777	1.409	0.019	0.090	1.081	1.211	0.946	0.031	1.121	1
2002	0.818	0.087	0.775	1.415	−0.060	0.333	1.094	1.063	0.947	0.094	1.110	1
2003	0.810	0.006	0.768	1.442	0.984	0.365	1.059	0.299	0.947	0.013	1.114	1
2004	0.805	−0.022	0.763	1.460	−0.780	0.406	1.032	0.705	0.947	−0.021	1.111	1
2005	0.820	0.152	0.768	1.442	0.344	0.284	1.080	1.101	0.949	0.149	1.091	1
2006	0.819	0.139	0.767	1.446	0.287	0.301	1.070	1.233	0.949	0.134	1.089	1
2007	0.810	0.040	0.764	1.458	−0.169	0.509	1.037	0.415	0.948	0.036	1.094	1
2008	0.805	−0.011	0.761	1.469	2.079	0.500	0.974	0.807	0.947	−0.018	1.096	1
2009	0.797	−0.104	0.758	1.481	1.952	0.472	0.759	0.855	0.946	−0.113	1.100	1
2010	0.785	−0.213	0.753	1.505	6.547	0.454	1.522	0.881	0.943	−0.231	1.104	1
2011	0.747	−0.433	0.741	1.563	1.332	0.491	1.204	0.899	0.930	−0.535	1.124	1
2012	0.703	−1.014	0.805	1.323	1.344	0.983	1.063	0.938	0.937	−0.820	1.477	1
均值	0.805	−0.046	0.774	1.424	0.910	0.406	1.096	0.914	0.944	−0.039	1.135	1

从中部地区技术进步与要素之间的替代弹性变化看(表 5-7):一是技能劳动对技术进步基本上更富于替代弹性。1996—2002 年间,技术进步与技能劳动之间的替代难易程度较为接近,但从 2003 年开始,技术进步对技能劳动的替代弹性出现波动,而且相比于上阶段的弹性值变小,这意味着技术对技能的互补性增强,技术进步更依赖于技能劳动投入。二是资本对技术进步具有单位替代弹性,虽然技术进步对资本的替代弹性小于 1,但替代弹性存在阶段性变化,在 1996—2006 年小幅递增,之后小幅下降,技术进步对资本投入的敏感性较小。三是技术进步对非技能劳动始终富于替代弹性,而非技能劳动投入的增加更依赖于技术进步的提高。

尤其值得注意的是,非技能劳动投入相对技术进步存在要素拥挤效应的年份与传统产业部门非技能劳动相对资本过剩配置年份完全一致,这意味着,中部传统产业部门中配置相对过剩的非技能劳动,相对于当时的技术进步也处于过剩配置,即非技能劳动投入与前沿技术水平并不匹配。这也正是中部前沿生产函数所表明的:不仅非技能劳动投入对区域经济增长存在负向累积效应,而且非技能劳动增量投入呈现出规模报酬递减效应。可见,中部经济生产过程中相对于技术进步和资本存量,仍存在投入过剩或闲置的非技能劳动力,一方面会因为要素配置效率损失而迟滞技术进步提升速度,另一方面也凸显出中部存在的投资饥渴,大量窖藏的非技能劳动尚未进入真正的生产过程,有待于进一步加大投资力度。

综上所述,资本对技能劳动的替代($\sigma_{KS} > 1$)大于其对非技能劳动的替代($0.5 < \sigma_{LK} < 1$),而且对非技能劳动的替代弹性逐渐降低,对技能劳动的替代弹性却逐渐增大,这也许正是中部资本积累缺乏动态效率的原因之一(见下一小节的分析)。技术进步对非技能劳动的替代(σ_{Lr} 均值为 1.135)大于对资本的替代(σ_{Kr} 均值为 0.944),大于对技能劳动的替代(σ_{Sr} 均值为 0.914),即技能劳动和资本投入更有助于技术进步提高,而非技能劳动投入则不利于技术进步。

5.5.3 经济增长质与量的演化

基于中部前沿生产函数计量回归参数,分别利用 TFP 增长率分解法和索洛增长核算法,代入相应公式,计算得到 TFP1 和 TFP2。见表 5-8。

首先,TFP 增长分解法与索洛核算法计算结果差异分析。由表 5-8,根据 TFP 增长率分解法得到的各分解项显示,技术进步率年均递增 0.082,是中部地区 TFP 增长(TFP1)的首要推动力量;技术效率变化平稳,年均小幅增长

0.0005,对 TFP 增长(TFP1)的贡献居第二;而规模效应持续恶化不仅完全抵消了技术进步和技术效率增长效应,而且导致 TFP 增长率(TFP1)长期为负值,规模效应损失成为 TFP 增长的最大掣肘因素。

表 5-8   1996—2012 年中部地区经济发展效率变化(不含人力资本)

	GY(%)	TEC	SEC	TC	TFP1	TFP2	ΔTFP	MPK
1996—1997	10.909	0.0005	−0.101	0.059	−0.042	0.080	0.122	12.605
1997—1998	8.575	0.0005	−0.094	0.061	−0.032	0.059	0.091	12.249
1998—1999	8.013	0.0005	−0.093	0.065	−0.028	0.054	0.082	11.645
1999—2000	8.767	0.0005	−0.090	0.068	−0.021	0.063	0.084	11.070
2000—2001	9.159	0.0005	−0.081	0.072	−0.009	0.070	0.079	10.636
2001—2002	10.050	0.0005	−0.084	0.074	−0.009	0.078	0.087	10.558
2002—2003	10.961	0.0005	−0.101	0.078	−0.022	0.083	0.105	10.050
2003—2004	12.830	0.0005	−0.110	0.082	−0.028	0.099	0.127	9.687
2004—2005	12.326	0.0005	−0.106	0.083	−0.023	0.095	0.118	9.855
2005—2006	12.975	0.0005	−0.140	0.085	−0.054	0.092	0.146	9.408
2006—2007	14.125	0.0005	−0.148	0.089	−0.058	0.103	0.161	8.800
2007—2008	12.462	0.0005	−0.142	0.092	−0.050	0.088	0.138	8.206
2008—2009	11.812	0.0005	−0.154	0.096	−0.058	0.079	0.137	7.467
2009—2010	13.863	0.0005	−0.144	0.099	−0.045	0.103	0.148	6.869
2010—2011	12.950	0.0005	−0.105	0.104	0.000	0.104	0.104	6.075
2011—2012	10.981	0.0005	−0.081	0.106	0.026	0.091	0.065	6.130
均值	11.297	0.0005	−0.111	0.082	−0.028	0.084	0.112	9.457

注:①由于缺乏要素价格因素,TFP1 是技术进步 TC、规模效应变化 SEC 和技术效率变化 TEC 三项之和,不包括要素配置效率;② TFP2 是按照索洛余值核算法得到的,即扣除要素投入增长贡献后的产出增长率,也即增长核算中的残差:$\text{TFP} = \dot{y} - \sum_{j} s_j \dot{t}_j$,其中,$s_j$ 表示要素 j 在产出中的份额;③ 这里用 $\Delta \text{TFP} = \text{TFP2} - \text{TFP1}$。

但是,同样利用随机前沿计量回归参数计算的要素产出弹性,以及相同的要素投入增长率数据,根据索洛增长核算法得到的 TFP 增长率(TFP2)却全部为正

值,而且远远大于分解法得到的 TFP1(见图 5-12)。由于缺乏要素价格信息,TFP
增长率分解法实际上隐含着要素产出弹性与要素成本份额相等的假设,由此计算
得到的 TFP1 并未包括要素配置方式改变带来的配置效率变化;而增长核算法得
到的 TFP2,由于是增长"余值"而包含了要素配置效率的增长效应。可见,在样本
期间内,中部地区要素配置效率的变化对 TFP 增长率的影响甚至超过了技术进
步的增长效应。不可否认的是,相比于东部 TFP1 和 TFP2 之间的变化差异,中部
两种测算方法下的 TFP 增长率变化差异较大。

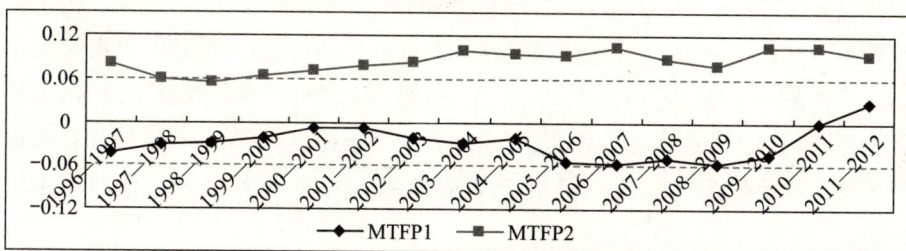

图 5-12　1996—2012 年中部 SFA 分解法和核算法得到的 TFP 增长率变化

更进一步,如果假设分解法得到的 TFP 增长率与索洛核算法得到的 TFP 增
长率相同,那么,这里计算得到的 TFP2 和 TFP1 之差可以用来表示要素配置效率
变化,由此我们可以粗略地判断出要素配置效率变化(ΔTFP)对要素组合规模效
应(SEC)的影响方向。如图 5-13,1996—2002 年间 TFP1 与 TFP2 几近同步增长,
这意味着,这一时期要素配置效率的提高促进了资源规模配置效率的改善,即要
素配置方式偏向规模配置的最优点;2002—2008 年间 TFP1 与 TFP2 逆向变化,
这意味着,要素配置效率的增长反而降低了资源规模配置效率,即要素配置方式
的改变偏离了资源规模配置最优点;而 2009 年后的要素配置方式变化则提高了
要素组合规模效率的发挥,要素配置方式变化偏向规模配置最优点。这与金融危

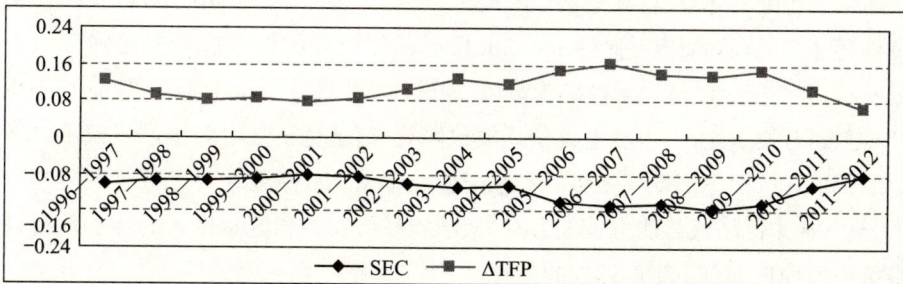

图 5-13　1996—2012 年中部要素配置效率增长与规模效率增长变化

机之后中部传统产业部门偏向非技能劳动使用以及劳动力内部结构配置亦偏向非技能劳动的技术选择相关(见表5-6,BKL<0,BLS>0)。

其次,从TFP增长率的各分解项变化趋势看(图5-14),技术进步率平稳递增;技术效率增长匀速变化;规模效应增长长期为负值且阶段性波动,资金投入匮乏是中部经济发展的硬伤[170],也是要素组合生产中的短板,丰富的劳动力资源因而大量闲置,更难以形成有效的规模经济。1996—2002年间随着经济发展和资本投入增加,潜在的劳动力逐渐进入真正的生产过程,要素配置效率逐渐提高,要素组合整体效率(规模效应)上升,但要素禀赋结构及质量水平仍较低,生产仍不具规模经济性;2003—2008年规模效应增长率在波动中持续下降,这一时期正是中国人口由东南沿海向内地回流、东部劳动密集产业渐向中西部转移之时,中部地区得以回归其劳动成本比较优势,要素配置效率不断提高(图5-13),但却更加偏离了资源规模配置效率最优点,规模效应继续恶化,2009年开始规模效应逐步回升。

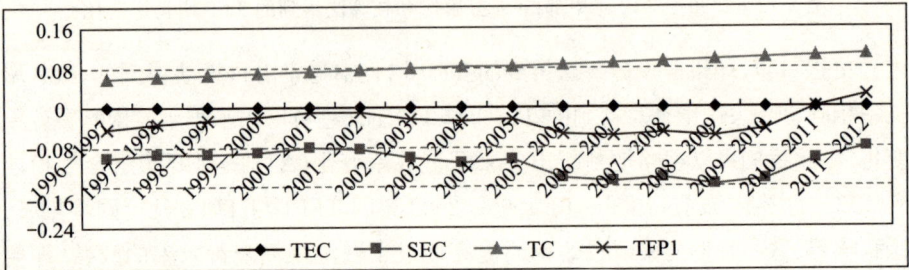

图5-14　中部地区TFP增长率及其分解项变化

由经济增长方式转变的"阶段性"规律,当有丰富的资源可供使用时,尽量使这些资源得到充分有效使用,显然是实现经济增长的首选途径[18]。由此得到的快速增长也绝非坏事,总比把它们闲置起来要好。结合表5-6,中部地区资本产出弹性还非常低(资本产出弹性$\eta=0.3$,接近以往研究中资本边际产出弹性的下限[180]),非技能劳动产出弹性仍为负值,规模报酬指数远小于1,显然,以这样的生产要素组合投入生产,当然不具备规模报酬效应,这也正是中部生产规模不经济之原因所在。而中部地区强势的要素配置效率增长效应则主要来源于大量窖藏的、具有成本比较优势的低技能劳动力,随着经济发展和资本投入的增加而得以持续不断地进入真正生产过程的结果。

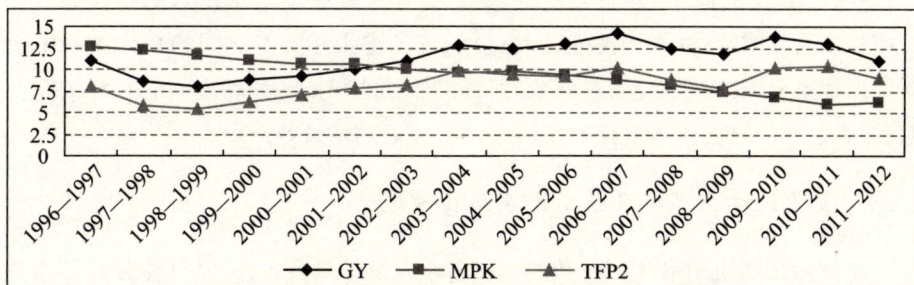

图 5-15　中部经济增长率与 TFP 增长率及资本积累效率变化

再次,从经济增长方式变化看(图 5-15),中部地区经济增长率(GY)和 TFP 增长率(TFP2)的变化走势基本上亦步亦趋,而且 TFP 增长对经济增长的贡献比较高,年均贡献率达 74.4%。这意味着,中部地区经济增长的质量有着内在的稳定性,对外界环境冲击具有较强的抵御能力。前面提到,唯有中部具有递增的偏向性技术进步——"本地化"的干中学效应(BTC>0)稳步提高着要素生产率,也许这才是中部 TFP 对经济增长贡献稳定的根本原因。从资本积累的动态效率变化看(图 5-15),1996—2002 年间资本边际生产率 MPK 大于经济增长率 GY,资本积累具有动态效率;但 2003 年之后,资本边际生产率小于经济增长率,资本积累缺乏动态效率。在这一时期内,生产过程中的非技能劳动投入无论是相对资本还是相对技术进步都存在着拥挤现象($\sigma_{KL}<0$,$\sigma_{\tau L}<0$)。同时,中部技术进步路径更偏向技能劳动和资本使用的赶超型技术选择,偏离了非技能劳动丰裕的比较优势,造成资本投资缺乏效率。

在资金匮乏、技能劳动短缺、技术落后、人力资本水平低下的情况下,只有坚持比较优势战略,以劳动密集型产业为主,充分发挥劳动力成本比较优势,加速资本积累,才能提高要素禀赋结构水平,进而逐步实现产业结构优化升级并培植竞争优势;而不是超越经济发展阶段,脱离要素禀赋结构实际,否则往往欲速而不达,反而导致丰富资源的闲置和稀缺资源的浪费。

5.6　西部地区经济发展效率

由表 5-2,从西部前沿生产函数表达式来看,要素投入的一次项表明,资本存量对区域经济增长存在不显著的正向累积效应,非技能劳动具有显著的正向累积效应,而技能劳动投入表现为不显著的负向累积效应;资本投入的平方项系数为正,意味着增量资本具有规模报酬递增效应,非技能劳动增量投入则存在显著的规模报酬递减效应;资本和技能劳动之间、技术进步和资本之间的替代关系暗示着高质要素投入之间表现为逆向变动特征,非技能和技能劳动之间的互补关系表明,二者之间的同向投入变化对区域经济有显著的增长效应。

5.6.1 要素边际生产率及技术进步路径演进

根据西部随机前沿生产函数的回归参数以及计算公式,可以具体分析要素边际生产率及技术进步的要素使用偏好演化(见表 5-9);研究要素替代弹性变动趋势(表 5-10)以及进一步分析区域经济增长源泉变化和资本积累动态效率(见表 5-11)。

首先,从西部地区要素产出弹性变化看(图 5-16),其一,资本产出弹性呈逐年递增趋势且远远大于技能和非技能劳动产出弹性,这意味着,西部经济存在着较为强烈的投资饥渴,资本投入每增加 1%,产出提高 0.392%,增加资本投入对促进西部经济增长具有重要意义。

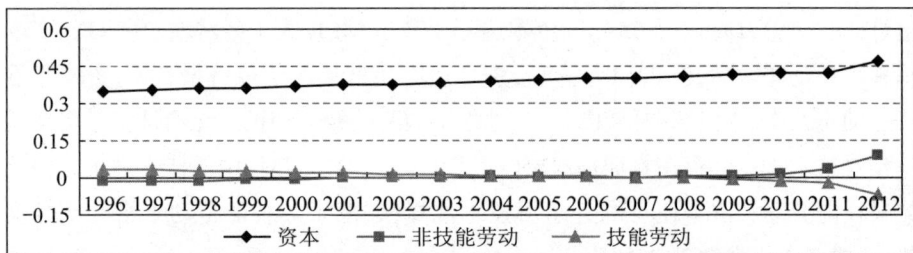

图 5-16　1996—2012 年西部地区要素产出弹性变化

其二,非技能劳动产出弹性由负而正呈递增趋势,技能劳动产出弹性则由正而负与非技能劳动变化逆向而行,二者变动轨迹呈剪刀叉状(图 5-17)。从产出弹性均值来看,非技能劳动投入每增加 1%,产出提高 0.006%,技能劳动投入每增加 1%,产出提高 0.007%,在样本期间内,西部产出增长对二者投入变动的敏感程度大致相当。这可能意味着技能和非技能劳动具有一定的同质性。

表 5-9 1996—2012 年西部地区要素边际生产率及技术进步方向（不含人力资本）

	η_K	η_L	η_S	MPK	MPL	MPS	BTC	TC	BKL	BSK	BLS
1996	0.351	−0.012	0.034	27.632	0.098	2.359	−0.004	0.042	−0.002	0.002	0
1997	0.356	−0.014	0.032	27.367	−0.016	3.567	−0.004	0.043	−0.002	0.002	0
1998	0.360	−0.011	0.029	26.696	0.105	2.661	−0.004	0.045	−0.002	0.002	0
1999	0.364	−0.009	0.026	25.859	0.339	3.251	−0.004	0.046	−0.002	0.002	0
2000	0.368	−0.006	0.023	25.287	0.513	2.593	−0.004	0.047	−0.002	0.002	0
2001	0.372	−0.003	0.020	24.697	0.741	2.051	−0.004	0.049	−0.002	0.002	0
2002	0.376	0.001	0.016	24.216	1.200	1.340	−0.004	0.050	−0.002	0.002	0
2003	0.382	0.001	0.013	23.675	1.297	1.380	−0.005	0.051	−0.002	0.002	0
2004	0.387	0.006	0.009	23.099	2.124	0.739	−0.005	0.052	−0.002	0.002	0
2005	0.394	−0.001	0.008	22.608	1.900	0.671	−0.005	0.054	−0.002	0.002	0
2006	0.400	−0.001	0.006	22.101	1.703	0.304	−0.005	0.055	−0.002	0.002	0
2007	0.405	0.002	0.002	21.852	2.533	−0.348	−0.005	0.056	−0.002	0.002	0
2008	0.411	0.005	−0.002	21.551	3.605	−0.961	−0.005	0.058	−0.002	0.002	0
2009	0.417	0.006	−0.005	20.853	4.359	−1.592	−0.005	0.059	−0.002	0.002	0
2010	0.422	0.013	−0.011	19.836	7.260	−2.555	−0.005	0.060	−0.002	0.002	0
2011	0.425	0.035	−0.021	19.080	18.045	−3.618	−0.006	0.061	−0.002	0.002	0
2012	0.468	0.087	−0.066	20.133	206.206	−60.083	−0.006	0.063	−0.002	0.002	0
均值	0.392	0.006	0.007	23.326	14.824	−2.838	−0.005	0.052	−0.002	0.002	0

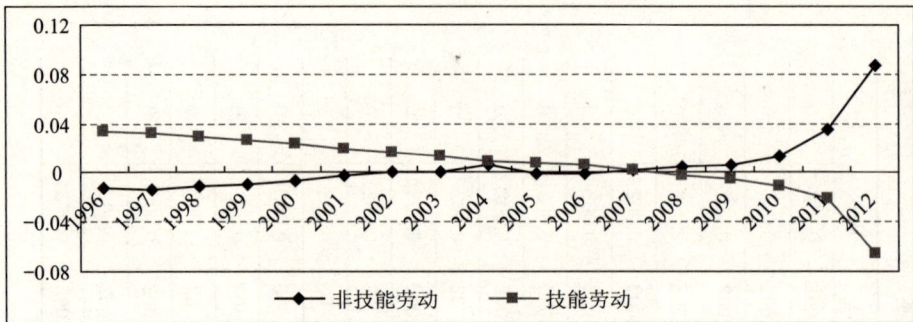

图 5-17　1996—2012 年西部异质劳动产出弹性变化

从要素边际生产率的变化来看,其一,尽管资本边际产出一路走低(图 5-18),但始终大于技能劳动和非技能劳动生产率(除 2012 年),最后 1 单位资本带来的产出平均值为 23.326 万元。相比于中部地区较低的资本产出弹性和较低的边际生产率,西部地区的资本投资更具有吸引力。

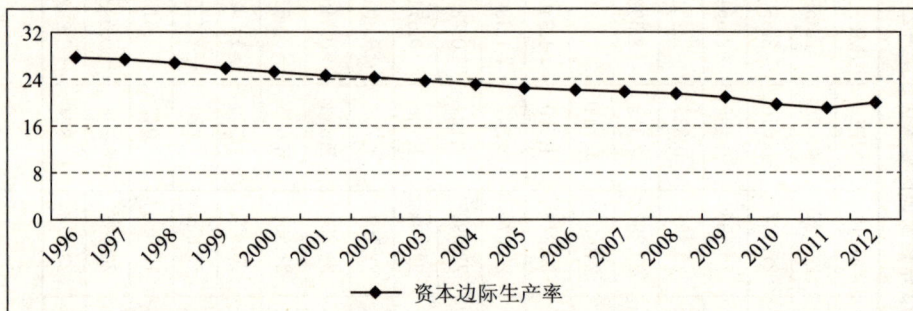

图 5-18　1996—2012 年西部资本边际生产率变化

其二,非技能劳动边际生产率呈逐年递增趋势,技能劳动边际生产率则在波动中不断下降(图 5-19)。技能和非技能劳动边际产出变化以 2003 年为分界,之前技能劳动生产率大于非技能劳动,之后则非技能劳动生产率大于技能劳动,并且非技能劳动边际生产率提高越来越快,而技能劳动则在 2007 年后持续为负值且呈递减态势。自 2001 年起,中国人口两度由东南沿海向内地回流,工业发展的"北上西进"趋势[181]、劳动密集产业渐向中西部转移,使得中西部地区得以回归其丰富的劳动资源比较优势,低廉而丰裕的非技能劳动得到有效开发和广泛应用。而应用范围越广的生产要素,其生产率也往往越高[149],当然,这和西部地区技术进步路径的选择也是紧密相关的。

图 5-19　1996—2011 年西部异质劳动边际生产率变化

其三,从技术进步率的变化看,虽然西部总体技术进步年均增长率为 0.052,但类似于东部偏向性技术进步为负值且不断下行走势,西部地区偏向性技术进步亦为负值且小幅递减,这意味着,技术进步对西部要素总体生产率的影响存在着下降趋势。西部平均技术效率水平为 0.449,技术利用效率尚未过半,且不具有时变性。可见,西部无论是技术水平还是技术利用效率水平都很低,存在着较大的提升空间。

其四,从技术进步路径的动态演化看,与东部依次偏向 $S>L>K$、中部依次偏向 $S>K>L$ 的技术选择截然不同,西部地区技术进步的要素偏好依次为 $L=S>K$,即西部在传统产业部门中相对资本而一以贯之地偏向非技能劳动;在现代产业部门中,相对资本而自始至终地偏向技能劳动;在劳动力内部结构配置上,技术选择表现出无偏向性,即技术进步未对劳动力异质性分化产生影响。西部地区同质性劳动的长期存在,意味着剩余劳动力的转移过程仍在持续,劳动力价格在完全竞争市场中仍将长期保持稳定,即劳动力成本依然具有比较优势。值得注意的是,非技能劳动边际生产率不断提高而技能劳动边际生产率不断下降,而且非技能劳动生产率提高速度越来越快,显然,西部地区越来越偏向非技能劳动的技术选择。

5.6.2　要素替代弹性的动态变化

从西部地区经济生产过程中的要素替代弹性变化来看(表 5-10),其一,在传统产业部门中,资本对非技能劳动的替代弹性呈阶段性变化,总体趋势是越来越富于替代;非技能劳动对资本替代弹性除 2011 年之外始终为负值,这意味着,非技能劳动相对资本投入始终处于拥挤状态,非技能劳动投入的增加并没有增加产

表 5-10 1996—2012 年西部地区要素替代弹性（不含人力资本）

	σ_{KL}	σ_{LK}	σ_{KS}	σ_{SK}	σ_{LS}	σ_{SL}	σ_{Sr}	σ_{rK}	σ_{Kr}	σ_{rL}	σ_{Lr}	σ_{rS}
1996	-0.165	0.997	0.940	1.090	0.623	0.400	0.970	1.021	0.961	0.241	0.979	1
1997	-0.060	0.996	0.941	1.087	1.662	0.419	0.925	1.021	0.962	0.247	0.587	1
1998	-0.126	0.997	0.942	1.083	0.347	0.451	0.987	1.021	0.963	0.223	0.910	1
1999	-0.238	0.998	0.943	1.079	0.799	0.490	-0.407	1.021	0.964	0.216	1.275	1
2000	-0.343	0.999	0.945	1.076	0.211	0.492	1.061	1.022	0.965	0.184	0.962	1
2001	-0.511	1.000	0.946	1.072	-7.502	0.489	1.021	1.022	0.966	0.147	0.985	1
2002	-0.763	1.001	0.947	1.069	1.426	0.542	1.008	1.022	0.967	0.149	0.997	1
2003	-0.569	1.001	0.948	1.066	1.085	0.624	1.001	1.022	0.967	0.115	1.100	1
2004	-0.989	1.003	0.949	1.063	-1.378	0.635	0.992	1.022	0.968	0.073	0.995	1
2005	-0.601	1.000	0.950	1.061	0.760	17.018	0.991	1.022	0.969	0.124	1.081	1
2006	-0.526	1.000	0.951	1.059	0.852	0.557	0.971	1.021	0.969	0.106	1.042	1
2007	-0.780	1.001	0.952	1.056	2.077	0.674	0.804	1.021	0.970	0.076	1.155	1
2008	-3.225	1.002	0.953	1.053	1.279	0.682	1.040	1.021	0.971	0.069	0.990	1
2009	-3.785	1.002	0.954	1.051	1.000	0.619	1.012	1.021	0.971	0.054	0.988	1
2010	10.535	1.004	0.955	1.048	-0.872	0.977	1.004	1.021	0.972	0.001	1.001	1
2011	-9.331	1.011	0.957	1.044	1.225	4.822	0.998	1.021	0.972	0.037	0.686	1
2012	-2.486	1.024	0.964	1.027	1.243	1.183	0.989	1.018	0.973	0.308	0.852	1
均值	-0.821	1.002	0.949	1.064	0.285	1.828	0.904	1.021	0.968	0.139	0.976	1

出。其二,在现代产业部门中,一以贯之地,资本对技能劳动的替代相较于技能劳动对资本的替代更富于弹性,因而资本深化并不利于技能劳动生产率提高,但是,技能劳动对资本的替代弹性存在着徐缓递增趋势,这意味着,技能劳动投入的增加有助于降低资本报酬递减的过快发生。其三,从劳动力内部结构配置看,技能对非技能劳动的替代弹性并不稳定,有时富于替代,有时缺乏替代而更表现为互补性投入,还偶有技能劳动相对投入过剩;非技能对技能劳动的替代则以 2005 年分界经历了两阶段增长,总体趋势上替代弹性越来越大。

从生产过程中技术与要素之间的替代弹性看(表 5-10),其一,资本对技术进步的替代弹性长期稳定在 1.021 而富于替代,技术进步对资本的替代弹性均值为 0.968,呈小幅递增走势,这意味着在稳步的资本深化过程中也伴随着技术进步的小幅增长。其二,技能劳动对技术进步具有单位替代弹性,技术进步对技能劳动在替代($0.5<\sigma_{Sr}<1$)和富于替代($\sigma_{Sr}>1$)之间呈阶段性变化,即技术进步对技能劳动投入的影响具有不确定性。其三,技术进步对非技能劳动的替代弹性远大于非技能劳动对技术进步的替代,尤其是非技能劳动投入对技术进步的互补性需求越来越大,表现为 $0<\sigma_{rL}<0.5$ 且呈递减趋势。这意味着传统产业部门的劳动密集技术亟须提高以创造更多的劳动需求。综合以上分析,虽然西部技术进步在劳动力内部配置上表现为无偏性(BLS=0),但从技术进步与要素间的替代弹性看,西部技术结构更偏向非技能劳动使用,而且偏向程度有加快趋势。

值得注意的是,与中部地区劳动力内部结构配置偶有失当类似,西部也同样存在着技能劳动相对非技能劳动过剩现象;另外,西部 σ_{KL} 在样本区间内持续为负值,这意味着,西部传统产业部门中的非技能劳动相对于资本存量存在过剩配置而产生要素拥挤,显然这是导致生产陷于不经济区域内的最主要原因。但是,不同于中部地区 2008—2012 年间 σ_{KL} 和 σ_{rL} 同时为负值的变化态势,西部 σ_{KL} 在样本区间内持续为负值,σ_{rL} 则在样本区间内持续为正值,这意味着,尽管西部非技能劳动存在过剩配置,却不同于中部的非技能劳动与其技术结构的阶段性不匹配($\sigma_{rL}<0$),即中部存在着低质要素高位过剩配置,而西部地区的非技能劳动投入与当前的技术结构始终存在适配性($\sigma_{rL}>0$),即西部不存在低质要素高位过剩配置问题。正如西部前沿生产函数中非技能劳动增量投入虽然是规模报酬递减的,但非技能劳动对区域经济增长存在正向累积效应,这一点截然不同于中部前沿生产函数中非技能劳动增量投入不仅规模报酬递减,而且非技能劳动对区域经济增长具有负向累积效应。

西部生产过程中自始至终存在着非技能劳动投入相对资本存量的过剩或闲

置,这种过剩或闲置属于能用而未用的配置效率损失,进一步凸显出西部丰裕的非技能劳动尚未进入真正的生产过程,西部远高于中部地区的资本产出弹性意味着西部投资饥渴及投资收益更甚于中部,因而西部前沿技术选择更适合劳动密集技术产业转移,以充分利用其劳动力成本低廉的比较优势。

5.6.3　经济增长质与量的演化

基于西部前沿生产函数计量回归参数,分别利用 TFP 增长率分解法和索洛增长核算法,代入相应公式,计算得到 TFP1 和 TFP2。见表 5-11。

首先,TFP 增长的分解法与索洛核算法计算结果差异分析(表 5-11)。由于西部技术效率不具有时变性,因此 TFP 增长率分解项只包含了技术进步和规模效应变化。其中,技术进步年均增长率为 0.053,是 TFP 增长的重要推动力量;而规模效应变化年均增长−0.090,不仅完全抵消了技术进步对 TFP 增长的贡献,而且拖累 TFP 增长率长期为负。与中部地区类似,规模效应持续恶化是西部 TFP 增长的最大掣肘因素;技术利用效率平均水平仅为 0.449。

相比于同样利用西部随机前沿计量回归参数,按照索洛增长核算法得到的 TFP 增长率(TFP2)却全部为正值,而且远远大于分解法得到的 TFP1(见图 5-20)。由于缺乏要素价格信息,分解法计算的 TFP 增长率实际上隐含着要素产出弹性与要素成本份额相等的假设,由此计算得到的 TFP1 并未包括要素配置方式改变带来的配置效率变化;而增长核算法得到的 TFP2,由于是增长的"余值"而包含了要素配置效率的增长效应。可见,在样本期间内,西部地区要素配置效率的变化对 TFP 增长率的贡献甚至超过了技术进步的增长效应。

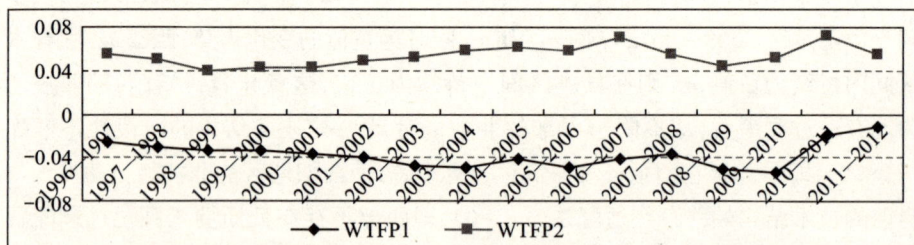

图 5-20　1996—2012 年西部 SFA 分解法和核算法得到的 TFP 增长率

表 5-11　1996—2012 年西部地区经济发展效率变化（不含人力资本）

	GY(%)	TC	SEC	TFP1	TFP2	ΔTFP	MPK
1996—1997	9.557	0.043	−0.068	−0.025	0.055	0.080	27.367
1997—1998	9.579	0.045	−0.076	−0.031	0.050	0.081	26.696
1998—1999	8.733	0.046	−0.079	−0.033	0.039	0.072	25.859
1999—2000	9.251	0.047	−0.081	−0.034	0.042	0.076	25.287
2000—2001	9.628	0.048	−0.085	−0.036	0.043	0.079	24.697
2001—2002	10.664	0.050	−0.090	−0.040	0.049	0.089	24.216
2002—2003	11.721	0.051	−0.098	−0.047	0.052	0.099	23.675
2003—2004	12.642	0.052	−0.101	−0.049	0.058	0.107	23.099
2004—2005	12.758	0.054	−0.095	−0.041	0.062	0.103	22.608
2005—2006	12.959	0.055	−0.104	−0.049	0.058	0.107	22.101
2006—2007	13.948	0.056	−0.098	−0.041	0.071	0.112	21.852
2007—2008	12.238	0.058	−0.094	−0.037	0.055	0.092	21.551
2008—2009	12.306	0.059	−0.109	−0.050	0.044	0.094	20.853
2009—2010	13.485	0.060	−0.113	−0.053	0.052	0.105	19.836
2010—2011	13.417	0.061	−0.081	−0.020	0.072	0.092	19.080
2011—2012	12.555	0.063	−0.074	−0.011	0.055	0.066	20.133
均值	11.590	0.053	−0.090	−0.037	0.054	0.091	23.057

注：①因西部技术效率不具时变性，因此 TFP1 是技术进步 TC 和规模效应变化 SEC 两项之和；②TFP2 是按照索洛余值核算法得到的，即扣除要素投入增长贡献后的产出增长率，也即增长核算中的残差；② TFP2 是按照索洛余值核算法得到的，即扣除要素投入增长贡献后的产出增长率，也即增长核算中的残差：$TFP = \dot{y} - \sum_j s_j \dot{x}_j$，其中，$s_j$ 表示要素 j 在产出中的份额；③ 这里用 ΔTFP = TFP2 − TFP1。

更进一步地，如果假设由分解法得到的 TFP 增长率与索洛核算法得到的 TFP 增长率相同，那么，二者 TFP1 和 TFP2 之差就可以用来表示要素配置效率的变化。由此也就可以粗略地判断出要素配置效率变化对要素组合规模效率的影响方向。如图 5-21，不同于中部要素配置效应与规模效应阶段性同步变化特征，西部地区要素配置效应与规模效应变化始终相悖而行，即要素配置效应变化率的提高往往偏离了规模配置效率的最优点,导致要素组合整体效率下降;而要素配置效应变化率的下降却往往又偏向规模配置效率最优点,导致资源规模配置效应提高。

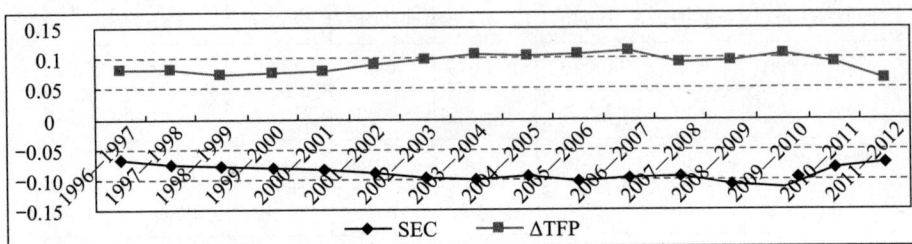

图 5-21 1996—2012 年西部要素配置效应及规模效应变化

其次,从 TFP 增长率的各分解项的变化趋势看(图 5-22),虽然技术进步逐年增长,但增长的速度越来越慢;样本期间内规模效应增长率始终为负值,1996—2004 年规模效应恶化不断加剧,之后在波动中仍下行,2010 年后规模效应出现提高趋势,规模效应变化持续负增长是西部 TFP 增长的最大掣肘因素。

由表 5-9 中的要素产出弹性变化就可看出规模效应恶化的端倪。与中部地区极其类似,西部资本产出弹性虽然在产出份额中占比较高,但是非技能和技能劳动产出弹性很小甚至为负值,总体规模报酬指数(各要素产出弹性之和)远小于 1。显然,以这样的生产要素组合投入并复制生产过程,很难产生规模报酬效应,这是西部生产规模不经济之所在。而西部地区强势的要素配置效率增长更应该是来自大量窖藏的具有成本比较优势的低技能劳动力因投资驱动而得以源源不断地进入真正生产过程的结果。

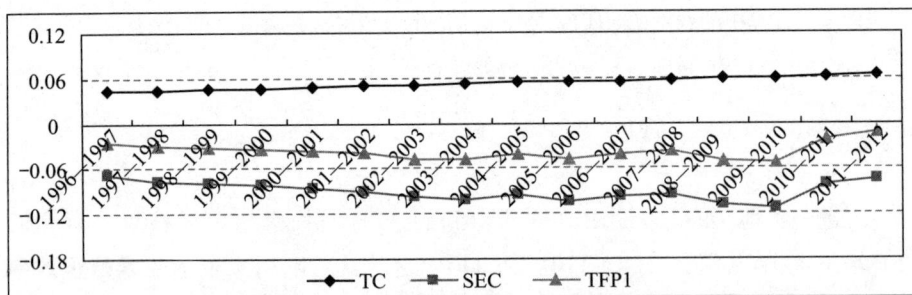

图 5-22 1996—2012 年西部地区 TFP 增长率及其分解项变化

再次,从西部经济增长方式变化看,如图 5-23 所示,西部地区经济增长率

(GY)和 TFP 增长率(TFP2)虽然在变化趋势上具有同步性,但在 1999 年后二者之间距存在着扩大趋势,这意味着,西部地区要素积累对经济增长的贡献越来越大,而全要素生产率对经济增长的贡献逐渐下降。从资本积累动态效率看,虽然其与中部资本边际生产率一样呈现出递减态势,但又不同于中部资本积累在 2003 年后缺乏动态效率,西部资本边际生产率在样本期间内始终大于其经济增长率,这表明西部资本积累具有持续的动态效率。

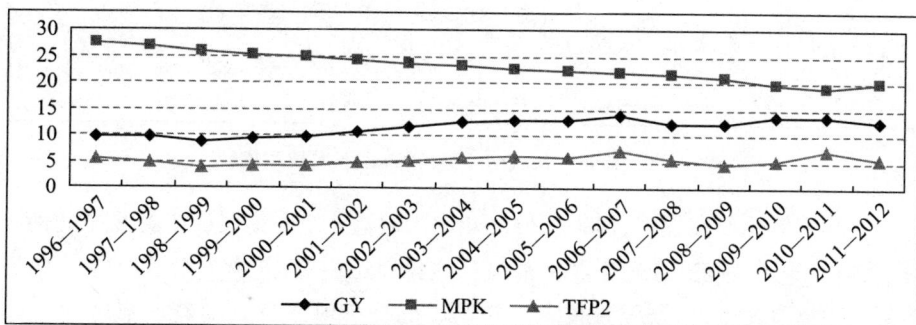

图 5-23　西部经济增长率与 TFP 增长率及资本积累效率变化

5.7　三大区域经济发展效率比较

在以上三小节中,基于区域技术选择与要素禀赋结构匹配差异的视角,根据 Battese 和 Coelli(1992)面板数据计量模型,构建东、中、西三大区域异质性随机前沿函数,并在此基础上详细探讨了三大区域的要素生产率变化、技术进步路径演化、要素替代弹性变动、经济增长率与 TFP 增长率演进以及资本积累动态效率特征。以下仅就三大区域经济发展效率做一归总比较。

5.7.1　三大区域经济增长率比较

从三大区域经济增长率变化趋势看,如图 5-24,1996—2007 年间东部经济增长率高于西部,西部高于中部;2008—2012 年间中西部经济增长率超过东部。随着中国"世界制造基地"向"世界工厂"的转换,东部沿海地区利用本地发展外向型经济的便利,以及中西部地区迁移的丰富劳动力,在国际市场取得了竞争优势。20 世纪 90 年代以来产业快速向东南沿海集聚,推动区域完善了产业配套能力,提高了沿海地区的经济效率和市场规模,并进一步推动了产业的沿海化。东部地区经济份额达到 57.6％,中西部、东北地区在西部大开发、东北振兴和中部崛起等国家战略的推动下,也仅仅提高了 2.6％、2.1％和−1.8％[182],区域发展差距扩大趋势明显。

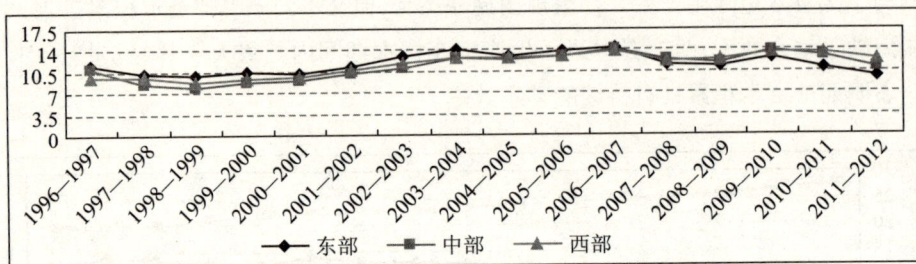

图 5-24   1996—2012 年三大区域经济增长率比较

唐根年等的研究发现,1980—2007 年中国制造业空间集聚存在明显的"东倾"特征,但并非所有制造业生产效率都与产业集聚正相关,其中东南沿海的一些制造业出现集聚过度,生产要素投入存在明显的拥挤现象[12]。随着东部地区土地和劳动力成本上升和资源环境压力的增大,自 2001 年以来中国人口曾经两度大规模内地回流[21],业已明显的工业发展"北上西进"扩散趋势[181],劳动密集型部分产业向中西部转移。尤其是金融危机发生后,东部地区过时的增长方式、产业结构和技术选择受到巨大冲击,倒逼东部产业结构优化升级。种种迹象表明,中西部地区将获得新的发展机遇,通过承接东部产业转移而回归其劳动力丰裕的比较优势,以更快的生产率提高速度和经济增长速度,实现对东部地区的赶超和劳动密集产业延续[76]。

5.7.2   三大区域 TFP 增长率比较

截然不同于同质前沿生产函数下无论是分解法得到的 TFP1 还是核算法得到的 TFP2 增长率,三大区域都具有基本趋同的变化态势;而在区域异质性前沿生产函数假设下,两种方法得到的 TFP 增长率都出现了明显的区域性差异。

首先,从核算法得到的三大区域 TF2P 增长率变动情况看,如图 5-25,总体而言,三大区域各自的 TFP2 增长率变化都不大,除 2012 年之外,中西部地区的 TFP2 增长率始终大于东部。东部地区 TFP2 增长率波动幅度较大,尤其是 2003 年之后,这意味着东部经济增长缺乏内在质的稳定性,东部地区更倾向于依赖要素投入数量而忽视劳动要素质量提升的粗放型经济增长模式,此外,技术选择上的路径依赖惰性加剧了产业结构低端锁定的转型困局[69],因而东部劳动密集产业主导的加工贸易型外向经济抵御外界环境干扰和冲击的能力较弱。相反,中西部 TFP 增长率变化则较为平稳且变化趋势基本一致,但二者之间距逐渐拉大,中部 TFP2 增长率比西部更高。这可能更多地源于中部相对其前沿技术选择而低质要素高位过剩配置地充分利用非技能劳动,西部却仍然存在着与其前沿技术结构匹配的过剩非技能劳动未能进入真正生产过程。

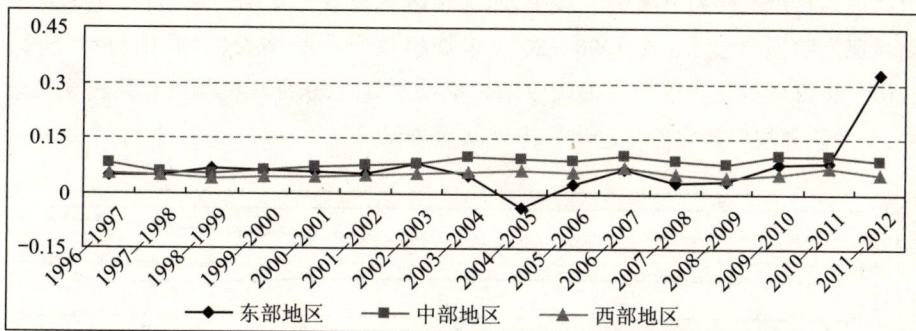

图 5-25 1996—2012 年三大区域核算法得到的 TFP2 增长率比较

从分解法得到的三大区域 TFP1 增长率变化趋势看,如图 5-26,只有东部 TFP1 增长率为正,在不断波动中上升下降都比较平缓;而中西部 TFP1 增长率均为负值,中部地区在 1996—2003 年和 2008—2012 年呈阶段性增长,西部地区则一路下行,直到 2010 年逐渐回升。由于缺乏要素价格信息,由分解法得到的 TFP1 增长率实质上隐含着不存在要素配置效率变化的假设。如果将两种方法的测算结果加以比较,可知中西部地区要素配置效应的增长对 TFP1 增长率的贡献远远大于东部。

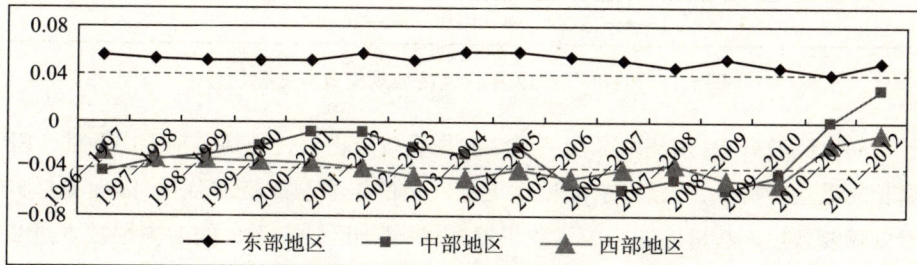

图 5-26 1996—2012 年三大区域分解法得到的 TFP1 增长率比较

通过对 TFP 增长率的各分解项变化趋势的比较,可以更深入解读区域经济增长质量差异。首先,三大区域技术效率变化差异不是很明显。东部技术效率变化为负常数增长率－0.001,中部技术效率增长变化为正常数增长率0.0005,西部技术效率不具有时变性。其次,从三大区域技术进步率变化看,如图5-27,中部地区技术进步增长速度最快,西部增长较为缓慢,二者之间的间距越来越大,东部技术进步率则缓慢下降。再次,三大区域规模效应变化差异与技术进步变化差异截然不同(图5-28)。1996—2010年间东部地区长期具有正的规模效应增长率,而中西部地区自始至终为负增长。其中,西部地区规模效应变化一路下行;中部地区则表现为阶段性变化,在1996—2003年规模效应不断增长,之后则持续下降。2010—2012年间三大区域规模效应增长率均为负值,东部规模效应开始出现负增长,而中西部规模效应恶化趋势则出现减缓迹象。

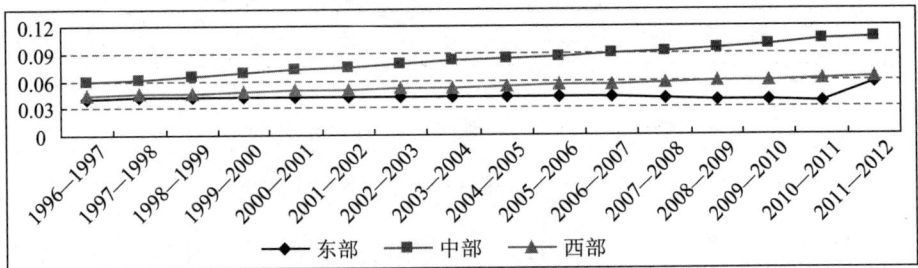

图5-27　1996—2012年三大区域技术进步率变化比较

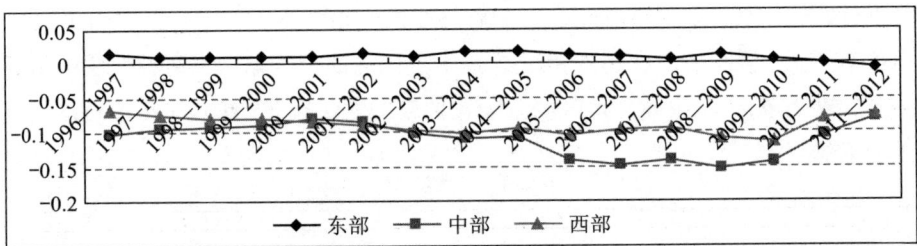

图5-28　1996—2012年三大区域规模效应变化比较

综上比较分析,东部地区独一无二的规模效应正增长是其区别于中西部TFP增长的最主要特征,凸显出东部相对更加充裕的要素禀赋资源优势,因而更倾向于依赖要素投入数量而忽视要素质量提升;中部地区独一无二的偏向性技术进步递增变化是其区别于东西部TFP增长的最主要特征,这种本地化的干中学效应表明中部技术选择与其要素禀赋结构存在适度匹配,是中部经济持续增长的动力源泉。

5.8　本章小结

本章基于我国要素禀赋非均衡分布的现实,充分考虑区域之间的要素异质性、要素匹配差异性和技术选择适宜性,创新性地将适宜技术理论纳入随机前沿分析框架,在 Battese 和 Coelli(1992)模型基础上,利用 29 省市 1996—2012 年的面板数据,构建不同前沿基准面上的区域生产函数,从技术选择与要素结构匹配差异视角,揭示区域非均衡增长本质。主要结论及启示有:

第一,三大区域前沿生产函数存在显著差异,技术无效率对产出波动的影响都达到 99% 以上。一方面,东部经济发展阶段、技术水平及技术扩散速度都远高于中西部地区,虽然中部和西部发展阶段和技术水平较为相近,但中部技术扩散速度优于西部。另一方面,从要素协同作用方式来看,东部经济增长更多地得益于要素增量的规模投入效应,不同要素之间的协同增长效应较差,致使资本和技能劳动投入对经济增长存在负向累积效应;相比于东部地区,中部经济增长较多地得益于不同要素之间的协同增长效应,而缺乏要素增量投入的规模效应,尤其是相对于其前沿技术选择而缺乏资本和技能劳动等高质要素的规模投入;西部经济增长兼得要素增量的规模投入和不同要素之间的交互影响,却又逊于东部技能劳动的规模投入,且不足于中部技术进步和技能劳动的协同增长。

第二,从要素边际生产率演化来看,无论资本、技能和非技能劳动的产出弹性,还是各要素边际生产率,东部地区都远高于西部和中部地区,因而东部更有以现有生产要素组合来复制该生产过程以获取规模经济的优势;但是,因资本和技能劳动投入增加导致的偏向性技术进步强势下滑表明,较低的前沿技术选择与较高的要素禀赋结构不匹配,造成高质要素低效配置或闲置,或是资产设备生产能力不能充分利用,或是技能劳动能动作用难以得到充分发挥。中西部地区要素规模效应指数(要素产出弹性之和)小于 1,显然以现有生产要素组合难以获得规模经济,两地区还需要利用非技能劳动丰裕的低成本比较优势,加快资本积累,在提高要素禀赋结构水平的基础上,向规模经济推进。与东部偏向性技术进步的强势下行和西部偏向性技术进步小幅下降不同,中部地区偏向性技术进步稳步提升。这意味着中部地区的技术进步促进了要素生产率的提高,要素禀赋质量不断改善,即中部地区前沿技术选择与其要素禀赋结构存在着互补型适配关系。

第三,从索洛增长核算法(包括要素配置效应)得到的区域 TFP 增长率看,中部 TFP 年均增长率为 0.084,相对其前沿边界的技术利用效率水平 0.695,该两项居三大区域之首;东部 TFP 年均增长率为 0.067,相对其前沿边界的技术效率水平0.496,位居区域第二;西部 TFP 年均增长率为 0.054,相对其前沿边界的技术效率水平 0.449,位列区域最低。从 SFA 分解法得到的 TFP 增长率变化看,三大区域仅有东部存在正的规模经济效应,而中西部规模不经济是其 TFP 增长的最大掣肘因素,完全抵消了中西部技术进步及技术效率变化对 TFP 增长的贡献。这是因为,中西部要素产出弹性普遍较低,尚不具备扩大经济规模的条件,还处于需要加速资本积累与投资、提高要素禀赋结构水平的比较优势经济阶段。更应该引起高度重视的是,处于规模经济阶段的东部地区,其偏向性技术进步强势下行所昭示的技术与技能结构匹配失当程度不断加深,对前沿生产边界外扩所产生的阻滞效应,因而,东部地区更应关注规模经济向协调经济过渡过程中的技术选择的动态性及其与要素禀赋结构变动之间的协同适配性。

第四,从区域技术进步路径演化与要素替代弹性变动看,其一,东部技术进步要素平均偏好依次为 $S>L>K$。传统产业部门中的技术进步方向具有路径依赖特征,相对资本技术选择自始至终偏向非技能劳动;在现代产业部门及劳动力内部结构配置上技术进步路径具有波动性。从实体要素之间的替代弹性变化看,资本对非技能劳动的替代大于其对技能劳动的替代;非技能劳动对技能劳动始终富于替代弹性,而技能对非技能劳动则存在越来越强的互补性。从技术进步与生产要素替代弹性平均值比较看,技术进步对技能劳动的替代弹性大于其对资本的替代,更大于其对非技能劳动的替代。综上,从要素替代弹性看,东部要素相对投入结构更倾向于非技能劳动,但从技术进步路径演化看,东部要素总体投入更偏向技能劳动,因而,东部高质要素低效配置普遍存在,其根源则在于东部前沿技术选择低于要素禀赋水平(σ_{rs} 频频出现负值)。其二,中部技术选择的要素偏好次序为 $S>K>L$。无论在传统产业部门、现代产业部门还是劳动力内部结构配置,中部技术进步路径演化均具有波动性。从实体要素替代弹性变化看,资本对非技能劳动的替代小于其对技能劳动的替代;非技能和技能劳动投入之间更多地表现为互补性。从技术进步与生产要素替代弹性平均值比较看,技术进步对技能劳动的替代弹性小于其对资本的替代,更小于其对非技能劳动的替代。综上,尽管从技术进步路径演化看,中部要素总体投入更偏向技能劳动,但从要素替代弹性看,中部要素相对投入结构更倾向于非技能劳动,因而,中部明显存在低质要素高位配置现象,其根源则在于中部前沿技术选择高于要素禀赋水平(2008—2012 年间 σ_{KL} 和 σ_{rL} 同时出现负值)。其三,西部技术进步要素偏好顺序为 $L=S>K$。传统产业部门一以贯之偏向非技能劳动;现代产业部门自始至终偏向技能劳动;劳动力内部结构配置不具有偏向性,这意味着西部劳动异质性分化不明显。从实体要素替代弹性变化看,资本对非技能劳动的替代弹性小于其对技能劳动的替代弹性;非技能对技能劳动由互补到替代变化,技能劳动对非技能有互补,有替代,还有富于替代和相对过剩,波动性较大。从技术进步与生产要素替代弹性变化平均值比较看,技术进步对技能劳动的替代弹性小于其对资本的替代,更小于其对非技能劳动的替代。综上,从技术进步路径演化看,由于在劳动力结构配置上并无偏向性,西部要素总体投入倾向于劳动,从要素替代弹性看,西部要素相对投入结构更倾向于非技能劳动。西部非技能劳动相对资本自始至终存在过剩与拥挤,与中部地区低质要素高位配置不同,西部生产不经济的根源则在于其前沿技术选择过低,甚至与技术结构相匹配的非技能劳动都存在着拥挤与闲置(σ_{KL} 始终为负值,而 σ_{sL} 始终为正值)。

第五,从区域资本积累动态效率变化看,在样本期间内,三大区域资本边际生产率都呈现出下降趋势。东部和西部的资本边际生产率自始至终大于经济增长率,因而,东部和西部资本积累具有动态效率;中部地区资本边际生产率在 2003 年之前大于经济增长率,资本积累具有动态效率,而在 2003 年之后小于经济增长率,资本积累则缺乏动态效率。值得注意的是,三大区域资本积累动态效率变化并不能解释各自前沿生产函数中资本存量对经济增长的累积效应差异。

综上所述,三大区域前沿技术选择与其要素结构匹配存在着显著差异,但区域之间也明显具有梯度互补优势。东部地区前沿技术水平显著低于其经济发展水平,存在高质要素低效配置的现象;东部经济增长依赖于要素规模投入而忽视不同要素之间的协同增长效应。中部地区前沿技术水平与其经济发展水平具有一定的匹配适宜性,虽然存在低质要素高位配置现象,却能够充分利用潜在的低廉劳动力以实现资源有效配置;中部经济增长更多得益于不同要素协同增长效应而缺乏高质要素规模投入。西部地区前沿技术水平低于其要素禀赋水平,致使与技术结构匹配的非技能劳动也存在过剩配置而产生要素拥挤,未能充分利用劳动力比较优势而资源配置效率较低。西部经济增长虽兼得要素规模投入和要素协同增长效应,却又都逊于东部和中部地区。

随着东部地区土地和劳动力成本上升和资源环境压力的增大,依赖技术模仿—套利机制模式下的低成本竞争造成巨大的资源浪费[1]。尤其是金融危机发生后,东部地区过时的增长方式、产业结构和技术选择受到巨大冲击,倒逼着东部产业结构优化升级。尽管目前中西部地区的劳动生产率水平还偏低,但是,从劳动生产率变化趋势看,中西部的劳动生产率提高速度更快,在劳动力成本上更具比较优势。通过吸引并承接东部劳动密集产业转移而回归其劳动资源丰富的比较优势,从而获得新的发展机遇,以更快的生产率提高速度和经济增长速度实现对东部地区的赶超和劳动密集型产业的延续[2]。

由于本章所有实证分析都建立在 Battese 和 Coelli(1992)随机前沿生产函数模型基础上,即假设生产无效率项服从指数线性增长,实质上是将技术效率改进视为一种趋势变化,而没有考虑技术非效率的具体影响因素,没有体现出要素禀赋结构质量和体制因素的区域性差异。因此,本章对于区域非均衡增长本质的揭示,更倾向于从人力资本(仅以受教育学历划分的异质劳动力)规模投入效应来探讨技术选择与要素结构匹配的地区性差异。

经济学的生产者理论告诉我们,最优的生产要素组合匹配是使得要素边际技术替代率等于要素价格之比,从而实现既定产量条件下的最小成本。但成本最小化只是利润最大化的一个必要条件。要素成本并非企业自生能力的唯一决定因素,在质量型经济增长阶段,企业技术选择更取决于要素使用效率[125]。因此,对于质量型经济增长来说,不仅要重视要素组合比例的最优配置,还要关注在既定的最优要素组合比例下,选择最佳要素质量匹配组合以实现异质性要素组合基础上的要素结构最大化生产收益。

在下一章里,我们将引入就业人员受教育年限计算的人力资本存量,并划分初级、中级和高级人力资本三个层次以标识区域要素禀赋质量差异,将外资依存度 FDI 和贸易开放度 TRD 作为区域体制性因素,同时以各级人力资本相互之间的交叉项表示要素质量匹配,各级人力资本与 FDI 和 TRD 的交叉项表示人力资本对技术溢出的吸收能力,一起纳入生产无效率方程,根据 Battese 和 Coelli(1995)随机前沿生产函数模型,深度解读人力资本多维异质特征下的区域非均衡增长本质。

◆ 第六章 ◆

人力资本结构、适宜技术选择与区域发展效率

技术选择与要素禀赋结构的动态适配不仅仅体现在帕累托最优状态时的要素组合最优配置比例,而且包括在既定的最优要素组合比例下,以异质性要素的最佳质量匹配实现要素结构最大化生产收益。现实中可供选择的技术是多样的,人力资本水平限制了可以选择的技术水平,而人力资本结构差异也决定了区域技术选择差异。对开放经济而言,国际贸易、FDI 的技术外溢效应也不是自发产生的,人力资本更是技术吸收能力的核心及主要决定因素,诸多研究表明,不同类型人力资本对技术效率的影响存在明显差异[84,89,103,104],人力资本与物质资本在数量和结构上的匹配与均衡对经济效率存在显著的积极影响[130]。

人力资本对经济增长的影响是通过人力资本投资形成的人力资本存量发挥作用的,从存量上讨论人力资本结构的增长效应更为客观和清晰。本章基于区域人力资本非均衡分布现实,继续从技术选择与要素结构匹配差异视角,探讨地区要素禀赋特征和体制性因素对技术效率及前沿技术结构的影响。在计量模型改进上,创新性地将 Batese 和 Coelli(1992)模型和 Batese 和 Coelli(1995)模型有机融合,巧妙地将人力资本规模效应和人力资本结构效应分离,凸显人力资本结构是制约区域技术选择的决定性因素,进一步深度解读区域非均衡增长本质。

6.1 人力资本与技术选择存在适配关系

关于人力资本对经济增长的促进作用,尽管理论上已经没有任何异议,但基于总量观察的经验研究结果却不尽一致,继而引发了人们对人力资本结构的关注,却仍鲜有文献从适宜性技术选择与要素禀赋结构匹配视角论证并揭示人力资本结构对经济增长的影响机制和传导途径。

6.1.1　人力资本水平决定适宜技术选择水平

作为重要的经济决定因素,人力资本是"效率导向型"投资中不可忽视的关键要素。大量研究从理论和实证角度证明了人力资本对 TFP 增长具有积极影响,两条主要作用途径为:一是人力资本决定着一国或地区的技术创新能力而直接影响其生产率增长[183-185],人力资本水平越高,"干中学"和知识外溢效果越好,进而诱发技术创新并促进技术引进和吸收[186];二是人力资本影响一国或地区的技术追赶和技术扩散速度[187,188],较高的人力资本允许一个国家以更快的速度缩小该国当前生产率水平与技术先进国家生产率水平之间的差距;此外,人力资本的外部效应对全要素生产率水平的提升也具有重要影响[189]。

一国现有的人力资本水平对该国吸引外资的规模、质量、结构以及外资的技术溢出效果具有重要甚至是决定性影响。随着全球经济一体化程度日益加深,扩大对外开放、积极引进外资和大力发展对外贸易,已经成为各国吸收和借鉴国外先进技术以推动本国技术进步的重要渠道。实证研究表明,即便在 OECD 国家,导致生产率增长的主要源泉也并非来自国内研发活动,而是来自国际技术溢出[190]。即使像法国这样的经济发达国家,其生产率增长的 87% 也源于国外研发溢出[191]。但是,在检验国家之间国际贸易或 FDI 的技术溢出效果时,学者们却发现,发达国家之间普遍存在着技术外溢效应,而发达国家对发展中国家要么完全没有技术外溢,要么只在一定条件下才存在溢出效应。Borensztein 等[192]的开创性研究证实 FDI 对经济增长的作用受制于东道国人力资本吸收能力的影响,只有当东道国人力资本存量足够丰裕而达到门槛值时,才能充分吸收 FDI 的技术外溢。王志鹏和李子奈[193]的研究也表明,FDI 对地区经济增长的促进作用需要所在地区跨越最低限度的"人力资本门槛",否则 FDI 的流入就会导致"飞地效应"并阻碍经济发展。由此可见,通过 FDI 和对外贸易渠道引进技术,并不意味着东道国一定能够掌握国外先进技术,这依赖于东道国的技术吸收能力,而人力资本水平是吸收能力的主要决定因素。

国际技术溢出效应中人力资本门槛的存在更为直观地揭示出人力资本对可选择的技术及其水平的决定作用。适宜技术选择理论认为欠发达国家使用的技术效率非常低下而造成这些国家和发达国家巨大的生产率差异的根本原因就在于,其选择引进的技术与其要素禀赋结构缺乏适度匹配[59,61]。正是由于南方国家低技能型劳动供给与大规模引进北方国家技能偏向型技术之间的错位,导致欠发达国家无法预期地缩小与发达国家的技术差距而实现经济收敛。更进一步地,如果欠发达国家引进某个技术却未能带来预期绩效,与其说是因为技术不适合,毋宁说是因为自身较低的人力资本水平无法与之匹配。

人力资本水平是决定适宜性技术选择的关键因素。人力资本水平越高,对技术的吸收、模仿能力就越强,适宜技术选择的空间也就越大。面对发达国家从高到低不同水平技术组成的集合,发展中国家应该在本国资源禀赋约束下,选择那些最能够发挥本国生产潜力、与现有生产水平和技术吸收能力相匹配的技术[194]。然而,对我国改革开放以来不同阶段引资经验的研究发现,尽管外资对中国区域经济增长具有明显的促进作用,但各地区并没有能够通过引进大量外资而获得内含其中的先进技术,外资技术扩散对地区经济增长没有显著影响[195]。赵江林[196]对我国引资经验进行总结时强调了人力资本水平对利用、吸收外资的重要性;阙大学和吕连菊[197]实证研究了中国各层次人力资本对外商直接投资的影响,他们发现,三大区域不同类型人力资本比重影响着不同质量 FDI 的流入,高层次人力资本比重越高就越有利于高质量 FDI 流入。彭国华[198]利用中国数据的研究也表明,虽然我国整体人力资本水平对技术进步的作用显著为负,但不同层次人力资本对技术进步的影响并不相同。其中,高等教育程度的人力资本对技术进步具有显著的促进作用,而中等和基础教育程度的人力资本对技术进步则存在着显著的负向影响。

通过以上分析可以得出如下结论:人力资本是技术吸收能力最为关键的构成要素;人力资本"门槛效应"的存在意味着,只有当人力资本水平达到一定临界值时,才能有效吸收国际技术溢出;而人力资本的异质性则决定了不同类型的人力资本与技术的多样化结合会产生不同的经济效应。

6.1.2 人力资本结构影响适宜技术选择结构

人力资本作为抽象的人类能力,因人因地因时而异,具有明显的异质性特征。不同类型的人力资本对技术进步的作用并不相同,一般而言,高层次人力资本更倾向于产品和技术的自主研发创新,而低级人力资本主要通过"干中学"和技术模仿促进技术进步[199-201]。正是由于人力资本具有多维异质性,因而不同质量阶梯上的人力资本匹配组合的经济增长效应也存在明显差异。故此,单纯的人力资本数量增加并不必然引起经济增长和产业结构升级,人力资本结构和类型与产业技术结构的匹配或许更为重要[202]。

诸多研究表明,不同类型人力资本的技术进步机制及其经济增长效应存在明显差异,这也就意味着,异质型人力资本与不同技术水平的物质资本相结合所能达到的生产率是不同的。由于不同类型人力资本的知识学习和技能积累不同,因而对技术知识的吸收、利用和转化效果迥异,故此,在技术能力形成和提升的不同阶段中,存在着与其适度匹配的人力资本结构。尽管较高层次的人力资本一般也具备较高的潜在劳动生产率,但必须与适宜技术水平的物质资本相结合才能充分发挥这种潜质;而若与较低技术水平的物质资本结合,所能达到的生产率甚至可能低于较低层次人力资本与该项物质资本的匹配[130]。即技术选择与异质性人力资本之间存在着动态适配关系。只有技术选择了与其相适应的人力资本,技术才能得到真正应用并最大化转变为现实生产力;人力资本只有与适宜的技术相结合,才能够最大限度地发挥现有优势而生产效率最高[203]。如果技术选择水平过高,人力资本将因无法有效消化、吸收和利用而导致技术的生产效率降低,不仅不利于技术发展,也不利于人力资本的"干中学"反而促成"侵蚀效应"[172];相反,如果技术选择低于适宜水平,人力资本必然因低效配置而难以提高劳动生产率,难以实现自身技术积累和素质提升,甚至发生人力资本贬值,不仅弱化原有的要素比较优势,而且造成不应有的人力资源浪费。因此,技术选择与人力资本之间的彼此适配至关重要。

在实证研究方面,"人力资本结构研究"课题组借鉴"耦合协调"理论,探讨了人力资本与物质资本之间的匹配协调度及其对中国工业经济效率的影响,研究发现,人力资本与物质资本的匹配协调对经济效率具有显著而稳健的积极影响[130]。郭玉清和杨栋的实证研究则表明,1990 年以来中国地区经济增长差异的关键原因在于,发达地区的人力资本发挥了决定性作用,使得技术进步和创新率成为维持高速增长并拉大同落后地区差距的主要驱动力,而落后地区尚未跨越人力资本门槛而导致人力资本与物质资本一样存在边际收益递减现象,低人力资本禀赋难以同本地创新形成良性互动,致使经济增长速度始终囿于低发展陷阱[204]。欧阳峣和刘智勇基于异质性与适应性视角,运用耦合度模型实证研究了发展中大国异质性人力资本与多元化产业结构、物质资本投资和技术发展水平的匹配程度[82]。张国强等的分析认为,目前我国大多数地区还处于劳动密集型为主导、依赖投资驱动的经济增长模式,技术选择偏向资本使用,人力资本的作用在很多地方尚未充分发挥,而劳动密集型为主导的产业结构致使技能人才短缺和大学生失业并存,不仅制约着产业结构升级,也造成了我国人力资本投资的低效率现象[205]。

然而,从计量方法看,上述研究尚缺乏从生产系统角度探讨技术选择与人力资本结构动态匹配的经济增长效应。基于耦合协调理论研究人力资本结构效应的文献片面强调适宜性技术选择的重要,往往忽视了技术选择偏差下的生产效率损失;基于随机前沿分析研究人力资本结构效应的文献,虽以技术非效率假定而更贴近中国经济增长的现实,却又无视发展中大国要素禀赋非均衡分布下的适宜技术选择问题。本章将适宜技术选择理论与随机前沿分析融合,构建区域异质性随机前沿生产函数,揭示区域人力资本结构差异对技术选择的决定性影响。

6.2 区域人力资本非均衡分布现实

人力资本是通过投资而凝结于每一个劳动者身上的知识、技能、健康水平和思维模式,它能够给经济行为主体带来剩余价值或利润收益。人力资本与劳动、物质资本等要素存在质的差异——人力资本边际报酬递增或至少不变,而劳动和物质资本则遵循边际报酬递减规律。人力资本投资与积累所形成的生产能力具有外溢性特征,不仅人力资本要素本身能产生收益递增,而且还能与已投入使用的物质资本和劳动一起发挥规模优势,形成规模收益递增效应。由于人的异质性,人力资本的边际报酬能力并不相同,不同类型人力资本对经济增长的影响存在差异。如果各类型人力资本匹配适宜合理,就能够充分发挥人力资本的互补增值效应,更好地推动经济发展和经济结构的演变。

6.2.1 人力资本水平分布差异

虽然我国是一个人力资本总量大国,但区域人力资本非均衡分布差异明显。按照接受过基础教育、中等教育和高等教育将人力资本划分为初级人力资本(P)、中级人力资本(M)和高级人力资本(H)三个档次。其中,基础教育包括未上过学和小学,中等教育包括初中和高中,高等教育指大专及以上学历。用《中国劳动统计年鉴》1996—2012 年间的就业人员受教育程度构成比例数据,乘以相应学历的平均受教育年限得到各地区人力资本结构,其中"未上过学、小学、初中、高中、大专及以上"分别记为 0、6、9、12、16 年。东、中、西三大区域人力资本结构(P、M、H)及其平均人力资本水平(PMH)见表 6-1。

从全国人力资本结构看,我国中低层次人力资本较多,接受基础教育的初级人力资本占比 19.86%,接受过初、高中教育的中级人力资本占比为 64.63%,而接受大专及以上教育的高级人力资本相对较少,占比仅为 15.52%。

从区域人力资本平均水平看,东部地区高于中部,中部高于西部,但区域内人力资本结构分布并不均衡。总体上看,初级人力资本占比由东、中、向西依次递增,而中、高级人力资本则依次递减。从三大区域初级、中级和高级人力资本占全

表 6-1　1996—2011 年三大区域人力资本结构及人力资本水平差异比较

年份	东部地区				中部地区				西部地区			
	P	M	H	PMH	P	M	H	PMH	P	M	H	PMH
1996	172.98	558.42	90.24	821.64	211.65	509.48	48.20	769.33	200.38	371.42	47.40	619.2
1997	166.56	570.06	107.36	843.98	204.75	523.76	61.80	790.31	219.02	366.50	49.67	635.19
1998	165.30	570.75	106.88	842.93	203.40	524.55	56.20	784.15	210.37	355.79	51.32	617.48
1999	156.18	584.52	125.60	866.3	193.05	537.19	61.80	792.04	207.19	390.15	58.23	655.57
2000	151.47	601.20	129.52	882.19	183.11	559.95	77.50	820.56	210.96	400.53	69.15	680.64
2001	146.70	617.94	133.60	898.24	173.10	582.83	93.20	849.13	214.63	411.12	80.07	705.82
2002	137.16	619.80	158.24	915.2	179.18	568.43	88.00	835.61	208.50	425.64	84.60	718.74
2003	125.52	628.05	183.68	937.25	160.58	600.60	103.00	864.18	201.96	424.53	101.03	727.52
2004	119.88	625.53	200.54	945.95	153.90	614.48	101.80	870.18	202.19	447.54	113.64	763.37
2005	131.64	610.59	186.48	928.71	169.35	569.96	103.58	842.89	205.65	409.25	108.99	723.89
2006	134.94	597.57	209.62	942.13	172.20	573.83	97.62	843.65	212.79	422.19	91.94	726.92
2007	128.46	612.30	205.76	946.52	158.63	598.24	103.14	860.01	213.76	437.39	94.92	746.07
2008	123.90	618.99	212.93	955.82	152.78	616.84	98.78	868.4	212.08	451.63	96.99	760.70
2009	116.64	622.86	234.50	974.00	142.50	631.69	106.74	880.93	207.12	458.88	101.05	767.05
2010	103.44	634.23	261.01	998.68	132.83	638.48	140.26	911.57	193.05	472.81	153.03	818.89
2011	84.80	636.79	328.89	1050.48	108.77	669.46	177.75	955.98	159.18	548.07	210.65	917.9
2012	81.24	631.77	346.34	1059.35	106.80	668.70	187.76	963.26	168.63	538.13	199.99	906.75
1996—2012	132.17	608.32	189.48	929.96	165.09	587.56	100.42	853.07	202.79	431.27	100.75	734.81
全国占比%	5.25	24.16	7.53	36.93	6.56	23.34	3.99	33.88	8.05	17.13	4.00	29.18

国总量人力资本的比例看,东部地区高级人力资本最集中;中部地区的中级人力资本占比 23.34％,与东部 24.16％接近;西部地区初级人力资本最丰富,高级人力资本占比 4.00％,与中部地区 3.99％相若,但中级人力资本与东中部地区相差悬殊。

从区域人力资本平均水平的动态变化看(图 6-1),1996—2004 年间中部人力资本水平向东部收敛的速度快于西部地区;2005 年后中西部人力资本水平提高较快,但自始至终东部人力资本水平高于中部,中部高于西部。

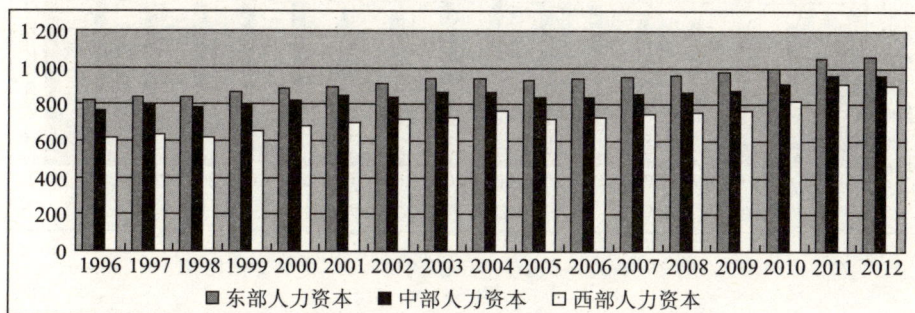

图 6-1 1996—2012 年三大区域人力资本平均水平变化比较

6.2.2 人力资本结构分布差异

从三大区域初级人力资本变化走势看(图 6-2),1996—2004 年间东部初级人力资本持续下降,而其间中西部初级人力资本存在上升的波动趋势,这恰好与发生在 2000 年以后的第一次人口由东南沿海向内地回流的时间节点相契合。随着中国加入 WTO,2004—2006 年三大区域初级人力资本增加,随后东中部初级人力资本下行。相比于东部和中部地区,西部初级人力资本持续居于高位且波动平缓。

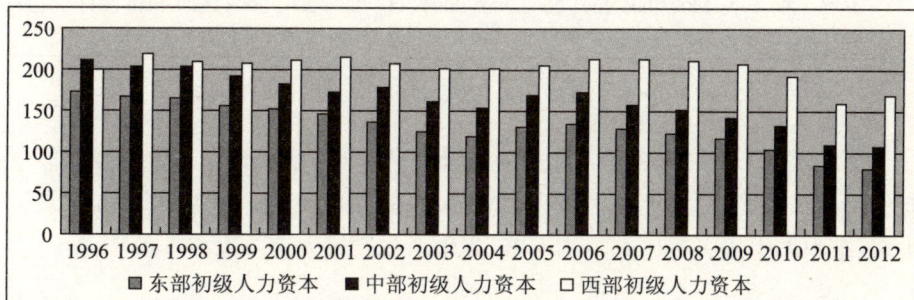

图 6-2 1996—2012 年三大区域初级人力资本变化比较

从三大区域中级人力资本变化走势来看(图 6-3),1996—2004 年间东部中级人力资本始终大于中部,中部大于西部,虽然三大区域的中级人力资本都存在上升趋势,但中部地区增长较快,并向东部地区收敛;2005—2012 年间中、西部的中级人力资本增长速度明显加快,中部地区甚至从 2009 年开始超越东部而成为中级人力资本集中度最高的区域。

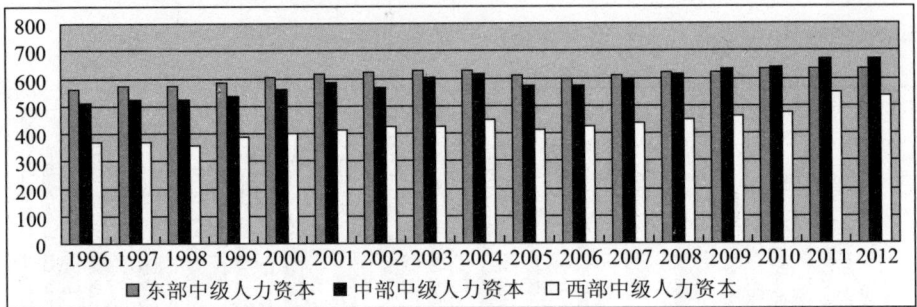

图 6-3　1996—2012 年三大区域中级人力资本变化比较

从三大区域高级人力资本变化走势看(图 6-4),东部高级人力资本自始至终都明显高于中西部地区;中西部高级人力资本增长较为缓慢,2009 年后增长较快,且西部高级人力资本高于中部地区。

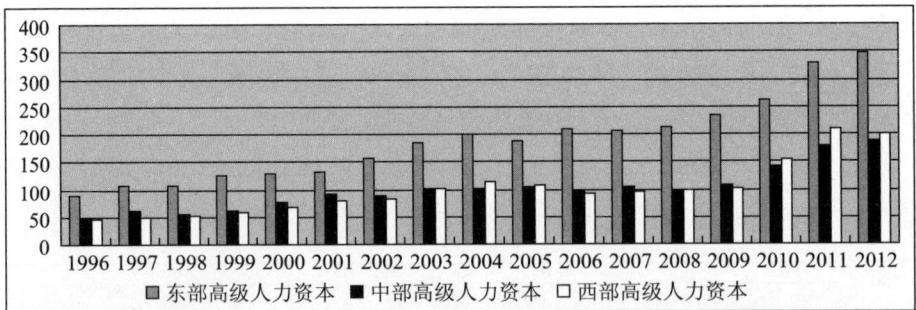

图 6-4　1996—2012 年三大区域高级人力资本变化比较

综合来看三大区域各级人力资本动态变化,东部地区高级人力资本始终远高于中西部地区,中部地区中级人力资本更占优势,而西部初级人力资本最为丰富;东中部中级人力资本不相上下,而中西部高级人力资本相当。

6.3 模型选择及数据处理

本章创新性地联合应用 Battese 和 Coelli(1992)及 Battese 和 Coelli(1995)两类面板数据模型,即在第五章三大区域前沿生产函数形式既定的基础上,修改 Battese 和 Coelli(1992)模型中对技术无效率指数线性增长的假设,以多维异质性人力资本、贸易开放度、外资依存度标识地区禀赋特征和体制环境变量,并一同作为技术效率影响因素纳入 Battese 和 Coelli(1995)模型,仍采用一步估计计量回归方法,重在揭示不同类型人力资本及其技术吸收能力,以及不同类型人力资本之间的质量阶梯匹配对前沿技术选择的影响差异,深度解读区域非均衡增长本质。

本章仍采用超越对数生产函数的 Battese 和 Coelli(1995)面板数据模型[206],具体形式为:

$$\ln Y_{it} = \beta_0 + \beta_1 \ln K_{it} + \beta_2 \ln L_{it} + \beta_3 \ln S_{it} + \beta_4 t + \frac{1}{2}\beta_5 (\ln K_{it})^2 +$$

$$\frac{1}{2}\beta_6 (\ln L_{it})^2 + \frac{1}{2}\beta_7 (\ln S_{it})^2 + \frac{1}{2}\beta_8 t^2 + \beta_9 \ln K_{it} \ln L_{it} + \qquad (6\text{-}1)$$

$$\beta_{10} \ln K_{it} \ln S_{it} + \beta_{11} \ln L_{it} \ln S_{it} + \beta_{12} t \ln K_{it} + \beta_{13} t \ln L_{it} +$$

$$\beta_{14} t \ln S_{it} + v_{it} - U_{it}$$

$$U_{it} \propto N(M_{it}, \sigma_U^2) \qquad (6\text{-}2)$$

$$m_{it} = z_{it}\delta \qquad (6\text{-}3)$$

z_{it} 表示一组影响技术效率的外生变量,δ 为待估参数向量。

对于生产无效率方程部分,由于技术效率不仅受投入产出因素的影响,还会受生产环境的外生变量影响。在这里生产无效率的影响因素方程表示为:

$$m_{it} = \delta_0 + \delta_1 P_{it} + \delta_2 M_{it} + \delta_3 H_{it} + \delta_4 TRD_{it} + \delta_5 P_{it} \times TRD_{it} + \delta_6 M_{it} \times TRD_{it} +$$

$$\delta_7 H_{it} \times TRD_{it} + \delta_8 FDI_{it} + \delta_9 P_{it} \times FDI_{it} + \delta_{10} M_{it} \times FEI_{it} +$$

$$\delta_{11} H_{it} \times FEI_{it} + \delta_{12} P_{it} \times M_{it} + \delta_{13} P_{it} \times H_{it} + \delta_{14} M_{it} \times H_{it} \qquad (6\text{-}4)$$

其中,m 表示技术无效率均值,将人力资本结构分为接受过基础教育 P、中等教育 M 和高等教育 H 的不同层次人力资本类型;δ_4、δ_8 表示区域开放度 TRD 和外资依存度 FDI 的技术外溢效应;$\delta_5 \sim \delta_7$ 与 $\delta_9 \sim \delta_{11}$ 分别是各级人力资本与 TRD 和 FDI 的交叉项系数,表示相应级别人力资本对技术溢出的吸收能力;$\delta_{12} \sim \delta_{14}$ 代表各级人力资本间的相互溢出效应;δ_i 为待定参数,若为负值则表示相应项促进技术效率改善,为正值则意味着对技术效率存在抑制作用。

第一,对于生产无效率影响因素的指标选取及处理。首先,技术溢出渠道指标主要选取地区外资依存度(FDI)和贸易开放度(TRD)。其中,FDI 为实际外国直接投资额占地区 GDP 的比例,具体数值为实际利用的外国直接投资额(亿美元),用各年对美元汇率中间价折算成人民币后再除以真实 GDP(亿元);对 TRD 的处理类似。1996—2008 年的外商直接投资和国际贸易数据来自《新中国 60 年统计资料汇编》各省"实际利用外商直接投资"和"进出口总额",2009—2012 年"实际利用外商直接投资"数据根据各地区年度统计公报给出的环比增长率计算得到,"进出口总额"数据来自《中国统计年鉴》。将以上两数据按照《中国统计年鉴》年平均汇率换算美元为人民币,换算后的数据分别与各地区 GDP 的比值就得到用 FDI 和 TRD 表示的外资依存度和贸易开放度。用 FDI 和 TRD 表示国际技术外溢对地区生产效率的影响。

第二,人力资本存量结构指标。区别于前沿生产函数中根据不同层次学历水平细分劳动为技能和非技能劳动的做法,作为技术效率的影响因素,这里按照通用方法以劳动力平均受教育年限来表示人力资本存量,进一步将人力资本存量结构按照接受过基础教育(P)、中等教育(M)和高等教育(H),将从业人员分为三个档次上的人力资本。其中,P、M、H 分别表示不同类型人力资本对地区技术非效率的影响;P×FDI、M×FDI、H×FDI、P×TRD、M×TRD、H×TRD 能够从结构上分析内含于 FDI 和 TRD 中的技术外溢对各级人力资本吸收能力的影响差异;P×M、P×H、M×H 用以分析人力资本内部结构匹配的适宜性。

6.4 东部地区经济发展效率

将第五章根据 Battese 和 Coelli(1992)模型得到的东部前沿生产函数,作为本章 Battese 和 Coelli(1995)模型下的既定生产函数形式,以外资依存度 FDI、贸易开放度 TRD、人力资本存量结构 P、M、H 及其技术吸收能力作为技术效率的影响因素,修改 Battese 和 Coelli(1992)模型中技术非效率的指数线性增长假设,而代之以东部禀赋特征和体制环境变量,纳入 Battese 和 Coelli(1995)模型中的生产无效率方程。首先,保持前沿生产函数部分不变,根据似然比检验删除统计上不显著的技术效率影响因素;其次,确定出对技术效率影响显著的因素后,再利用似然比统计量重新调整前沿生产函数中回归参数不显著的项。根据似然比统计量的判别规则,有的回归参数虽然在统计上不显著,但是却拒绝整体模型似然比检验的零假设,在这种情况下,对统计上不显著的参数也予以保留处理,见表 6-2。

表 6-2 东部前沿生产函数及其技术无效率方程一步法计量回归结果

	模型 1（技术效率 0.496）		模型 2（调整前）		模型 3（调整后技术效率 0.724）	
截距	14.6903***	(16.5552)	15.6122***	(51.6480)	18.9813***	(12.7635)
$\ln K$	−1.4285***	(−6.0040)	−5.8467***	(14.8272)	−6.3997***	(−16.9903)
$\ln L$	0.3818***	(4.7898)	−0.1985	(−0.8428)	−0.1969***	(−6.1407)
$\ln S$	−0.4025***	(−2.6486)	4.1458***	(19.2431)	3.7763***	(11.3363)
t	0.3586***	(9.7457)	0.8997***	(21.5448)	0.9754***	(16.3487)
$0.5(\ln K)^2$	0.1348***	(7.8882)	0.4355***	(15.6311)	0.4735***	(17.8922)
$0.5(\ln L)^2$	0.0272***	(6.3946)	0.0040	(0.1363)		
$0.5(\ln S)^2$	0.0789***	(4.9541)	−0.2459***	(−5.6867)	−0.2269***	(−9.4628)
$0.5t^2$	0.0022***	(6.5284)	0.0087***	(22.1429)	0.0094***	(10.4673)
$\ln K \times \ln L$						
$\ln K \times \ln S$						
$\ln L \times \ln S$	−0.0891***	(−6.2342)	−0.0094	(−0.1188)	−0.1125***	(−14.5092)
$t \times \ln K$	−0.0295***	(−6.7567)	−0.1012***	(−15.6306)		
$t \times \ln L$						
$t \times \ln S$	−0.0150***	(−10.8741)	−0.0223***	(−5.4801)	−0.0213***	(−5.0861)
生产无效率方程						
P			−0.891E−03***	(111.2890)	−0.109E−02***	(−3.2945)
$P \times FDI$			0.246E−01***	(5.3084)	0.207E−01***	(5.4650)
$M \times FDI$			−0.358E−02**	(−2.2295)	−0.166E−02*	(−1.4354)
$M \times TRD$			0.142E−03***	(2.3057)	0.156E−03**	(2.1002)
$M \times H$			0.283E−05***	(6.6332)	0.247E−05***	(6.6056)
σ^2	0.6452**	(2.3325)	0.0242***	(9.2590)	0.0260***	(8.0819)
γ	0.9993***	(3270.326)	0.9999***	(551.053)	0.9711***	(11.9155)
η	−0.0010	(−0.6604)				
Log	374.037		94.997		94.458	
单边误差检验	602.303***		44.196***		71.240***	

6.4.1　前沿生产函数与技术非效率方程

从东部前沿生产函数看(表6-2),当考虑多维异质人力资本结构对技术效率的影响后,技能和非技能劳动投入对前沿技术结构的影响出现逆转性改变。一是非技能劳动对经济增长的正累积效应转而为负,而技能劳动对经济增长的负累积效应则转而为正,即技能劳动对东部经济增长的贡献大于非技能劳动;二是技能劳动增量投入的规模报酬递增转为显著的规模报酬递减,而原本非技能劳动增量投入的规模报酬递增也转化为可忽略不计的影响因素,这意味着,技能和非技能劳动投入对经济增长的影响趋于弱化;三是原本技能和非技能劳动之间显著的替代效应也转化为可忽略不计的影响,即考虑人力资本结构效应后,要素之间相互独立的不相关关系更为明显。其他回归参数的符号虽然没有改变,但参数绝对值都明显增大。可见,东部人力资本质量及其结构配置足以改变前沿生产函数中的要素协同作用方式。

从生产无效率方程来看,其一,作为获得技术外溢的两个主要渠道,FDI和TRD对东部技术效率并不存在直接溢出效应,而是通过不同层级人力资本的吸收能力影响经济增长和TFP变动。其二,不同层级人力资本对技术效率的影响方向和传导途径存在差异。一方面,初级人力资本的投入能够直接提高技术利用效率,中级人力资本通过对FDI技术溢出吸收能力的提高而间接改善生产效率;另一方面,外资依存度FDI对初级人力资本的逆向溢出效应、贸易开放度TRD对中级人力资本的逆向溢出都是技术效率提升的阻碍因素。其三,从人力资本质量阶梯匹配来看,中级和高级人力资本之间的逆向溢出或排挤效应同样不利于技术效率的改进。

另外,考虑人力资本结构对技术效率的影响后,东部技术效率水平为0.724,明显高于之前的0.496;$\gamma=0.9711$较之未考虑人力资本结构效应时的$\gamma=0.9993$,意味着东部地区人力资本结构及其吸收能力能够解释产出波动的97.11%,其他未考虑因素对经济增长波动的影响仅占不到3%。

值得注意的是,第一,初级人力资本吸收FDI技术逆向溢出对技术效率的抑制作用远大于初级人力资本直接投入对技术效率的改善作用,而且远大于中级人力资本吸收FDI技术的正向溢出效应。这意味着,由于东部地区引资历史较早,政府在招商引资上追求引资数量而忽视引资质量,以致进入我国的FDI

平均来说是"高端产业的低端环节"[207]，这些 FDI 更看重相对充裕的非技能劳动供给及其低廉成本，FDI 优厚的薪资和良好的工作环境吸引初级人力资本倒流向外资企业，而未达到 FDI 技术溢出吸收门槛的初级人力资本和达到吸收门槛的中级人力资本则成为提升东部技术效率的主要力量。第二，TRD 对中级人力资本逆向溢出表明，国际贸易诱发的"干中学"技术进步对中级人力资本的技术提升空间有限。相对于东部较高的要素禀赋结构水平，FDI 的引入和TRD 贸易结构都存在着低端化倾向。这意味着，东部"干中学"引致的技术进步与世界前沿技术水平的差距显著缩小，东部地区不应再单纯依赖技术引进，更应在技术消化吸收基础上向自主研发、技术创新迈进。第三，技术效率方程中的中、高级人力资本之间的逆向溢出或排挤效应与体现在前沿生产函数中的技能劳动投入规模递减效应共同表明，东部地区的技能劳动或者说中高级人力资本存在着低效配置或拥挤闲置现象，即东部前沿技术水平明显低于其经济发展水平，东部前沿技术选择与其要素禀赋结构匹配存在着欠适宜性。

6.4.2　要素边际生产率及技术进步路径演进

由一步极大似然估计法计量回归得到的东部地区随机前沿生产函数表达式：

$$\ln Y_{it}=18.9813-6.3997\ln K_{it}-0.1969\ln L_{it}+3.7763\ln S_{it}+0.9754\tau+$$
$$0.4735(\ln K_{it})^2-0.2269(\ln S_{it})^2+0.0094\tau^2-0.1125\tau\times\ln K_{it}-$$
$$0.0213\tau\times\ln S_{it} \tag{6-5}$$

依据前沿生产函数，得到要素产出弹性及技术进步偏向计算公式：

$$\eta_{K_{it}}=-6.3997+0.9470\ln K_{it}-0.1125\tau \tag{6-6}$$

$$\eta_{S_{it}}=3.7763-0.4538\ln S_{it}-0.0213\tau \tag{6-7}$$

$$\eta_{L_{it}}=-0.1969 \tag{6-8}$$

$$TC_{it}=0.9745+0.0188\tau-0.1125\ln K_{it}-0.0213\ln S_{it} \tag{6-9}$$

从式(6-6)、(6-7)、(6-8)明显看出，东部地区要素产出弹性与其他要素投入并不相关，资本投入越多，资本产出弹性越大；而技能劳动投入越多，技能劳动产出弹性越小，非技能劳动产出弹性恒为负常数。这意味着，东部经济增长更多地依赖于充裕生产要素的规模投入，而要素之间缺乏协同增长效应，以这种要素协同作用方式，一旦某一要素成为要素组合投入中的短板，则规模报酬的瓶颈效应就会成为协调经济最大的阻碍力量。对照后面的表 6-5 中规模效应变化趋势,这一点可以得到最直接的佐证。

(6-9)式显示,东部技术进步主要来自于外生的技术引进,而内生的偏向性技术进步却随着高质要素——资本和技能劳动——投入的增加而减小。显然,东部前沿技术选择与其要素禀赋结构并非匹配,即东部前沿技术水平低于其经济发展水平。

$$BKL_{it} = -0.1125/\eta_{K_{it}} \tag{6-10}$$

$$BLS_{it} = 0.0213/\eta_{S_{it}} \tag{6-11}$$

$$BSK_{it} = 0.1125/\eta_{K_{it}} - 0.0213/\eta_{S_{it}} \tag{6-12}$$

从技术进步诱致的要素使用偏向看,技术进步方向仅取决于资本和技能劳动产出弹性的变化,与非技能劳动无关。资本和劳动之间存在着客观的技术关系,资本对劳动的过度替代不仅不利于 TFP 水平的提高[208],而且一旦资本积累脱离劳动积累而自我增长必将导致经济危机[124]。对东部经济增长来说,过多依赖单要素规模投入而忽视不同要素之间的协同增长效应,一旦某一要素成为要素组合短板,规模经济的结构瓶颈就会成为协调经济的最大阻碍。

根据以上计算公式得到 1996—2012 年间东部地区要素边际生产率及其技术进步路径动态演化(表 6-3)。

当在 Battese 和 Coelli(1995)模型框架内纳入人力资本结构效应后,虽然从技术进步的要素偏好平均偏向来看,偏向次序仍然为 $S>L>K$,但东部地区要素产出弹性及其边际生产率的大小和排序都发生了很大变化。

首先,从要素产出弹性动态变化看(图 6-5),资本产出弹性均值为 0.490,明显小于未考虑人力资本结构影响时的资本产出弹性均值 0.573,这意味着,东部人力资本的结构效应削弱了同质人力资本规模效应对资本产出的促进作用。总体上资本产出弹性呈上升态势,这意味着,东部经济产出依然对资本投入变动越来越敏感;相比于未考虑人力资本结构时,技能和非技能劳动产出弹性则出现大逆转。其中,技能劳动由之前以较小的产出弹性份额转为以较大的产出弹性基数而快速下降;非技能劳动则由之前较大的产出弹性份额转为恒定不变的负值产出,这意味着生产过程中不仅非技能劳动配置存在拥挤,而且要素结构可能存在固化现象。

表 6-3 1996—2012 年东部地区要素边际生产率及技术进步方向（含人力资本）

	η_K	η_L	η_S	TE	BTC	TC	MPK	MPL	MPS	BKL	BLS	BSK
1996	0.423	-0.197	0.568	0.771	-0.980	0.015	0.667	-63.027	64.810	-0.055	0.049	0.006
1997	0.440	-0.197	0.526	0.764	-0.996	0.017	0.087	-70.537	66.581	-0.048	0.056	-0.008
1998	0.455	-0.197	0.527	0.792	-1.010	0.021	-0.267	-80.568	84.155	-0.042	0.062	-0.020
1999	0.456	-0.197	0.488	0.764	-1.025	0.026	-1.769	-105.187	82.294	-0.041	0.074	-0.033
2000	0.448	-0.197	0.451	0.756	-1.038	0.031	-3.249	-121.163	85.799	-0.042	0.105	-0.063
2001	0.438	-0.197	0.410	0.743	-1.051	0.037	-4.798	-136.469	86.245	-0.044	-0.552	0.595
2002	0.431	-0.197	0.362	0.728	-1.065	0.042	-6.105	-143.750	81.713	-0.046	0.138	-0.093
2003	0.438	-0.197	0.314	0.708	-1.081	0.045	-5.973	-238.102	74.739	-0.044	-0.123	0.167
2004	0.449	-0.197	0.270	0.715	-1.096	0.048	-4.084	-229.097	74.819	-0.042	0.129	-0.087
2005	0.470	-0.197	0.246	0.737	-1.113	0.051	-1.504	-201.198	79.805	-0.037	-0.003	0.040
2006	0.492	-0.197	0.202	0.742	-1.130	0.052	1.659	-227.927	72.249	-0.031	-0.083	0.114
2007	0.514	-0.197	0.162	0.744	-1.147	0.054	5.017	-278.133	77.256	-0.023	0.053	-0.030
2008	0.536	-0.197	0.115	0.736	-1.164	0.056	9.795	-301.273	67.659	-0.012	-0.123	0.134
2009	0.562	-0.197	0.065	0.708	-1.182	0.057	11.444	-361.030	58.941	0.004	-0.018	0.013
2010	0.584	-0.197	0.016	0.685	-1.199	0.058	13.144	-401.852	56.455	0.025	0.034	-0.059
2011	0.597	-0.197	-0.057	0.640	-1.217	0.059	14.219	-537.805	21.902	0.057	-0.111	0.053
2012	0.603	-0.197	0.505	0.574	-1.204	0.091	14.699	-1586.92	545.524	0.111	0.048	-0.159
均值(1)	0.490	-0.197	0.304	0.724	-1.100	0.045	2.528	-299.061	98.879	$S>L>K$		
均值(2)	0.573	0.504	0.062	0.496	-0.357	0.042	29.199	719.110	8.162	$S>L>K$		

注：为便于比较人力资本规模效应和结构效应下的经济发展效率差异，表中均值(1)是考虑人力资本结构效应时的计算结果，均值(2)则是未考虑人力资本结构效应时的计算结果。

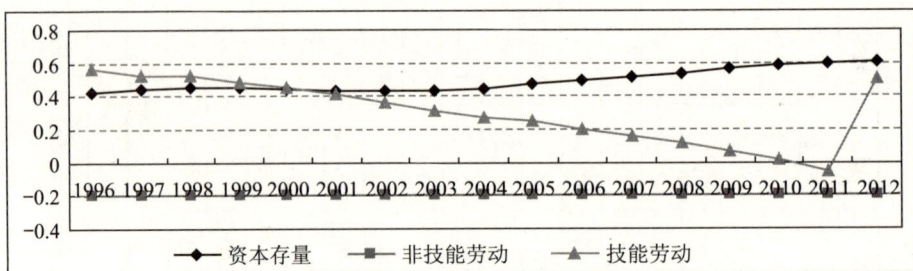

图 6-5　1996—2012 年东部地区要素产出弹性变化

其次,从要素边际生产率演化来看(图 6-6),1998—2005 年东部资本边际生产率持续为负值,此时正值我国依靠固定资产投资的快速增长走出 1998 年以来的通货紧缩时期,紧接着加入 WTO,由出口投资拉动,在既有产业已经存在严重产能过剩的情况下,新产业出现投资潮涌[175],这一时期资本边际生产率低于经济增长率,显然资本积累存在动态效率损失(见后面图 6-8 的分析)。2006 年后转为正值并递增;技能劳动生产率变化趋势几乎与资本生产率变化逆向而行,由于 2012 年技能劳动生产率过高,未在图中标注;非技能劳动产出弹性已固定为负常数,故在图中未标识非技能劳动边际生产率。

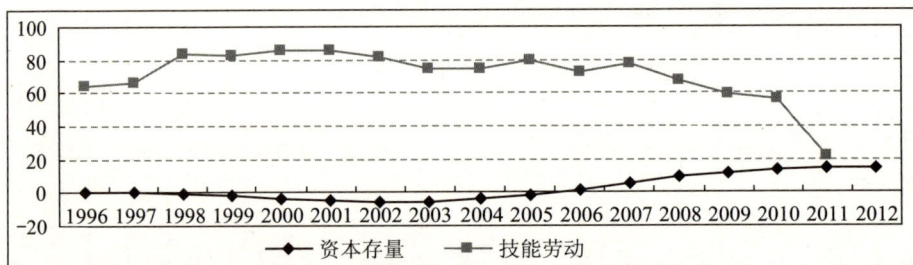

图 6-6　1996—2012 年东部地区要素边际生产率变化

再次,从技术进步增长率变化看,考虑人力资本结构后的技术效率平均水平 0.724,其显著高于未考虑人力资本结构影响时 0.496 的平均水平,而且不同于之前平缓下降,考虑人力资本结构影响后的技术效率水平的波动与技能劳动边际生产率的波动趋势几近相同,再次印证中级人力资本对 FDI 技术溢出的吸收是东部技术效率提高的主导因素。偏向性技术进步绝对值比之前更大,对总体技术进步的削弱作用更强,这意味着,技术进步对要素生产率发挥具有抑制作用,也就是说,东部前沿技术结构与要素禀赋结构存在匹配失当的情况。

从技术进步路径演化来看,1996—2008 年间,相对资本的使用,传统产业部门中的技术进步始终更偏好于非技能劳动,2008 年后传统部门产业结构明显升级,而且资本偏向技术进步越来越快;现代产业部门中技术进步偏向技能劳动和偏向资本的年份各半,从偏向程度平均值看,相对资本技术进步更偏向技能劳动;从劳动力内部结构配置上看,技术进步偏向非技能劳动的年份多于偏向技能劳动的年份,尽管从偏向程度平均值看,相对非技能劳动技术进步更偏向技能劳动配置。

值得强调的是,东部地区在要素边际生产率和技术进步路径演化方面存在着明显不同于未考虑人力资本结构影响时的特征:非技能劳动边际生产率始终为负值;1998—2005 年资本生产率出现阶段性负值;技术效率水平明显高于不考虑人力资本时的技术效率水平;2008 年金融危机后传统部门中产业结构升级明显。

6.4.3 要素替代弹性的动态变化

生产过程中的要素替代弹性不仅影响区域技术选择以及要素使用偏向,从而直接或间接影响要素生产率,而且与部门技术进步速度一起共同决定要素流动方向和经济结构。在技术进步速度大于零的前提下,当替代弹性小于 1 时,要素将从技术滞后部门流向技术进步部门;反之,要素由进步部门流向滞后部门;当替代弹性等于 1 时,部门间要素结构固化,经济结构也随之固化[28]。

第一,在传统产业部门中,资本对非技能劳动的替代弹性小于非技能劳动对资本的替代弹性,而且非技能劳动对资本始终表现为单位替代弹性,这意味着,非技能劳动对资本的边际替代率与二者投入结构同比例变化,即传统部门中的要素结构存在一定程度的固化。这也许正是非技能劳动产出弹性恒为负值、前沿生产函数中非技能劳动对经济增长表现为负向累积效应的根本原因。20 世纪 90 年代中期以后,随着民营企业发展壮大和 WTO 带来的市场开放,中国劳动力比较优势的产业导向进一步明确。东部地区加工贸易型外向经济快速发展,吸引了大量中西部剩余劳动力,激励企业依赖低成本竞争而忽视要素质量提升,而技术进步长期偏向非技能劳动的技术选择惰性,促成劳动密集产业低端锁定困局。此外,"干中学"型技术进步在技术扩散方面形成的技术模仿—套利机制引发企业技术上的过度引进和生产成本上的过度竞争[1],生产性投资的不断增加对人力资本积累产生"侵蚀效应"[172],逐步弱化了人力资本积累在经济增长中的基础性驱动作用,并进一步阻碍人力资本深化进程。专注于

表 6-4 1996—2012 年东部地区要素替代弹性（含人力资本）

	σ_{LK}	σ_{KS}	σ_{SK}	σ_{LS}	σ_{rS}	σ_{Sr}	σ_{rK}	σ_{Kr}	σ_{Lr}	σ_{KL}	σ_{SL}	σ_{rL}
1996	0.720	0.033	0.403	3.036	1.057	0.991	1.193	1.021	1.345	1	1	1
1997	0.728	0.039	−3.509	2.263	1.128	1.045	1.179	1.074	1.553	1	1	1
1998	0.732	0.027	−4.840	1.884	1.302	1.485	1.185	1.371	−0.993	1	1	1
1999	0.738	0.082	−4.613	−8.486	0.759	0.540	1.188	0.609	0.914	1	1	1
2000	0.743	0.217	14.093	0.201	−0.138	0.758	1.195	0.876	1.092	1	1	1
2001	0.746	0.423	−3.274	0.621	2.628	0.789	1.206	0.957	1.196	1	1	1
2002	0.749	1.400	0.387	1.150	3.671	0.706	1.222	0.998	1.269	1	1	1
2003	0.749	−0.661	0.478	0.226	0.328	0.577	1.239	1.041	1.348	1	1	1
2004	0.748	−0.168	−0.507	0.920	0.311	2.757	1.257	1.107	1.516	1	1	1
2005	0.744	−0.057	0.325	1.063	0.113	1.562	1.273	1.278	2.954	1	1	1
2006	0.735	0.135	2.452	0.023	0.900	1.483	1.300	1.464	−2.339	1	1	1
2007	0.720	0.339	−0.881	0.315	0.816	−0.029	1.366	0.745	1.020	1	1	1
2008	0.691	1.215	−0.058	0.630	0.478	1.749	1.606	0.957	1.197	1	1	1
2009	0.665	−0.143	−0.063	0.039	1.501	1.323	−0.707	1.010	1.247	1	1	1
2010	0.640	0.067	2.073	2.067	0.780	1.975	0.530	1.059	1.287	1	1	1
2011	0.621	0.233	0.650	1.736	0.737	1.306	0.897	1.107	1.341	1	1	1
2012	0.611	−0.240	−1.044	2.124	0.542	0.542	1.187	0.662	0.616	1	1	1
均值（1）	0.711	0.173	0.122	0.577	1.151	1.151	1.077	1.020	0.974	0.816	1.305	1.010
均值（2）	−10.552	0.038	0.933	0.379	0.915	0.915	0.930	0.776	0.836	1	1	1

注：为便于比较人力资本规模效应和结构效应下的经济发展效率差异，表中均值（1）是考虑人力资本结构效应时的计算结果，均值（2）则是未考虑人力资本结构效应时的计算结果。

劳动密集、低技术含量的生产、加工、制造、组装的低端生产性服务业,虽然实现了贸易量的迅速扩大和制造业的高速成长,但研发销售两头在外的发展模式打破了装备制造业赖以生存和发展的国内产业关联体系,抑制了高端生产性服务业发展[51,209,210],造成劳动力在三次产业间违反规律的流动,生产性服务业发展所需要的高技能劳动力要素供给不足[28]。

第二,在现代产业部门中,无论是资本对技能劳动还是技能劳动对资本的替代弹性都有负值出现,这意味着,现代产业部门中存在明显的要素拥挤现象,更多时候表现为资本相对技能劳动存在过剩配置,可见东部无论资本还是技能劳动的供给都非常充裕,生产过程中时有资产闲置或人才过量储备、高质要素低效配置或交叉或同时出现,产能过剩与投资潮涌并存,技术得不到充分利用而造成资源浪费,空然贻误技术发展时机;人力资本难以充分发挥作用而遭遇贬值,提升和积累受到抑制。依赖于要素投入规模而忽视要素之间的协同增长效应,即倚恃"低价竞争模式"[211]进行工业化的技术选择路径依赖割裂了技能和非技能劳动在技术积累上的内生持续性,劳动密集部门要素结构固化,现代产业部门或资本相对过剩,或技能劳动闲置,结构调整困难重重,中级和高级人力资本之间存在挤出效应,造成大学生就业难与高级技工荒并存格局。

第三,在劳动力内部结构配置上,非技能相对技能劳动具有单位替代弹性,即非技能劳动配置相对固化;技能劳动对非技能则或富于替代,或替代,或互补,还偶有过剩。这意味着,东部地区技能劳动存在高质要素低位配置,而非技能劳动投入已抵近下限配置。

第四,从技术与要素之间的替代弹性平均值看,技术进步对技能劳动的替代弹性(1.151)大于其对资本的替代弹性(1.020),更大于其对非技能劳动的替代弹性(0.974),即技术进步更倾向于非技能劳动投入;但是,非技能劳动对技术进步具有单位替代弹性,即非技能劳动相对技术进步,二者投入结构存在固化倾向。资本对技术进步的替代弹性(1.077)大于技能劳动对技术进步的替代弹性(1.011),即资本和技能劳动投入都会抑制东部技术进步提高,再次证明东部前沿技术选择与其要素禀赋结构匹配存在欠适宜性。

另外,我们注意到,在均值(2)栏中,除 σ_{SK}、σ_{SL} 和 $\sigma_{\tau L}$ 大于均值(1)中相应替代弹性值外,未考虑人力资本结构影响时的要素替代弹性均值(2)普遍小于考虑人力资本结构效应时的要素替代弹性均值(1)。显然,不考虑人力资本结构影响,高估了非技能对技能劳动的替代弹性($\sigma_{SL}=1.305>1$),更高估了资本对技能劳动的替代($\sigma_{SK}=0.933>0.122$)。

6.4.4 经济增长质与量的演变

根据表 6-2 含人力资本结构的前沿生产函数计量回归模型,我们已经了解了各级人力资本对技术效率的影响方向和传导途径差异。进一步地,通过比较 TFP 增长率分解项和索洛增长核算,可以更加细致地分析东部经济增长源泉的变化以及资本积累动态效率演变。观察表 6-5 可发现技术效率增长率呈阶段性变动,据此,在探讨人力资本结构与前沿技术选择匹配适宜性对经济发展效率的影响时,将其划分为 1996—2003、2004—2007、2008—2012 三个阶段。

第一,从 TFP1 增长率分解项的平均值来看,当考虑人力资本存量结构效应后,各分解项对 TFP1 增长率的贡献发生了巨大变化。其中,技术进步年均增长 0.047,相比之前年均 0.042 的增长率略高,仍然是 TFP1 增长的首要推动力;规模效应年均增长 −0.128,相比之前 0.010 的年均增长率,大降 13.8 个百分点,成为 TFP1 增长的最大掣肘因素;技术效率变化年均增长 −0.016,相比之前 −0.001 的年均增长率下降 1.5 个百分点。也就是说,考虑人力资本结构影响后,东部要素组合生产并不具有规模经济性。从要素替代弹性看,传统产业部门要素结构固化和现代产业部门或资产闲置或技能劳动拥挤表明要素数量匹配存在失当,而中级和高级人力资本之间的挤出效应更意味着要素质量匹配亦存在失当之处。

正是由于东部前沿技术结构中要素之间缺乏协同效应,致使前沿技术结构单一化,表现为资本产出弹性仅依赖于资本投入的增加,而技能劳动增量投入却降低自身产出弹性提高,非技能劳动产出弹性固化且恒为负值。要素组合的规模经济效率取决于组合中短边要素的配置,而恰恰是东部地区过于流动的充裕的劳动力供给,一方面充分发挥了要素禀赋的低成本比较优势,另一方面也强化了技术选择上的路径依赖,而忽视要素协同交互影响则进一步强化了要素组合中的短板效应。同时,中级和高级人力资本之间的挤出效应更隐含着前沿技术水平低于要素禀赋水平,这将抑制人力资本的积累与提升。

从 TFP1 增长率各分解项的变化趋势看(图 6-7),技术进步平稳增长;技术效率变化围绕横轴波动,下行幅度逐渐增大;规模效应变化先经历 1997—1998 年大幅下跌,1999—2003 年在横轴附近徐缓波动,2004—2012 年始终为负增长,且波动幅度越来越大,总体呈下降趋势,这一变化过程截然不同于未考虑人力资本结构时全部为正值的规模效应增长率。TFP1 仅在 1996—1997、1999—2000、2000—2001、2004—2005 四个区间内具有正增长率,当然这里的 TFP1 未

表 6-5　1996—2012 年东部地区经济发展效率变化

	PP	PM	PH	TEC	SEC	TC	TFP1	TFP2	ΔTFP	MPK	GY
1996	0.211	0.680	0.110	—	—	0.015	—	—	—	0.667	11.587
1997	0.197	0.675	0.127	-0.010	0.020	0.017	0.027	0.012	-0.015	0.087	10.169
1998	0.196	0.677	0.127	0.043	-0.694	0.021	-0.629	0.065	0.694	-0.267	9.886
1999	0.180	0.675	0.145	-0.035	-0.097	0.026	-0.106	-0.008	0.098	-1.769	10.489
2000	0.172	0.681	0.147	-0.008	0.018	0.031	0.041	0.028	-0.013	-3.249	10.195
2001	0.163	0.688	0.149	-0.017	-0.005	0.037	0.015	0.025	0.010	-4.798	11.374
2002	0.150	0.677	0.173	-0.024	-0.064	0.042	-0.047	0.025	0.072	-6.105	12.951
2003	0.134	0.670	0.196	-0.033	-0.013	0.045	0.000	0.026	0.026	-5.973	10.950
1996—2003	0.175	0.678	0.147	-0.012	-0.119	0.029	-0.100	0.025	0.125	-2.676	14.094
2004	0.127	0.661	0.212	0.013	-0.109	0.048	-0.049	0.074	0.123	-4.084	12.878
2005	0.142	0.657	0.201	0.030	-0.007	0.051	0.074	0.094	0.020	-1.504	13.948
2006	0.143	0.634	0.222	0.006	-0.061	0.052	-0.002	0.074	0.076	1.659	14.387
2007	0.136	0.647	0.217	0.004	-0.097	0.054	-0.039	0.076	0.115	5.017	13.827
2004—2007	0.137	0.650	0.213	0.013	-0.069	0.051	-0.004	0.080	0.084	0.272	11.585
2008	0.130	0.648	0.223	-0.014	-0.131	0.056	-0.089	0.051	0.140	9.795	11.360
2009	0.120	0.639	0.241	-0.037	-0.051	0.057	-0.032	0.027	0.059	11.444	12.760
2010	0.104	0.635	0.261	-0.034	-0.085	0.058	-0.060	0.039	0.099	13.144	10.940
2011	0.081	0.606	0.313	-0.074	-0.296	0.059	-0.310	0.000	0.310	14.219	9.569
2012	0.077	0.596	0.327	-0.062	-0.378	0.091	-0.349	0.229	0.578	14.699	11.243
2008—2012	0.102	0.625	0.273	-0.044	-0.188	0.064	-0.168	0.069	0.237	12.660	11.761
1996—2012	0.145	0.656	0.199	-0.016	-0.128	0.047	-0.097	0.052	0.150	2.645	

注：①TFP1 是技术进步 TC、规模效应变化 SEC 和技术效率变化 TEC 三项之和；②TFP2 是按照索洛余值核算法得到的；③ΔTFP＝TFP2－TFP1；④PP、PM、PH 分别表示初级、中级、高级人力资本占比。

考虑要素配置效率变化。

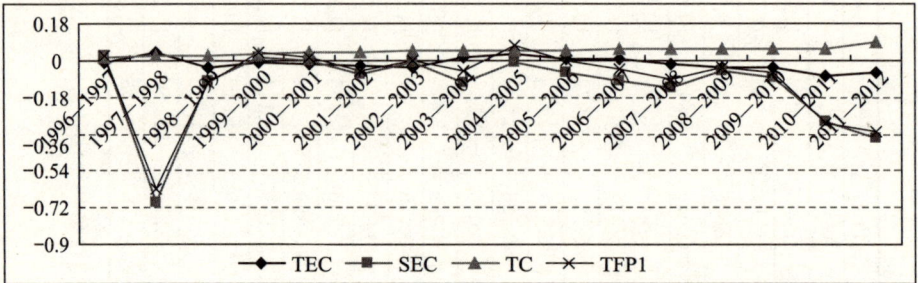

图 6-7　东部地区 TFP 增长率及其分解项

考虑人力资本结构影响之前和之后,TFP1 增长率及其各分解项的变化均存在着较大差异。不考虑人力资本结构影响将高估技术效率变化,尤其是过高估计规模效应增长率,技术进步率相差不大,因而 TFP1 增长率高于考虑人力资本结构影响后的 TFP1 增长率。由此可见,东部地区人力资本对 TFP1 增长的影响主要在于人力资本总量水平(规模效应),而人力资本结构尤其是高级人力资本的高比例占比(结构效应)并未对 TFP 增长产生积极影响,究其原因则在于东部前沿技术选择低于要素禀赋结构水平。不仅 FDI 对初级人力资本逆向溢出,TRD 对中级人力资本逆向溢出,而且高质要素低效配置——中高级人力资本之间存在挤出效应。种种迹象表明,东部人力资本结构与前沿技术结构匹配失当成为多要素组合生产中挟制规模收益率增长的短板。

第二,根据人力资本结构变动与 TFP 增长方向的协同性,可判断东部人力资本结构与技术选择的动态适配性。从 1996—2003 年到 2004—2007 年两个阶段之间,东部技术效率变化、规模效应增长和技术进步率都存在着较为明显的改善。这一阶段内的人力资本存量结构表现为初级和中级人力资本占比下降,高级人力资本占比上升,但从 2004—2007 年内部来看,人力资本结构的这种变化却伴随着技术效率增长趋缓和规模效应恶化加剧,也就是说,人力资本结构的这种调整相对于前沿技术选择已接近上限配置;但从技术进步诱致的总量要素使用偏向来看,则由 $S>L>K$ 转为 $L>S>K$;再结合 σ_{KL}、σ_{SL}、$\sigma_{\tau L}$ 的单位替代弹性,可判断出东部地区前沿技术选择更偏向劳动密集型技术。因此,人力资本结构与前沿技术选择之间的动态适配性正趋于下降。这也就不难理解在 2004—2007 年和 2008—2012 年之间,随着人力资本结构中的高级人力资本占比持续攀升、初级和中级人力资本持续下降,而技术效率和规模效应的增长率持续为负值且不断恶化的趋势了,这也正是生产无效率方程所揭示的内容。

第三,根据经济增长率 GY 与 TFP2 增长率的相对变化趋势,可以大致判断东部经济增长源泉主要是由要素积累驱动还是由 TFP 增长驱动。因为二者之间距表示的就是要素投入对经济增长的贡献份额。1998—2003 年间 TFP 增长率远小于经济增长率,二者之间距较大,说明这一时期经济增长的源泉更多地依赖于要素投入的贡献,TFP 增长的平均贡献份额为 22.8%(TFP 增长率与经济增长率的比值);2004—2007 年 TFP 增长迅速,对经济增长平均贡献达到57.8%;2008 年金融危机后,TFP 增长对经济增长贡献再次下降,仅占经济增长的 24.6%,要素积累的贡献份额上升,粗放型增长明显(图 6-8)。

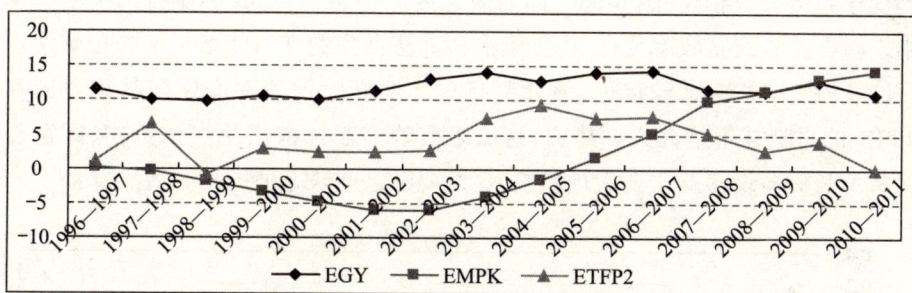

图 6-8 1996—2011 年东部经济增长源泉及资本积累效率变化

第四,从经济增长过程中的资本积累动态效率看(图 6-8),与不考虑人力资本结构影响时的资本边际生产率始终大于经济增长率的特征截然不同,考虑人力资本结构影响后,1996—2008 年间资本边际生产率一直小于经济增长率,资本积累缺乏动态效率。尤其是 1996—2006 年间资本边际生产率持续为负值,与此同时,在现代产业部门中,资本技能劳动替代弹性频频为负值,或资本积压或技能劳动闲置,技能结构与技术结构不匹配,"大学生就业难"和"高级技工荒"并存;而在传统产业部门中,技术选择上的路径依赖(始终偏向非技能劳动使用)致使非技能劳动对资本、对技能劳动具有单位替代弹性而要素结构固化,丰裕的资本和技能劳动投入反陷东部生产于不经济区域内。以上种种分析印证东部资本积累缺乏动态效率,而所有这些也契合东部前沿生产函数中资本存量对经济增长的负向累积效应、技能劳动增量投入呈规模报酬递减趋势。

无论考虑还是不考虑人力资本结构的影响,东部前沿生产函数中的资本存量对经济增长都表现为负向累积效应,可是,为什么资本边际生产率变化趋势会出现如此迥异的反差呢？资本积累的动态效率取决于资本、劳动、技术等构成的要素组合的协同效率。未考虑人力资本结构影响时的前沿生产函数中非技能和技能劳动之间存在着显著的替代关系,而考虑了人力资本结构影响后的前沿生产函数中非技能和技能劳动之间互不相关。更进一步,同质化人力资本的规模效应可以掩盖人力资本结构及其技术吸收能力差异对前沿生产函数中的要素协同作用方式的影响。那么,对于我国这样一个人力资本整体水平仍然较低的发展中大国来说,充分开发和利用非技能劳动对于提升人力资本整体水平以及提升资本积累的动态效率也许有着更为重要的意义。

第五,一般而言,随机前沿分解法得到的 TFP1 增长率基本上都小于索洛增长核算法得到的 TFP2 增长率。但我们这里用两种方法得到的 TFP 增长率的变化趋势大致相同(图 6-9)。因为缺乏要素价格信息,实际上 TFP1 增长率中未包含要素配置效率变化,由于索洛核算法得到的 TFP2 增长率与分解法得到的 TFP1 增长率比较接近,故此判断东部要素配置效率变化即结构效应对 TFP1 的贡献并不是很大。其实,这已经反映在东部前沿生产函数中,即东部经济增长更多地得益于要素规模投入,而要素之间缺乏协同增长效应。

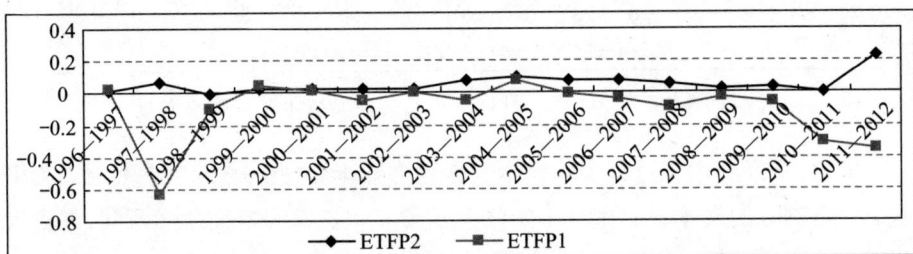

图 6-9　东部索洛核算法和 SFA 法得到的 TFP 增长率比较

综上所述,东部地区"干中学"驱动的技术引进市场激励,诱使生产性资本投入力度不断加大,导致资本和技能劳动双重过度投资而对经济增长形成负向累积效应。无论就劳动力内部结构还是资本和非技能劳动间的匹配,东部地区的技术进步都更偏向非技能劳动使用,尽管非技能劳动产出弹性固定且为负值。过快的资本深化加速了对劳动的替代,而过快的"干中学"技术引进又未能与中低人力资本形成互补(P×FDI>0,M×TRD>0),反而削弱了对人力资本积累的激励效应(M×H>0),既不利于低技能人力资本的进一步提升,又加深了对技能劳动的"侵蚀效应"[172],进而阻碍了整体人力资本深化的进程,逐步弱化了人力资本积累在经济增长中的基础性驱动作用。

正是不同要素投入之间缺乏协同交互影响造成东部地区要素规模投入优势变为生产规模不经济劣势,前沿技术选择与人力资本结构的动态适配性趋于下降。东部倚恃充裕的资本和丰富的劳动资源优势,倾向于要素规模投入而忽视不同要素间的协同交互效应。在我国二元经济背景下,大量剩余劳动力的流动和聚集激励企业依赖低成本竞争而忽视人力资本积累进行生产的规模化扩张,技术进步长期偏向非技能劳动使用,削弱了技能劳动人力资本积累激励;而资本密集度的快速增加也逐渐加剧了资本对非技能劳动的替代,非技能劳动素质提升空间收窄;技术进步路径依赖与劳动力内部结构变化缺乏契合互补,造成产业结构低端锁定与升级滞后,进而引发技术效率和规模收益率双重下降。劳动技能与技术结构不匹配弱化了人力资本积累在经济增长中的基础性驱动作用,缺乏自主创新的低水平内生技术进步成为经济进一步发展的桎梏。

6.5 中部地区经济发展效率

将第五章根据 Battese 和 Coelli(1992)模型得到的中部前沿生产函数作为本章 Battese 和 Coelli(1995)模型下的既定生产函数形式,以外资依存度 FDI,贸易开放度 TRD,人力资本存量结构 P、M、H 及其技术吸收能力作为技术效率的影响因素,修改 Battese 和 Coelli(1992)模型中技术非效率的指数线性增长假设,而代之以中部禀赋特征和体制环境变量,纳入 Battese 和 Coelli(1995)模型中的生产无效率方程。首先,保持前沿生产函数不变,根据似然比检验删除统计上不显著的技术效率影响因素;其次,确定出对技术效率影响显著的因素后,再利用似然比统计量重新调整前沿生产函数中回归参数不显著的项。根据似然比统计量的判别规则,有的回归参数虽然统计上不显著,但是,却拒绝整体模型似然比检验的零假设,在这种情况下,对统计上不显著的参数也予以保留处理,见表 6-6。

6.5.1 前沿生产函数与技术非效率方程

首先,当考虑人力资本结构效应后,中部地区前沿生产函数较为明显的改变体现于:一是非技能劳动对经济增长由之前的负向累积转为正向累积效应;凸显出非技能劳动积累对中部经济发展的已有贡献;二是之前较为显著的技术边界扩张(时间趋势二次项)转为之后的可忽略不计,这可能意味着,中部各级人力资本对技术外溢的吸收能力尚未达到门槛值,因要素禀赋水平偏低于其选

表 6-6 中部地区前沿生产函数及其技术无效率方程回归结果

	模型 1（技术效率 0.695）		模型 2（调整前）		模型 3（调整后技术效率 0.845）	
截距	9.4630***	(19.6008)	15.0806***	(11.2146)	1.2789	(0.9428)
$\ln K$	0.2752***	(3.5180)	-0.5423*	(-1.6296)	0.8110***	(4.8190)
$\ln L$	-0.1691*	(-1.4574)	0.3912	(0.5124)	0.7308**	(2.0757)
$\ln S$	0.1361	(1.0547)	-1.5259***	(-2.4104)	0.5450*	(1.4746)
t	0.0469**	(2.6317)	0.2435***	(2.9567)	0.1356***	(4.7712)
$0.5(\ln K)^2$	-0.0261**	(-2.4283)	-0.1298*	(-1.7756)	-0.1107***	(-3.2236)
$0.5(\ln L)^2$						
$0.5(\ln S)^2$			-0.0001	(-0.1147)		
$0.5t^2$	0.0013***	(6.2770)	0.0445	(0.5843)	0.1131***	(3.6811)
$\ln K \times \ln L$	0.0460***	(3.3053)	0.0671	(0.7331)	-0.1413***	(-3.3281)
$\ln K \times \ln S$	-0.0520***	(-2.8074)	0.1713**	(1.8959)	0.0415	(1.1681)
$\ln L \times \ln S$	0.0309**	(2.1711)	-0.0343*	(-1.7086)		
$t \times \ln K$	-0.0079**	(-2.5305)	0.0067	(0.2720)	-0.0398***	(-8.6562)
$t \times \ln L$	0.0085*	(1.7894)			0.0237	(3.7033)
$t \times \ln S$						
生产无效率方程						
P			0.0167***	(5.1996)	0.0398***	(15.4899)
H			-0.1096***	(-4.2114)	-0.2147***	(-20.1045)
P×M			-0.382E-04***	(-5.0364)	-0.978E-04***	(-15.3959)
P×H			0.248E-03***	(4.1466)	0.524E-03***	(20.4047)
M×H			0.131E-03***	(4.2953)	0.255E-03***	(20.3547)
σ^2	0.2143**	(2.0188)	0.0249**	(8.0607)	0.1325***	(14.0542)
γ	0.9978***	(872.045)	0.2595***	(7.2022)	0.9999***	(0.312E+06)
η	0.0012	(0.4945)				
Log	297.498		68.481		121.554	
单边误差检验	495.295***		37.214***		147.808***	

择的前沿技术水平而难以推动前沿边界外扩。另外,截距项系数明显变小且不显著意味着,如果不考虑人力资本结构的影响,将高估中部地区的经济增长水平。其他回归参数符号虽然未有改变,但参数绝对值都有增大。

其次,从生产无效率方程看:第一,主要的技术外溢渠道——FDI 和 TRD对中部技术效率无论是直接溢出效应,还是通过对各级人力资本的间接溢出效应都不明显。相比于东部和西部地区的 FDI 和 TRD 都对人力资本存在着不同程度的溢出效应,这很可能意味着,中部地区各级人力资本的技术吸收能力还比较低,尚未达到 FDI 和 TRD 技术溢出的人力资本门槛值。第二,各级人力资本对技术效率的影响方式不同。高级人力资本对生产效率的改善具有直接的促进作用,而初级人力资本则为直接的抑制作用;初级和中级人力资本的互补溢出有助于技术效率提高;但是,高级人力资本非但未对中、低人力资本形成正向溢出,反而对中级和初级人力资本存在挤出效应,成为阻碍生产效率改善的因素。

此外,将人力资本结构及其吸收能力等技术效率影响因素嵌入 Battese 和 Coelli(1995)模型后,$\gamma=0.9999$ 相比于之前未考虑技术效率影响因素时的 $\gamma=0.9978$,这意味着,人力资本结构效应对中部地区产出波动的解释能力达到99.99%。

6.5.2 要素边际生产率及技术进步路径演进

由一步法极大似然回归得到的中部前沿生产函数表达式为:

$$\ln Y_{it}=1.2789+0.8110\ln K_{it}+0.7308\ln L_{it}+0.5450\ln S_{it}+0.1365\tau-$$
$$0.2214(\ln L_{it})^2+0.1131\ln K_{it}\times\ln L_{it}-0.1413\ln K_{it}\times\ln S_{it}+$$
$$0.0415\ln S_{it}-0.0389\tau\times\ln L_{it}+0.0237\tau\times\ln S_{it} \qquad (6-13)$$

根据前沿生产函数中的回归参数,代入计算公式,即可得到各要素产出弹性及技术进步的要素偏好方向:

$$\eta_{K_{it}}=0.8110+0.1131\ln L_{it}-0.1413\ln S_{it} \qquad (6-14)$$
$$\eta_{L_{it}}=0.7308-0.2214\ln L_{it}+0.1131\ln K_{it}+0.0415\ln S_{it}-0.0398\tau \qquad (6-15)$$
$$\eta_{S_{it}}=0.5450-0.1413\ln K_{it}+0.0415\ln L_{it}+0.0237\tau \qquad (6-16)$$
$$TC_{it}=0.1356-0.03988\ln L_{it}+0.0237\ln S_{it} \qquad (6-17)$$

由以上计算公式,明显区别于东部地区要素产出弹性仅与自身要素投入相关而与其他要素投入相互孤立的作用方式,中部生产要素之间存在着或互补或替代的不同关联方式,能够有效拓宽要素应用范围,一定程度上可以缓解短边要素对要素组合协同效率的制约。具体表现为:资本投入的增加有利于非技能劳动产出弹性提高(式(6-15)),非技能劳动边际产出增加将促进非技能劳动需求,非技能劳动投入增加又有助于资本和技能劳动边际产出提升。同样,资本和技能劳动边际产出提高能促进对资本和技能劳动的需求,资本和技能劳动需求量增加反过来更助推非技能边际生产率提高,如此形成一个良性循环。值得注意的是,尽管资本增量投入对技能劳动边际产出的削弱效应大于其对非技能劳动边际产出的推动效应,但技能和非技能劳动投入之间的互补关系对技能劳动产出弹性的损失又巧妙地存在着一定的补偿效应。

$$BKL_{it} = 0.0398/\eta_{L_{it}} \tag{6-18}$$

$$BLS_{it} = -0.0398/\eta_{L_{it}} - 0.0237/\eta_{S_{it}} \tag{6-19}$$

$$BSK_{it} = 0.0237/\eta_{S_{it}} \tag{6-20}$$

资本投入匮乏是中部经济增长的硬伤,是生产要素投入的短板。值得注意的是,式(6-18)至(6-20)显示,中部地区技术进步路径演进仅取决于异质性劳动要素产出弹性差异,而无关乎资本产出弹性。

根据以上计算公式,得到历年要素边际生产率变化及技术进步路径演变(见表6-7)。

从技术进步诱致的要素使用平均偏向来看,中部技术进步的要素偏好与未考虑人力资本结构影响时的顺序相同,仍然是 $S>K>L$。但中部地区要素产出弹性及其边际生产率的大小和排序都发生了明显变化。

第一,从要素产出弹性变化看(图6-10),一是资本产出弹性均值0.521明显大于不考虑人力资本结构效应的资本产出弹性均值0.197,尽管之前和之后资本产出弹性变化幅度及变化趋势如出一辙。这意味着,中部地区人力资本结构特征致使区域经济增长对资本投入的敏感性大大提高,远大于仅考虑人力资本规模效应时的影响。二是考虑人力资本结构对技术效率的影响后,技能和非技能劳动产出弹性变动趋势出现了大逆转。其中,非技能劳动由之前负值产出弹性逆转为正值且具有下行趋势,尤其是2005年之后,非技能劳动产出弹性趋近于零并渐变为负值,表明经济增长过程中的非技能劳动投入逐渐趋于过剩;而技能劳动则由之前的正向产出弹性逆转为负值,虽然总体上呈现出上升态势,这与中部资本及技能劳动要素投入匮乏而前沿技术选择偏高于其要素禀赋水平,进而存在低质要素高位配置相关。

表 6-7 1996—2012 年中部地区要素边际生产率及技术进步方向

	η_K	η_L	η_S	BTC	TC	TE	MPK	MPL	MPS	BKL	BLS	BSK
1996	0.584	0.207	-0.084	-0.106	0.029	0.862	34.054	13.387	-3.017	1.212	-1.078	-0.134
1997	0.572	0.188	-0.077	-0.104	0.032	0.867	33.159	12.543	-2.889	144.68	-144.51	-0.176
1998	0.573	0.165	-0.071	-0.103	0.032	0.856	32.243	12.542	-2.952	0.096	0.128	-0.224
1999	0.564	0.150	-0.065	-0.101	0.035	0.852	30.671	14.175	-2.902	0.182	0.074	-0.256
2000	0.547	0.143	-0.060	-0.096	0.039	0.856	29.183	16.126	-2.771	0.217	0.075	-0.292
2001	0.530	0.138	-0.054	-0.091	0.044	0.863	28.071	18.555	-2.619	0.235	0.101	-0.336
2002	0.536	0.104	-0.046	-0.093	0.043	0.854	27.857	17.491	-2.542	0.949	-0.522	-0.427
2003	0.514	0.103	-0.043	-0.087	0.048	0.859	26.540	20.558	-2.440	-0.131	0.628	-0.497
2004	0.504	0.089	-0.040	-0.085	0.051	0.868	25.594	22.290	-2.464	0.043	0.525	-0.569
2005	0.528	0.031	-0.032	-0.092	0.044	0.856	25.989	13.451	-2.321	-3.426	4.346	-0.920
2006	0.527	0.013	-0.032	-0.091	0.044	0.846	24.812	12.284	-3.163	-0.092	-0.853	0.944
2007	0.511	0.007	-0.036	-0.088	0.048	0.849	23.202	14.069	-3.250	-0.314	-75.88	76.20
2008	0.502	-0.005	-0.037	-0.085	0.050	0.833	21.636	12.941	-3.753	-0.229	4.047	-3.818
2009	0.489	-0.011	-0.042	-0.082	0.053	0.807	19.685	11.963	-4.479	-0.102	1.089	-0.988
2010	0.471	-0.012	-0.046	-0.078	0.058	0.799	18.117	13.108	-5.252	-0.016	0.570	-0.553
2011	0.432	0.010	-0.053	-0.068	0.068	0.795	16.048	33.835	-5.755	-2.047	2.537	-0.490
2012	0.479	0.310	-0.124	-0.038	0.097	0.836	16.980	885.132	-77.63	0.142	-0.236	0.094
均值(1)	0.521	0.096	-0.055	-0.088	0.048	0.845	25.520	67.321	-7.659		$S \succ K \succ L$	
均值(2)	0.197	-0.003	0.015	0.010	0.081	0.695	9.662	10.468	-0.672		$S \succ K \succ L$	

注:为便于比较人力资本规模效应和结构效应下的经济发展效率差异,表中均值(1)是考虑人力资本结构效应时的计算结果,均值(2)则是未考虑人力资本结构效应时的计算结果。

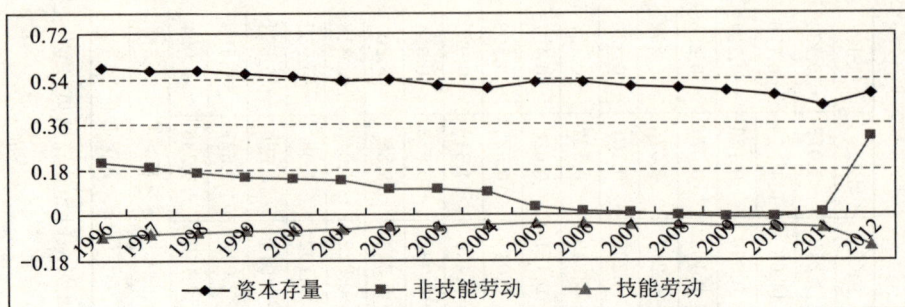

图 6-10   1996—2012 年中部地区要素产出弹性变化

第二,从要素边际生产率演化来看(图 6-11),资本边际生产率一如未考虑人力资本结构影响时的递减变化趋势;而技能劳动边际生产率始终为负值且呈微弱的倒 U 形增长,2012 年则陡然下降(图中未标示);非技能劳动边际产出在1996—2004 年间增长迅速,2005—2010 年间增长率几乎未变,2010 年后则强势增长,2012 年非技能劳动生产率增长幅度太大,未在图中标注。

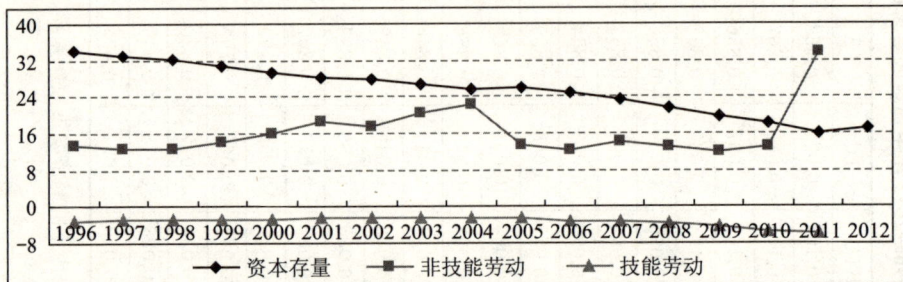

图 6-11   1996—2012 年中部地区要素边际生产率变化

第三,从中部技术进步增长变化看(表 6-7):一是考虑人力资本结构影响后的技术效率平均水平 0.845,明显高于之前 0.695 的平均水平。不论是否考虑人力资本结构影响,相对于各自前沿技术边界,中部地区的技术利用效率水平始终居三大区域之首。二是不考虑人力资本结构影响时,偏向性技术进步为正且呈递增趋势;考虑人力资本结构效应后,偏向性技术进步率虽然为负值,但仍如前一样呈增长走势。这可能意味着,中部人力资本水平明显低于其前沿技术水平,因而技术进步对要素生产率的提高明显力不从心;但是,人力资本结构与技术结构存在着一定的适度匹配,尽管力不从心但技术进步对要素质量改善仍具有促进作用。

第四,从技术进步要素偏好程度的平均值来看,仍然与未考虑人力资本结构影响时的偏向顺序一致,即 $S>K>L$。但是,从技术进步偏向的动态变化过程来看,不同于之前要素偏向频繁地调整,考虑人力资本结构影响后的要素偏向具有较为明显的阶段性调整特征。具体而言,一是传统产业部门中的技术进步偏向明显分为两大阶段,1996—2004 年间相对非技能劳动,基本上技术进步始终偏向资本,但 2005 年之后技术进步始终偏向非技能劳动,可见中部传统产业部门明显由资本深化到资本浅化过渡,是由大三线建设时期大规模内迁的工业基础底蕴到承接东部劳动密集产业转移而回归其丰富劳动力资源比较优势的渐变过程。二是尽管在劳动力内部结构配置上技术进步平均更偏向技能劳动,但是在 17 个样本年份中倒有 11 个年份技术进步偏向非技能劳动,在非技能劳动异常充裕而资本和技能劳动增量投入匮乏情况下,相对于其前沿技术选择,难免广泛存在着低质要素高位配置现象。三是尽管现代产业部门中的技术进步平均更偏向技能劳动,但是在 17 个样本年份中倒有 14 个年份技术进步更偏向资本,不仅资本对技能劳动过度替代,而且劳动力内部结构上也存在低质要素高位配置(表 6-8 中,σ_{SK} 恒大于 1,σ_{SL} 有负值),这也许是造成中部技能劳动产出弹性持续为负值的根本原因。

6.5.3 要素替代弹性的动态变化

由要素替代弹性公式计算出中部地区 8 个省份各年替代弹性值,并对其求平均值得到区域要素替代弹性(见表 6-8)。

相比于未考虑人力资本结构影响时,中部要素替代弹性中的一个最大逆转变化是:σ_{tL} 和 σ_{KL} 由之前的同时阶段性呈现负值转而未考虑人力资本结构效应后 σ_{tL} 全部为正值,而 σ_{KL} 则全部为负值。这意味着,中部非技能劳动投入与当前技术结构存在着适度匹配,但传统产业部门中要素投入结构则匹配失当,非技能劳动相对资本投入长期处于拥挤状态。从经济增长方式的"阶段性"规律[18]看,虽然要素相对拥挤会导致要素之间替代无效率而陷生产于不经济区域内,但是,当有丰富的非技能劳动可供使用时,尤其是在资本和技能劳动投入匮乏的中部地区,尽量使这些资源得到充分有效利用,显然是加速中部地区资本积累而实现经济增长的首选途径。

表 6-8 1996—2012 年中部地区要素替代弹性变化

	σ_{LK}	σ_{KL}	σ_{LS}	σ_{SL}	σ_{rS}	σ_{Sr}	σ_{rL}	σ_{Lr}	σ_{KS}	σ_{SK}	σ_{rK}	σ_{Kr}
1996	0.740	-1.046	1.072	1.395	1.155	-1.621	0.932	0.994	0.825	1.271	1	1
1997	0.758	-1.128	1.096	1.487	1.162	-0.523	0.881	0.994	0.820	1.281	1	1
1998	0.771	-1.073	1.153	-0.039	1.194	1.101	0.869	0.994	0.819	1.284	1	1
1999	0.771	-0.907	1.195	-0.003	1.203	1.004	0.814	0.994	0.816	1.294	1	1
2000	0.767	-0.864	1.225	0.330	1.205	0.972	0.752	0.994	0.810	1.308	1	1
2001	0.763	-0.826	1.259	0.035	1.208	0.950	0.710	0.994	0.805	1.319	1	1
2002	0.776	-0.620	0.637	-0.195	1.263	0.904	0.586	0.994	0.805	1.321	1	1
2003	0.770	-0.619	1.037	0.366	1.267	0.912	0.541	0.994	0.798	1.339	1	1
2004	0.772	-0.535	1.096	0.535	1.266	0.909	0.505	0.994	0.794	1.351	1	1
2005	0.805	-0.281	-0.397	-0.301	1.381	0.860	0.418	0.994	0.798	1.338	1	1
2006	0.810	-0.191	1.351	4.069	1.734	0.851	0.352	0.994	0.796	1.347	1	1
2007	0.806	-0.180	1.044	0.655	1.403	0.866	0.386	0.994	0.795	1.349	1	1
2008	0.808	-0.118	1.146	0.705	1.360	0.874	0.348	0.994	0.791	1.364	1	1
2009	0.806	-0.091	1.154	0.777	1.283	0.889	0.334	0.994	0.790	1.363	1	1
2010	0.800	-0.071	1.167	1.481	1.216	0.910	0.297	0.994	0.785	1.376	1	1
2011	0.767	-0.111	0.622	0.264	1.168	0.937	0.296	0.994	0.774	1.412	1	1
2012	0.513	-0.782	1.144	1.074	1.272	0.888	0.828	0.991	0.810	1.306	1	1
均值(1)	0.765	-0.555	1.000	0.743	1.272	0.687	0.579	0.994	0.802	1.331	1	0.944
均值(2)	0.825	-0.046	0.910	0.406	1.096	0.914	-0.039	1.135	0.774	1.424	1	0.944

注：为便于比较人力资本规模效应和结构效应下的经济发展效率差异，表中均值（1）是考虑人力资本结构效应时的计算结果，均值（2）则是未考虑人力资本结构效应时的计算结果。

第一,在传统产业部门中,资本对非技能劳动替代弹性始终小于1,而非技能劳动对资本的替代弹性始终为负值,即非技能劳动相对资本投入始终存在过剩配置。虽然非技能劳动投入相对过剩是陷中部生产于不经济区域的根本原因,但是,大量具有低成本比较优势的非技能劳动的充裕供给为中部经济增长贡献了人口红利,推动着资本积累的实现(式(6-10)),对中部资本投入匮乏之短板具有一定的补偿效应;而资本投入的增加进一步促使窖藏的非技能劳动得以释放并进入真正劳动过程(式6-11),并进一步加速资本积累形成,并构成一个由潜在非技能劳动释放到资本积累形成的良性循环。

第二,在现代产业部门中,资本对技能劳动的替代弹性始终大于1且呈递增变化(除2012年外),表明资本对技能劳动富于替代弹性;而技能劳动相对资本的替代弹性始终小于1且呈递减变化(除2012年外),前者始终明显大于后者。由于中部地区高级人力资本占比为三大区域最低,但前沿技术选择偏高于其要素禀赋结构水平,因而,通过传统产业部门过剩配置非技能劳动以加速资本形成与积累,在现代产业部门中以资本投入替代积累速度慢且当前匮乏的技能劳动,也不失为中部不得已的策略选择。

第三,在劳动力内部结构配置上,技能劳动对非技能劳动基本上富于替代弹性,非技能对技能劳动或互补,或替代,或富于替代,还偶有过剩配置,表明中部非技能劳动则供给充足,而技能劳动相对于非技能劳动具有稀缺性,因而,不同于东部高质要素低效配置,中部地区不可避免地存在着低质要素高位配置现象。

第四,从技术进步与生产要素的替代弹性看,技术进步对资本的替代弹性为常数1,大于其对非技能劳动的常数替代弹性0.994,这意味着,技术进步对资本和非技能劳动投入缺乏敏感性。技术进步对技能劳动的替代弹性小于其对非技能劳动的替代弹性,中部技术进步更倾向于增加对技能劳动投入的需求。从实体要素对技术进步的替代弹性看,技能劳动对技术进步富于替代,弹性值介于[1.155,1.734],大于资本对技术进步的单位替代弹性,也大于非技能劳动对技术进步的替代弹性[0.296,0.932]。值得注意的是,非技能劳动对技术进步替代弹性小于1且呈递减变化,对技术进步由1996—2004年的替代逐渐降低到2005—2010年的互补性逐渐提高;这意味着,非技能劳动投入的增加越来越依赖于技术进步的提高,即生产过程中的要素组合投入对非技能劳动质量配置要求越来越高。

综上所述,正如中部前沿生产函数所揭示的,资本投入匮乏、技能劳动短缺是中部经济增长的硬伤,但是,不同要素之间的协同增长效应改变了要素组合生产中短边要素的制约。正是资本对技能劳动富于替代弹性,因而以先进的资本设备引进和自动化生产流水线投资来替代技能劳动短缺造成的研发创新不足,同时开发并充分利用充裕的非技能劳动力资源以加速资本积累和形成,由此形成一个由比较优势经济向规模经济过渡的良性循环经济体。不可否认的是,相对于其前沿技术选择来说,虽然中部技术利用效率水平较高,但各级人力资本对 FDI 和 TRD 技术外溢的吸收能力尚未达到门槛值,这也许是中部经济效率损失的根本原因。

6.5.4 经济增长质与量的演变

为便于对比三大区域技术选择与人力资本结构匹配差异性,对中西部地区也采用与东部相同的样本区间划分,即分 1996—2003、2004—2007、2008—2012 三个阶段探讨人力资本结构与技术选择匹配适宜性对经济发展效率的影响。

首先,从 TFP1 增长率分解项的平均值来看(见表 6-9),当考虑人力资本结构效应后,中部技术进步率落差较大,由之前年均 0.082 的增长率降为 0.049,但依然是 TFP1 增长的首要推动力;技术效率变化由之前年均 0.0005 的正增长逆转为之后年均 0.001 的负增长,成为 TFP1 增长的抑制因素;规模效应则由原来年均−0.111 降低为之后的年均−0.079 的增长率,仍然是 TFP1 增长的最大掣肘因素。

从 TFP1 各分解项的变化趋势看(图 6-12),技术进步率平缓上升;技术效率变化围绕横轴上下波动,波动幅度逐渐增大;规模效应变化始终为负增长,在 1996—2001 年期间规模效应尚有改善趋势,2002—2010 年持续恶化,2011 年之后出现回升迹象。TFP1 增长率于 1996—2004 年在横轴附近上下波动,2005—2010 年持续为负增长。当然,因缺乏要素价格信息,这里的 TFP1 增长中未包括要素配置效率变化。

表 6-9 1996—2012 年中部地区经济发展效率变化

	PP	PM	PH	TEC	SEC	TC	TFP1	TFP2	△TFP	MPK
1996	0.275	0.662	0.063	—	—	0.029	—	—	—	34.054
1997	0.259	0.663	0.078	0.011	−0.033	0.032	0.010	0.043	0.033	33.159
1998	0.259	0.669	0.072	−0.013	−0.037	0.032	−0.018	0.018	0.036	32.243
1999	0.244	0.678	0.078	−0.006	−0.035	0.035	−0.006	0.026	0.032	30.671
2000	0.223	0.682	0.094	0.005	−0.030	0.039	0.015	0.043	0.028	29.183
2001	0.204	0.686	0.110	0.009	−0.029	0.044	0.025	0.052	0.027	28.071
2002	0.214	0.680	0.105	−0.012	−0.052	0.043	−0.021	0.034	0.055	27.857
2003	0.186	0.695	0.119	0.011	−0.048	0.048	0.011	0.060	0.049	26.540
1996—2003	0.233	0.677	0.090	0.001	−0.038	0.038	0.002	0.039	0.037	30.222
2004	0.177	0.706	0.117	0.007	−0.062	0.051	−0.004	0.059	0.063	25.594
2005	0.201	0.676	0.123	−0.017	−0.089	0.044	−0.062	0.033	0.095	25.989
2006	0.204	0.680	0.116	−0.012	−0.104	0.044	−0.072	0.033	0.105	24.812
2007	0.184	0.696	0.120	0.004	−0.113	0.048	−0.061	0.057	0.118	23.202
2004—2007	0.192	0.690	0.119	−0.005	−0.092	0.047	−0.050	0.046	0.095	24.899
2008	0.176	0.710	0.114	−0.018	−0.121	0.050	−0.089	0.031	0.120	21.636
2009	0.162	0.717	0.121	−0.030	−0.143	0.053	−0.120	0.019	0.139	19.685
2010	0.146	0.700	0.154	−0.010	−0.152	0.058	−0.104	0.048	0.152	18.117
2011	0.114	0.700	0.186	−0.001	−0.142	0.068	−0.075	0.071	0.146	16.048
2012	0.111	0.694	0.195	0.063	−0.066	0.097	0.095	0.182	0.087	16.980
2008—2012	0.142	0.704	0.154	0.001	−0.125	0.065	−0.059	0.070	0.129	18.493
1996—2012	0.196	0.688	0.116	−0.001	−0.079	0.049	−0.030	0.051	0.080	24.987

注:①TFP1 是技术进步 TC、规模效应变化 SEC 和技术效率变化 TEC 三项之和;②TFP2 是按照索洛余值核算法得到的。③AEC= TFP2−TFP1;④PP、PM、PH 分别表示初级、中级、高级人力资本占比。

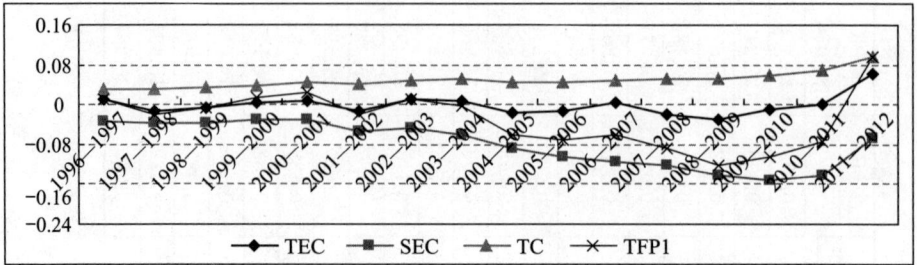

图 6-12 中部地区 TFP1 增长率及其分解项变化

考虑人力资本结构影响之前和之后,TFP1 增长率及其各分解项的变化均存在着较大差异。当不考虑人力资本结构效应时,技术效率变化和技术进步率恒为正值,只有规模效应增长率恒为负值;而当考虑人力资本结构影响后,技术效率变化不稳定且平均值为负,规模效应增长仍恒为负值。可见,不考虑人力资本结构影响,低估了技术效率水平且高估了规模效应恶化程度,尤其是,过高估计了技术进步增长率,进而高估了 TFP 增长率。这是因为:一则中部地区高级人力资本占比居于区域最低;二则各级人力资本吸收技术外溢能力较差,因而前沿技术边界外扩速度较慢,导致考虑人力资本结构效应后反而技术进步率存在较大落差;同时,技术利用效率平均水平始终居区域之首,从而内化为人力资本技术积累,加之中级人力资本占比属区域最高,所以考虑人力资本结构效应后中部规模效应变化总体上有所改善。

其次,根据人力资本结构变动与 TFP 增长率的协同变化趋势,可判断人力资本结构与技术选择之间的动态适配性。就整个样本期间而言,中部技术进步要素偏好顺序为 $S>K>L$,明显偏离其资本匮乏、技能劳动短缺、非技能劳动供给充足、相对于其技术选择而各级人力资本水平普遍较低的要素禀赋现实。然而,这种赶超型技术选择却得以实施,关键在于非技能劳动的充分开发和利用,以及不同要素之间的协同增长效应。

从人力资本结构与技术选择的阶段性动态匹配来看,1996—2003 年到 2004—2007 年间,初级人力资本占比下降,中级和高级人力资本占比双双呈现上升走势,技术进步路径偏好顺序由 $K>S>L$ 转为 $S>L>K$,技术效率变化由阶段正增长而转为负增长,规模效应恶化持续加剧,但技术进步率上升,TFP2 增长率提高(索洛核算中包括配置效率变化),技术选择由偏向稀缺资本到偏向丰裕劳动,供给充足的劳动力资源得以有效使用,大大提高了资源配置效率,尽管偏离了资源规模配置最优点而规模经济性较差,但全要素生产率增长是提高的,因而人力资本结构与技术选择之间存在着适度匹配。2004—2007年到 2008—2012 年间,初级人力资本占比继续走低,中级和高级人力资本仍然持续上升,技术进步偏向顺序由 $S>L>K$ 转而为 $L>K>S$,技术效率变化有所改善,要素组合规模效率更趋下降。但是,技术进步率更快地增长,TFP2 增长率也快速提高。传统产业部门重新调整而回归其丰富劳动力所决定的比较优势,现代部门相对技能劳动更偏向资本使用的产业结构升级转型,有利于促进中部人力资本异质性分化,有利于解构产业同构,进而培育竞争优势产业。中部人力资本结构与技术选择之间仍存在着动态适配性。

第三,从区域经济增长源泉的变化看(图 6-13),1996—2003 年期间中部 TFP2 增长率波动中呈上升趋势,由 1997 年初占经济增长率 GY 的 21.0% 到 2001 年初的 56.8%,这一阶段内 TFP2 增长对经济增长的贡献份额提高比较快,2004—2008 年间经济增长率和 TFP2 增长率的间距逐渐扩大,要素投入对经济增长的贡献在波动中不断提高,相应地 TFP2 增长的贡献份额则逐渐下降;2009—2012 年间经济增长呈下行趋势,而 TFP 增长的贡献反而快速提升。

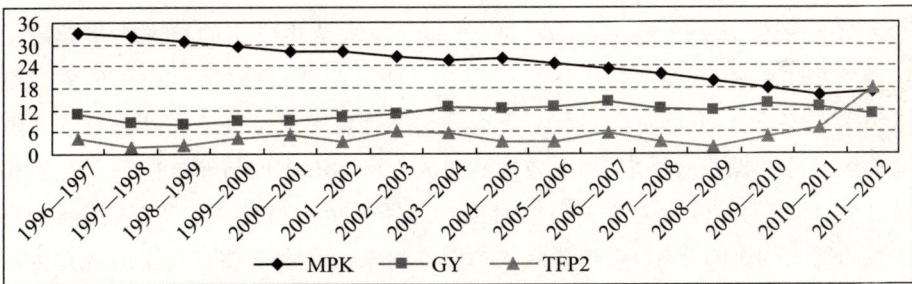

图 6-13 中部经济增长率与 TFP 增长率及资本积累效率变化

从经济增长率(GY)和资本边际生产率(MPK)变化看,虽然中部地区资本边际生产率持续下降,但自始至终大于经济增长率,表明中部资本积累具有动态效率。正是那些大量窖藏的具有成本比较优势的非技能劳动在传统产业部门中的过剩配置,推动着中部地区资本的形成和积累,缓解了资金投入匮乏窘境,而新增资本的投入进一步释放潜在的非技能劳动进入真正的生产过程,闲置资源的有效开发和利用也减缓了资本边际报酬的过快下降。

第四,中部地区分解法得到的 TFP1 和核算法得到的 TFP2 增长率的变化轨迹基本一致(图 6-14)。由于缺乏价格信息,TFP1 未包含要素配置效率变

化。如果假设两种方法得到的 TFP 增长率具有一致性,那么,可推测中部地区
要素配置效率变化是持续正增长的,而且局部要素组合的配置效应对 TFP 增
长的贡献越来越大,但是,却越来越偏离整体要素组合的规模效应最优点(表现
为规模效应下降)。其实,中部地区大多数要素替代弹性均值都大于东部和西
部相应要素替代弹性均值,因而在要素投入增长的贡献中,相比于东部和西部,
中部更多地混合了替代弹性变化引起的结构增长效应,而这种结构增长效应在
索洛核算法中被归入 TFP2 增长率。

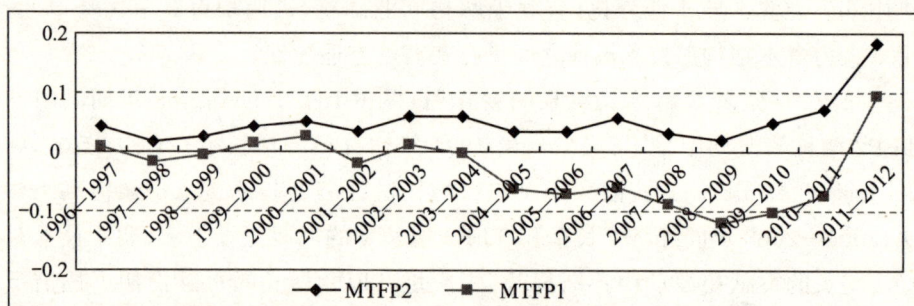

图 6-14   中部 SFA 和增长核算法得到的 TFP 增长率

综上所述,从整个样本期间看,中部前沿技术结构决定的技术水平偏高于
其经济发展水平,因而尽管中部地区选择了适宜的前沿技术,但由于要素禀赋
结构水平较低,一方面资本投入匮乏而无法满足技术设备快速更新和对人力资
本大量而持续投资的需求,另一方面高级人力资本占比低与非技能劳动配置相
对过剩,都成为弥合人力资本与前沿技术选择差距的瓶颈。尤其是,不同于东
部和西部人力资本水平,中部各级人力资本尚未达到吸收技术外溢的人力资本
门槛。要素禀赋整体质量的低下和赶超型技术进步路径选择都使得中部地区
难以形成规模经济。

但是,当分阶段考察中部地区要素替代弹性变化、人力资本结构与技术选
择的动态匹配适宜性时,我们发现,资本对技能和非技能劳动的替代弹性阶段
性递增,同时人力资本结构与技术选择之间存在动态适配性。伴随着中部逐渐
回归其丰富劳动力所决定的比较优势,充裕的非技能劳动要素得以有效配置,
资本积累持续具有动态效率。尤其是中部前沿生产函数中资本与非技能劳动、
非技能与技能劳动、技能劳动与技术进步之间两两互补的生产方式将延伸成迁
回的生产链条,即使没有任何新的技术进步因素,仅依靠不断地技术复制也能
创造持续增长现象[124]。

区别于东部和西部地区,中部偏向性技术进步率不断提高,这也就意味着要素禀赋质量不断改善,则要素投入的增长效应中也更多地混合了替代弹性变化引起的结构变化的贡献。同时资本积累的持续动态效率,以及技术结构与技能结构的动态适配性也进一步提高了中部经济增长的可持续性。不可否认的是,虽然中部地区明显存在着本地化的"干中学"效应,但各级人力资本对 FDI和 TRD 技术外溢的吸收能力不足。在资金投入匮乏、高级人力资本稀缺情况下,对引进技术的模仿、消化、吸收无疑能够大大降低研发创新风险,快速提高人力资本的技术积累,中部更应着力于各级人力资本技术吸收能力的培养和提升。

6.6 西部地区经济发展效率

将第五章根据 Battese 和 Coelli(1992)模型得到的西部前沿生产函数作为本章 Battese 和 Coelli(1995)模型下的既定生产函数形式,以外资依存度 FDI,贸易开放度 TRD,人力资本存量结构 P、M、H 及其技术吸收能力作为技术效率的影响因素,修改 Battese 和 Coelli(1992)模型中技术非效率的指数线性增长假设,而代之以西部禀赋特征和体制环境变量,纳入 Battese 和 Coelli(1995)模型中的生产无效率方程。首先,保持前沿生产函数不变,根据似然比检验删除统计上不显著的技术效率影响因素;其次,确定出对技术效率影响显著的因素后,再利用似然比统计量重新调整前沿生产函数中回归参数不显著的项。再次,对前沿生产函数调整后发现,部分技术效率影响因素在统计上不再显著,于是再次对生产无效率方程进行了调整。同样,根据似然比统计量的判别规则,有的回归参数虽然统计上不显著,但是,却拒绝整体模型似然比检验的零假设,在这种情况下,对统计上不显著的参数也予以保留处理。最终的回归结果见表6-10。

6.6.1 前沿生产函数与技术非效率方程

从西部前沿生产函数看(表 6-10),当考虑多维异质人力资本结构对技术效率的影响后,资本、技能及非技能劳动投入对前沿技术的影响都出现逆转性改变:一是资本对经济增长不显著的正效应逆转为显著的负向累积效应,即西部人力资本结构显著影响资本积累有效性;二是非技能劳动对经济增长显著的正累积效应及其增量投入规模报酬递减效应均逆转为可忽略不计的因素,这意味

表6-10 西部地区前沿生产函数及其技术无效率方程一步法回归结果

	模型 1 (技术效率 0.449)		模型 2 (调整前)		模型 3 (调整前沿函数)		模型 4 (调整无效率方程) (技术效率 0.778)	
截距	8.5332***	(17.4825)	10.7641***	(17.5718)	10.8981***	(16.2100)	12.0288***	(17.0715)
$\ln K$	0.2068	(1.3611)	-1.9452***	(-8.9518)	-1.8542***	(-6.7576)	-2.3748***	(-8.2049)
$\ln L$	0.1962***	(4.4112)	0.0715	(0.4538)				
$\ln S$	-0.0043	(-0.1268)	0.6922***	(5.1815)	0.6499***	(8.5582)	0.7526***	(9.8768)
t	0.0445**	(2.0131)	0.3569***	(9.6960)	0.3133***	(6.8989)	0.3744***	(8.2263)
$0.5(\ln K)^2$	0.0230**	(1.8487)	0.2655***	(12.2764)	0.2473***	(9.2682)	0.2856***	(10.8045)
$0.5(\ln L)^2$	-0.0275***	(-3.7863)	0.0282	(0.9936)				
$0.5(\ln S)^2$								
$0.5t^2$	0.0007**	(2.1560)	0.0060***	(11.4233)	0.0062***	(5.2460)	0.0067***	(6.7631)
$\ln K \times \ln L$								
$\ln K \times \ln S$	-0.0198***	(-4.7677)	-0.1205***	(-8.3150)	-0.1013***	(-6.9848)	-0.0812***	(-6.6143)
$\ln L \times \ln S$	0.0238***	(2.9460)	0.0101	(0.2756)	0.0356***	(4.7295)	0.0128**	(1.9478)
$t \times \ln K$	-0.0007	(-0.1911)	-0.0614***	(-9.4633)	-0.0565***	(-6.7476)	-0.0666***	(-8.1853)
$t \times \ln L$								
$t \times \ln S$								
					生产无效率方程			

续表

	模型 1 (技术效率 0.449)	模型 2 (调整前)	模型 3 (调整前沿函数)	模型 4(调整无效率方程)(技术效率 0.778)
FDI		8.8140*** (10.0101)	1.2417 (0.8949)	
P		0.0052*** (11.0543)	0.0026*** (4.5014)	0.0031*** (6.3498)
M		0.0017*** (2.8830)	0.0017** (2.6522)	0.0021*** (4.1995)
H		0.0198*** (5.4529)	0.0182*** (4.7261)	0.0110*** (7.9570)
P×FDI		0.0683*** (2.9428)	0.0971*** (3.2082)	0.0648** (2.1871)
M×FDI		−0.0285** (−2.1452)	−0.0215 (−1.2411)	−0.0073 (−0.4558)
H×FDI		−0.0797*** (−8.6358)	−0.0865** (−2.2024)	−0.0446 (−1.0374)
P×TRD		−0.0114*** (−12.0934)	−0.0103*** (−5.8410)	−0.0172*** (−11.6056)
P×M		−0.144E−04*** (−4.1351)	−0.113E−04*** (−2.9436)	−0.146E−04*** (−5.4387)
P×H		−0.210E−04*** (−1.8090)	−0.148E−04 (−1.2866)	
M×H		−0.315E−04*** (−8.3421)	−0.291E−04*** (−6.8351)	−0.181E−04*** (−6.6372)
σ^2	1.3566** (2.3138)	0.0242*** (15.6150)	0.0261*** (8.494)	0.0310*** (7.9180)
γ	0.9992*** (0.270E+04)	0.1389** (2.3724)	0.0873** (1.8613)	0.1727** (3.3786)
Log	322.8161	80.0859	72.4064	59.3714
单边误差检验	650.1616	164.6304	156.2311	130.1610

着,西部地区远未能充分开发和利用其丰沛的非技能劳动资源;三是技能劳动对经济增长不显著的负累积效应逆转为显著的正向累积效应,技能劳动对经济增长的贡献相对大于非技能劳动。其他回归参数虽然不存在符号上的逆转,但各自绝对值都有明显增大。另外,截距项系数明显变大,也就是说,如果不考虑人力资本结构的影响,将低估西部地区的经济增长水平。

从生产无效率方程看,西部各级人力资本对技术效率的影响途径存在差异。虽然各级人力资本投入对技术效率的提升具有明显而直接的抑制作用,但是,各级人力资本却能够通过获取不同渠道的技术外溢而提高自身技术积累并间接改善生产效率。具体而言,一是中高级人力资本通过吸收 FDI 技术溢出(虽然统计上不显著)、初级人力资本通过国际贸易"干中学"效应共同促进技术效率提高,而 FDI 对初级人力资本的逆向技术溢出表明,西部初级人力资本更倾向于流入 FDI 企业,成为 FDI 降低生产成本的较优选择。二是不同于东部中高级人力资本之间的排挤效应,也不同于中部地区高级人力资本与初级、中级人力资本之间的挤出效应,西部地区初级和中级人力资本、中级和高级人力资本之间都存在着互补型技术溢出,即西部地区以要素质量阶梯差异最小化而获得了要素结构最大化生产收益,并对技术效率产生显著的促进作用。总之,西部人力资本结构及其技术吸收能力与其前沿技术选择水平存在着适度匹配。一方面,相对低级人力资本可以获得来自相对高级人力资本的内部技术溢出;另一方面,各级人力资本还能够吸收 FDI 和 TRD 技术外溢来提升自身技术积累,因而西部人力资本水平获得整体提升的机会空间也比较大。

另外,我们注意到,考虑人力资本结构效应后,西部地区的技术效率平均水平 0.778 远高于之前 0.449 的技术效率水平;而 $\gamma=0.1727$,较之未考虑技术效率影响因素时的 $\gamma=0.9992$,这意味着,西部地区产出增长的波动仅有 17.27% 来自人力资本结构及其吸收能力的影响。相比于东部和中部由人力资本结构引起 97.11% 和 99.99% 的产出波动而言,西部人力资本结构及技术吸收能力与其前沿技术选择之间的适配性远高于东部和中部地区。

6.6.2　要素边际生产率及技术进步路径演进

根据表 6-10 中模型 4 的计量回归结果,得到西部前沿生产函数表达式:

$$\ln Y_{it} = 12.0288 - 2.3748\ln K_{it} + 0.7526\ln S_{it} + 0.3744\tau +$$
$$0.5712(\ln K_{it})^2 + 0.0134\tau^2 - 0.0812\ln K_{it} \times \ln S_{it} + \quad (6\text{-}21)$$
$$0.0128\ln L_{it} \times \ln S_{it} - 0.0666\tau \times \ln K_{it}$$

西部前沿生产函数形式既具有东部单要素增量投入的规模报酬特征,又兼容中部不同要素之间的交互协同效应,但比之于东部和中部又都有不及之处,既不如东部技能劳动丰裕而缺乏规模投入,也逊于中部要素交互影响的广泛性。

依据西部前沿生产函数中回归参数,得到各生产要素产出弹性表达式:

$$\eta_{K_{it}} = -2.3748 + 0.5712\ln K_{it} - 0.0812\ln S_{it} - 0.0666\tau \qquad (6\text{-}22)$$

$$\eta_{L_{it}} = 0.0128\ln S_{it} \qquad (6\text{-}23)$$

$$\eta_{S_{it}} = 0.7526 - 0.0812\ln K_{it} + 0.0128\ln L_{it} \qquad (6\text{-}24)$$

$$TC_{it} = 0.3744 + 0.0134\tau - 0.0666\ln K_{it} \qquad (6\text{-}25)$$

显然,区别于东部要素产出弹性仅与自身投入相关的特点,西部要素产出弹性还受到生产过程中其他要素投入的影响,因而产业结构具有一定的关联性,可以拓宽要素使用范围。其中,资本产出弹性更多地依赖于自身增量投入,而技能劳动投入和技术进步提高与资本之间具有一定程度的替代作用。技能和非技能劳动投入的增加有利于各自产出弹性的提高。

$$BKL_{it} = -0.0666/\eta_{k_{it}} \qquad (6\text{-}26)$$

$$BSK_{it} = 0.0666/\eta_{k_{it}} \qquad (6\text{-}27)$$

$$BLS_{it} = 0 \qquad (6\text{-}28)$$

技术进步的要素偏好差异仅取决于资本产出弹性的变化,而与技能和非技能劳动的产出弹性无关。显然,西部经济增长过程对技能和非技能劳动的使用更趋于同质化,而资本积累效率则决定着技术进步的方向。

表 6-11 揭示了西部要素边际生产率及其相对技术进步差异的动态演化。

由表 6-11 看,尽管从技术进步偏向平均值看,西部仍然保持着与不考虑人力资本结构影响时一致的技术进步偏向,即技术进步要素偏好顺序依然是 $L = S > K$,但是,西部地区要素产出弹性及其边际生产率的大小和排序都发生了明显变化。

首先,从要素产出弹性看(图 6-15),一是西部资本产出弹性均值 0.400,相比于未考虑人力资本结构影响时 0.392 的均值,相差不是很明显,之前与之后的资本产出弹性基本都呈上升趋势。这意味着,西部人力资本结构效应对资本产出弹性的影响意义不大,远不及东中部尤其是中部资本产出弹性对人力资本结构敏感。二是显著不同于未考虑人力资本结构时技能和非技能劳动产出弹性都曾出现负值的情况,考虑人力资本结构效应后,技能和非技能劳动产出弹性始终为正值。技能劳动产出弹性递减,非技能劳动产出弹性则缓慢攀升。

表 6-11 1996—2012 年西部地区要素边际生产率及技术进步方向

	η_K	η_L	η_S	MPK	MPL	MPS	BTC	TC	TE	BKL	BSK	BLS
1996	0.324	0.075	0.373	1.698	2.961	32.189	−0.378	0.010	0.776	0.030	−0.030	0
1997	0.323	0.075	0.364	2.479	3.176	50.939	−0.385	0.016	0.781	0.028	−0.028	0
1998	0.317	0.075	0.355	3.057	3.605	40.470	−0.393	0.022	0.772	0.019	−0.019	0
1999	0.319	0.076	0.344	3.739	4.137	52.807	−0.401	0.027	0.776	0.018	−0.018	0
2000	0.318	0.076	0.334	3.151	4.677	46.864	−0.409	0.032	0.773	0.020	−0.020	0
2001	0.321	0.077	0.323	2.681	5.322	42.886	−0.418	0.037	0.755	0.030	−0.030	0
2002	0.326	0.078	0.311	2.145	6.135	34.208	−0.427	0.041	0.762	0.041	−0.041	0
2003	0.348	0.079	0.298	3.236	6.950	41.539	−0.438	0.044	0.773	0.060	−0.060	0
2004	0.362	0.080	0.285	3.039	8.515	38.197	−0.448	0.047	0.786	0.074	−0.074	0
2005	0.391	0.079	0.274	4.993	9.001	42.273	−0.459	0.050	0.762	0.109	−0.109	0
2006	0.410	0.080	0.261	5.838	9.773	42.213	−0.469	0.053	0.823	0.116	−0.116	0
2007	0.427	0.080	0.248	6.857	11.803	40.093	−0.479	0.056	0.821	0.151	−0.151	0
2008	0.443	0.081	0.236	6.448	13.925	40.497	−0.489	0.059	0.835	0.207	−0.207	0
2009	0.470	0.082	0.222	7.205	16.034	39.140	−0.501	0.061	0.768	−7.954	7.954	0
2010	0.497	0.083	0.206	9.002	20.398	30.511	−0.513	0.062	0.735	0.472	−0.472	0
2011	0.510	0.086	0.188	9.913	31.707	22.046	−0.524	0.065	0.726	−1.296	1.296	0
2012	0.688	0.063	0.152	18.220	141.506	142.976	−0.536	0.067	0.807	−0.025	0.025	0
均值(1)	0.400	0.078	0.281	5.512	17.625	45.873	−0.451	0.044	0.778	−0.465	0.465	0
均值(2)	0.392	0.006	0.007	23.326	14.824	−2.838	−0.005	0.052	0.449	−0.002	0.002	0

注：为便于比较人力资本规模效应和结构效应下的经济发展效率差异，表中均值（1）是考虑人力资本结构效应时的计算结果，均值（2）则是未考虑人力资本结构效应时的计算结果。

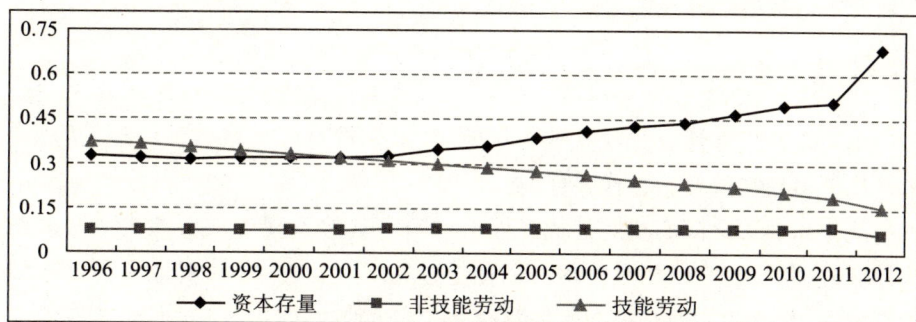

图 6-15 1996—2012 年西部地区要素产出弹性变化

从要素边际生产率变化看(图 6-16),截然不同于未考虑人力资本结构影响时资本边际产出明显的下行走势,考虑人力资本结构效应后,西部资本边际生产率总体呈徐缓上升态势。区别于东部非技能产出弹性恒负,也不同于中部技能劳动产出弹性恒负,西部地区的资本、技能劳动、非技能劳动产出弹性都大于零。显见西部人力资本结构与其前沿技术选择之间存在适度匹配,技术选择对要素生产效率的提升具有显著而积极的影响,这一点在各级人力资本对技术溢出吸收能力上已经得到佐证。

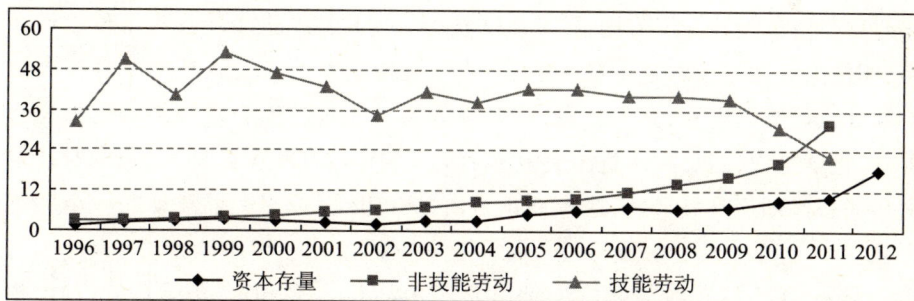

图 6-16 1996—2012 年西部要素边际生产率变化

其次,从技术效率水平和技术进步率来看,考虑人力资本结构效应后,西部技术效率平均水平为 0.778,明显高于之前 0.449 的平均水平,技术进步年均增长率为 0.044,却小于之前 0.052 的增长率,但相差不大。从技术进步的要素偏好平均值看,相对资本西部技术进步仍然更偏向技能和非技能劳动使用,但是,却截然不同于之前技术进步自始至终偏向技能和非技能劳动,而是不论传统产业还是现代产业部门都长期存在着更偏向资本使用的情况,因此不可避免地存在着资本对技能和非技能劳动的替代。

6.6.3　要素替代弹性的动态变化

由要素替代弹性公式计算出西部地区 11 个省份各年替代弹性值,并对其求平均值得到区域要素替代弹性(见表 6-12)。

从实体要素之间的相对替代弹性看:其一,截然不同于未考虑人力资本结构效应时,非技能劳动相对资本长期处于过剩配置($\sigma_{KL} < 0$);考虑人力资本结构影响后,非技能劳动对资本始终具有单位替代弹性($\sigma_{KL} = 1$),即非技能劳动相对资本的投入结构存在着固化现象,二者始终以相同比例投入生产过程。其二,在劳动力内部结构配置上,考虑人力资本结构效应后,非技能对技能劳动始终富于替代弹性($\sigma_{SL} > 1$),而技能对非技能劳动的替代弹性则始终小于非技能对技能劳动的替代($\sigma_{LS} < \sigma_{SL}$)。这体现出西部二元经济下农村剩余劳动力转移对劳动力市场的冲击,而 2009 年开始二者之间的相互替代弹性都显著增大,则意味着西部地区趋于回归劳动比较优势的倾向越来越明显。

从技术与要素之间的替代弹性平均值看,技术进步对技能劳动的替代弹性小于其对非技能劳动的替代弹性,更小于其对资本的替代弹性。这意味着,生产过程中的技术进步相对更倾向于异质性劳动尤其是技能劳动配置的增加,而相对减少资本配置。一方面,技能和非技能劳动对技术进步均具有单位替代弹性,即技能劳动与技术进步投入结构、非技能与技术进步投入结构均存在固化的同等比例投入现象;另一方面,只有资本相对技术进步的投入结构仍具有互补性,也就是说,西部技术进步更敏感于资本的形成和积累。然而,资本对技术进步的替代却极具波动性,这也许正是西部 TFP 增长率大幅波动的一个关键因素。

另外,我们注意到,在均值(2)栏中,除 σ_{KL}、σ_{SK}、σ_{LS} 和 $\sigma_{K\tau}$ 小于均值(1)中相应替代弹性值外,未考虑人力资本结构影响时的要素替代弹性均值(2)普遍大于考虑人力资本结构效应时的要素替代弹性均值(1)。不考虑人力资本结构影响时,显著低估了技术进步对资本的替代弹性($\sigma_{K\tau} = 0.968 < 1.506$)和技能劳动对非技能劳动的替代弹性($\sigma_{LS} = 0.285 < 0.957$),尤其是过高估计了非技能劳动相对资本的过剩配置($\sigma_{KL} < 0$)。

值得注意的是,不同于东部不考虑人力资本结构效应时的要素替代弹性普遍小于考虑人力资本结构影响时的相应替代弹性值,也不同于中部不考虑人力资本结构效应时的要素替代弹性恰有对半小于考虑人力资本结构影响时的相

表 6-12　1996—2012 年西部地区要素相对替代弹性变化

	σ_{LK}	σ_{KL}	σ_{KS}	σ_{SK}	σ_{LS}	σ_{SL}	σ_{Sr}	σ_{Kr}	σ_{Lr}	σ_{rS}	σ_{rK}	σ_{rL}
1996	0.694	1	0.574	1.495	0.955	1.050	1.226	1.187	3.146	1	3.771	1
1997	3.009	1	0.540	1.404	0.953	1.052	-2.031	1.946	2.763	1	-8.280	1
1998	1.786	1	0.648	1.245	0.952	1.054	0.909	0.916	1.077	1	1.777	1
1999	1.763	1	0.730	1.195	0.949	1.057	1.101	1.113	1.190	1	1.694	1
2000	2.215	1	0.772	1.121	0.947	1.060	1.352	1.323	1.336	1	-1.444	1
2001	1.109	1	0.845	1.080	0.944	1.064	-4.659	3.675	2.449	1	1.191	1
2002	1.367	1	0.877	1.011	0.940	1.069	8.808	3.115	2.278	1	1.559	1
2003	-0.291	1	0.902	1.045	0.936	1.075	0.790	0.812	0.736	1	0.632	1
2004	0.777	1	0.917	1.024	0.930	1.084	0.894	0.973	0.930	1	0.845	1
2005	0.902	1	0.940	1.063	0.924	1.093	0.971	1.070	1.001	1	0.954	1
2006	0.933	1	0.952	1.001	0.916	1.107	1.057	1.161	1.075	1	1.002	1
2007	0.968	1	0.965	3.257	0.904	1.133	1.254	1.368	1.227	1	1.045	1
2008	0.993	1	0.976	1.565	0.884	1.207	1.662	1.777	1.529	1	1.085	1
2009	0.999	1	0.998	1.529	0.833	1.009	1.065	1.361	0.976	1	1.120	1
2010	1.004	1	1.032	1.361	1.272	1.246	1.364	4.684	1.318	1	1.126	1
2011	0.986	1	1.063	1.049	0.815	1.123	-26.018	-1.302	-12.094	1	1.069	1
2012	-21.972	1	0.759	0.687	1.218	1.730	0.216	0.424	-0.223	1	0.409	1
均值(1)	-0.162	1	0.852	1.302	0.957	1.130	-0.591	1.506	0.630	1	0.562	1
均值(2)	1.002	-0.821	0.949	1.064	0.285	1.828	0.904	0.968	0.976	1	1.021	0.139

注：为便于比较人力资本规模效应和结构效应下的经济发展效率差异，表中均值（1）是考虑人力资本结构效应时的计算结果，均值（2）则是未考虑人力资本结构效应时的计算结果。

应替代弹性值,对西部地区而言,不考虑人力资本结构影响时的要素替代弹性值普遍大于考虑人力资本结构效应时的相应替代弹性值。

6.6.4　经济增长质与量的演化

为便于对比三大区域技术选择与人力资本结构匹配差异性,对中西部地区也采用与东部相同的样本区间划分,即分为 1996—2003、2004—2007、2008—2012 三个阶段,探讨人力资本结构与技术选择匹配适宜性对经济发展效率的影响。

我们已经注意到,在不考虑人力资本异质性时,西部产出波动的 99.92% 来源于技术无效率;当考虑人力资本结构效应后,技术无效率对产出波动的解释力仅有 17.27%。因此,截然不同于东部和中部地区,人力资本结构效应是技术无效率的主要来源;西部产出波动仅有 17.27% 来源于人力资本结构引发的技术无效率,更多地则来源于随机扰动的影响。

第一,从人力资本结构变动与技术选择的动态匹配看(表 6-13),1996—2003 年到 2004—2007 年间,初级和中级人力资本占比下降,高级人力资本占比上升,技术进步始终偏向资本使用,资本投入的增加却降低了技能劳动边际生产率(见式(6-25)),这不仅强化了资本对技能劳动的替代,而且会因为技能劳动投入降低而关联到非技能劳动产出弹性下降(见式(6-23))。虽然技术进步率增长明显,技术效率有所改善,但二者之和难抵规模收益率下降带来的损失,表明要素投入组合存在着动态失配,即人力资本结构与技术结构动态匹配适宜性趋于下降;在 2004—2007 年到 2008—2012 年之间,初级人力资本占比继续走低,但中级和高级人力资本占比双重上升,技术进步由偏向资本到偏向异质性劳动力使用,伴随着劳动力内部结构的优化,技能劳动投入的增加提高了非技能劳动产出弹性,而非技能劳动投入的增加亦有利于技能劳动产出弹性增长(式(6-23)、式(6-24)),必然有利于要素组合匹配效率提高;技术进步依然明显增长,技术效率变化在波动中仍有改进,而规模收益率显著提升,TFP 增长率亦显著提高。显而易见,西部人力资本结构与前沿技术结构动态匹配适宜性趋于上升。随着工业发展的"北上西进"的新扩散趋势和明显的两度人口"内地回流",西部地区更趋于回归其劳动力禀赋比较优势。

表6-13　1996—2012年西部人力资本结构及经济发展效率变化

	PP	PM	PH	TEC	SEC	TC	TFP1	TFP2	△TFP	MPK
1996	0.324	0.600	0.077			0.010				1.698
1997	0.345	0.577	0.078	0.008	0.473	0.016	0.497	0.076	-0.421	2.479
1998	0.341	0.576	0.083	-0.016	(4.877)	0.022	(4.883)	0.023	-0.044	3.057
1999	0.316	0.595	0.089	0.012	0.683	0.027	0.722	0.040	-0.682	3.739
2000	0.310	0.588	0.102	-0.001	-0.255	0.032	-0.223	0.028	0.251	3.151
2001	0.304	0.582	0.113	-0.023	-0.120	0.037	-0.106	0.036	0.142	2.681
2002	0.290	0.592	0.118	0.011	-1.439	0.041	-1.387	0.019	1.406	2.145
2003	0.278	0.584	0.139	0.013	0.514	0.044	0.572	0.057	-0.515	3.236
1996—2003	0.314	0.587	0.100	0.001	-0.011	0.029	0.020	0.040	0.020	2.773
2004	0.265	0.586	0.149	0.024	-1.505	0.047	-1.434	0.027	1.461	3.039
2005	0.284	0.565	0.151	-0.038	0.588	0.050	0.600	0.060	-0.540	4.993
2006	0.293	0.581	0.126	0.098	0.156	0.053	0.307	0.031	-0.276	5.838
2007	0.287	0.586	0.127	-0.007	0.163	0.056	0.213	0.049	-0.164	6.857
2004—2007	0.282	0.580	0.138	0.019	-0.150	0.052	-0.079	0.042	0.120	5.182
2008	0.279	0.594	0.128	0.023	0.357	0.059	0.439	0.025	-0.414	6.448
2009	0.270	0.598	0.132	-0.084	0.636	0.061	0.614	0.015	-0.599	7.205
2010	0.236	0.577	0.187	-0.048	-0.097	0.062	-0.083	0.001	0.084	9.002
2011	0.173	0.597	0.229	-0.002	(6.992)	0.065	(7.054)	-0.009	-0.120	9.913
2012	0.186	0.593	0.221	0.171	0.328	0.067	0.565	0.179	-0.386	18.220
2008—2012	0.229	0.592	0.179	0.012	0.259	0.063	0.329	0.042	-0.287	10.158
1996—2012	0.281	0.587	0.132	0.009	0.039	0.044	0.092	0.041	-0.051	5.512

注：①1997—1998年和2010—2011年西藏规模效应变化异常值分别为52.959、76.217，导致西部规模效应平均值异常。删除西藏异常值后，两处的规模效应变化平均值为0.069、0.069；相应TFP增长率为0.067、0.111；相应均值为0.039、0.092。②TFP1是技术进步TC、规模效应规模效应变化SEC和技术效率变化TEC三项之和；TFP2是按照索洛余值核算法得到的。③AEC=TFP2-TFP1。④PP、PM、PH分别表示初级、中级、高级人力资本占比。

第二,从 TFP1 增长率分解项的平均值来看,当考虑人力资本结构效应后,西部规模效应变化发生逆转,由之前年均 0.090 的负增长率转为 0.039;技术进步率虽然有所下降,但依然是 TFP1 增长的首要推动力;技术利用效率亦有改善。从各分解项的变化趋势看,技术效率变化由之前的不具有时变性而出现正负交替型增长;规模效应增长率由之前自始至终的负增长转而为大幅波动的正负相间的不规律变化。可见,西部人力资本结构更有利于技术效率的提升和规模收益率的改善,虽然尚不具有稳定性(图 6-19)。

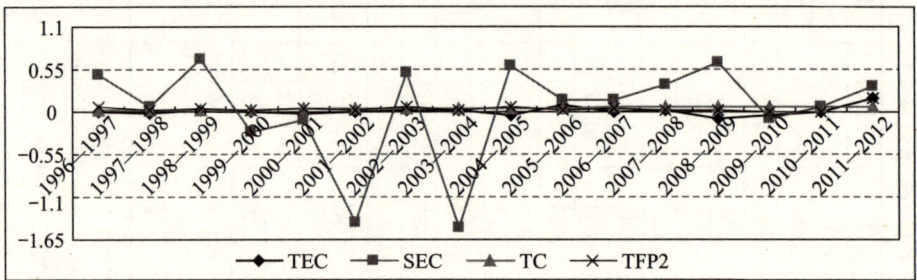

图 6-19　西部地区 TFP 增长率的分解项变化

第三,从经济增长率 GY 和 TFP2 增长率的相对变动来看西部经济增长源泉的变化(图 6-20),1996—2007 年间随着经济增长率不断提升,TFP 增长率一直在 4.0% 附近波动,经济增长率和 TFP 增长率间距拉大,这意味着要素投入对经济增长的贡献越来越大,TFP 增长对经济增长的贡献不稳定而且趋于下降;自 2008 年开始,经济增长率徐缓上升,而 TFP 增长率则逆向下行,二者之间的发散趋势越发明显,这意味着,要素投入对经济增长的贡献越来越大,西部依赖要素投入的经济增长模式进一步显现。

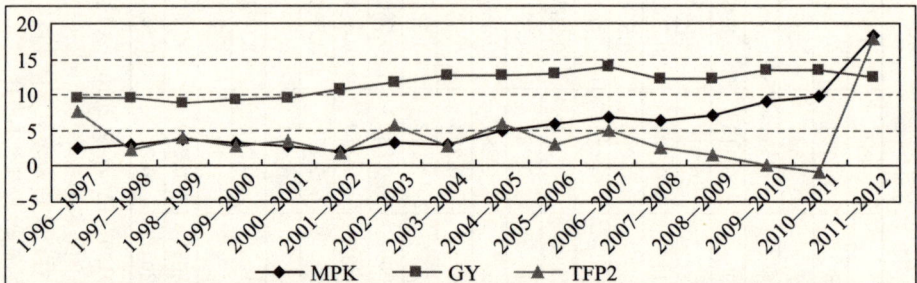

图 6-20　西部经济增长率与 TFP 增长及资本积累效率变化

第四,从经济增长率 GY 变化与资本边际生产率 MPK 的演化轨迹看资本积累动态效率,如图 6-20。在样本期间内,西部资本边际生产率一以贯之地小于经济增长率,即西部资本积累缺乏动态效率。这与西部前沿生产函数中资本存量对经济增长的负向累积效应相契合。尽管东部和西部资本积累都缺乏动态效率,但是,不同于东部资本边际生产率持续为负值,西部资本边际生产率大于零且总体上是持续上升的。这意味着,由于东部不同要素之间缺乏协同交互作用,一方面存在投资饥渴而表现为增量投入的规模报酬递增效应(资本二次项系数大于零),另一方面,丰裕资本的过度投入导致资本缺乏生产效率,并陷生产于不经济区域内($\sigma_{SK}<0$);比之于东部,西部兼有要素之间的协同交互影响,虽然也同样存在投资饥渴而表现为增量投入的规模报酬递增效应,但不同的是,西部更多是因为投资不足引发的投资结构扭曲,导致投资缺乏效率,进而对经济增长形成负向累积效应,而并非处于生产不经济区域内。规模效应增长率所呈现出的正负值间隔性大幅波动也许意味着,资本积累正是生产要素组合中的那个短边要素,因其缺乏动态效率而间歇性地挟制着西部规模效应的增长。

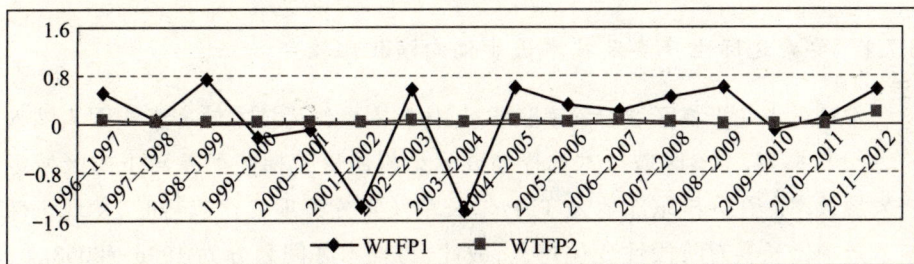

图 6-21　西部索洛核算法和 SFA 法得到的 TFP 增长率比较

第五,对于西部 TFP 增长率的计算,索洛核算法得到的 TFP2 增长率和分解法得到的 TFP1 增长率存在巨大差异(图 6-21)。这是因为人力资本结构并非西部产出波动的主要原因(仅能解释西部产出波动的 17.27%),生产环境的外生变量对 TFP 增长的影响似乎更为强劲,比如区域协调发展政策,20 世纪90 年代后,在财政转移支付、外资投向引导方面开始优先向中西部倾斜,如1999 年西部大开发战略的实施以及 2005 年"十一五"规划继续推进西部大开发等,再比如发生在 2002—2003 年和 2005—2006 年间由东南沿海向内地的两次明显的人口回流,似乎都与西部 TFP 增长率的高节点存在着对应关系。

正是来自各级人力资本之间的互补外溢,以及各级人力资本对 FDI 和 TRD 技术溢出的吸收,提升了各级人力资本自身的技术积累,人力资本水平普遍得以提高,因而人力资本的增长效应显著(前沿函数截距项明显大于不考虑人力资本影响时的截距项)。值得注意的是,不仅西部经济基本处于生产经济区域内,而且区别于东部和中部规模效应下降是 TFP 增长的最大掣肘因素,西部规模效应变化对 TFP 增长具有正贡献,尽管这种规模收益率起伏波动剧烈且极其不稳定。

6.7　三大区域发展效率比较

以上三小节基于区域人力资本异质性视角解读技术选择与要素禀赋结构匹配对区域经济发展效率的影响,本节联合应用 Battese 和 Coelli(1992)、Battese 和 Coelli(1995)两类面板数据计量模型,在区域异质性随机前沿函数基础上,详细探讨三大区域的要素生产率变化、技术进步路径演化、要素替代弹性变动、经济增长率与 TFP 增长率演进以及资本积累动态效率特征。以下简略地做一归总比较。

6.7.1　要素边际生产率及技术进步偏向演化比较

本章重点在于将区域要素禀赋质量、体制因素作为技术效率影响因素纳入 SFA 分析框架,考察区域技术选择与要素结构质量阶梯匹配差异下的区域经济发展效率。在分析东部地区 TFP 增长率及其分解项变化趋势时,发现东部技术效率增长具有阶段性变化特征,故此,将样本区间划分为 1996—2003 年、2004—2007 年、2008—2012 年三个阶段,为便于对比分析,其他区域均以此类推。

从要素产出弹性变化看,在整个样本期间内,资本产出弹性平均值由大到小依次为:中部>东部>西部;技能劳动产出弹性平均值由大到小依次为:东部>西部>中部;中部非技能劳动产出弹性由大到小依次为:中部>西部>东部。从分阶段的要素产出弹性变化趋势看,东部和西部资本产出弹性逐渐增大,而中部资本产出弹性逐渐减小;东西部技能劳动产出弹性呈下行态势,中部则呈倒 U 形变化;东部非技能劳动产出弹性为负常数,中西部存在不同的波动趋势。

表 6-14　三大区域分阶段要素边际生产率及技术进步偏向变化比较

		η_K	η_L	η_S	BTC	TE	MPK	MPL	MPS	BKL	BLS	BSK
东部地区	1996—2003	0.441	−0.197	0.456	−1.031	0.753	−2.676	−119.850	78.292		$S>L>K$	
	2004—2007	0.481	−0.197	0.220	−1.122	0.735	0.272	−234.089	76.032		$L>S>K$	
	2008—2012	0.576	−0.197	0.129	−1.193	0.669	12.660	−400.490	51.239		$K>S>L$	
	1996—2012	0.490	−0.197	0.304	−1.100	0.724	2.528	−299.061	98.879		$S>L>K$	
中部地区	1996—2003	0.553	0.150	−0.063	−0.098	0.859	30.222	15.672	−2.767		$K>S>L$	
	2004—2007	0.518	0.035	−0.035	−0.089	0.855	24.899	15.524	−2.800		$S>L>K$	
	2008—2012	0.475	0.058	−0.060	−0.070	0.814	18.493	17.962	−4.810		$L>K>S$	
	1996—2012	0.521	0.096	−0.055	−0.088	0.845	25.520	67.321	−7.659		$S>K>L$	
西部地区	1996—2003	0.325	0.076	0.338	−0.406	0.771	2.773	4.620	42.738		$K>S=L$	
	2004—2007	0.398	0.080	0.267	−0.464	0.798	5.182	9.773	40.694		$K>S=L$	
	2008—2012	0.522	0.079	0.201	−0.513	0.774	10.158	20.516	33.049		$S=L>K$	
	1996—2012	0.400	0.078	0.281	−0.451	0.778	5.512	17.625	45.873		$S=L>K$	

从要素边际生产率和技术进步偏向变化看,一是在整个样本期间内,东部地区要素边际生产率由大到小排列为 MPS＞MPK＞MPL,技术进步的要素偏好顺序为 $S＞L＞K$,并未完全按照要素使用效率配置生产要素组合。但是,三阶段内的技术进步路径演化轨迹由 $S＞L＞K$ 到 $L＞S＞K$ 再到 $K＞S＞L$,前两阶段主要表现为劳动力内部结构配置由偏向技能到偏向非技能劳动的改变,后两阶段则主要表现为资本和异质性劳动之间配置方式的改变,由偏向劳动到偏向资本。

二是在整个样本期间内,中部地区要素边际生产率由大到小排列为MPK＞MPL＞MPS,技术进步的要素偏好顺序为 $S＞K＞L$,并未按要素使用效率配置生产要素组合。但是,三阶段内的技术进步路径演化轨迹由 $K＞S＞L$ 到 $S＞L＞K$ 再到 $L＞K＞S$,前两阶段主要表现为资本和劳动配置结构的改变,由偏向资本到偏向劳动,后两阶段则主要表现为资本对异质性劳动内部结构的切割。之所以称之为"资本对劳动力内部结构的切割",是因为不同于东部要素之间缺乏交互影响——东部要素异质性更多地来源于规模投入带来的外延扩张,而中部经济更多地得益于生产要素之间的互补效应带来的内生型增长。

三是在整个样本期间内,西部地区要素边际生产率由大到小排列为 MPS＞MPL＞MPK,技术进步的要素偏好顺序为 $S＝L＞K$,基本上是按要素使用效率配置生产要素组合的。但是,三阶段内的技术进步路径演化轨迹由 $K＞S＝L$ 到 $K＞S＝L$ 再到 $S＝L＞K$,前两阶段中西部技术进步持续偏向资本,后两阶段则表现为资本和劳动配置结构的逆转,由偏好资本转向偏好劳动。不同于东部和中部劳动力配置结构出现异质性分化,西部尚未发生明显的异质性劳动力分化现象,这很可能缘于西部人力资本的两极分化结构,即初级人力资本全国占比最高,中级人力资本占比最低,而高级人力资本虽然远低于东部地区,却与中部地区高级人力资本占比相当。

6.7.2 要素替代弹性动态变化比较

要素替代弹性衡量要素组合生产中边际技术替代率对要素投入比率变化的敏感程度和要素之间相互替代的难易程度。弹性值越大,表明生产要素之间的替代性越强,两种要素在生产中的相似程度越高,根据要素相对价格的微小变化,企业越易于对要素投入比例做出相应的较大调整,以便更多地使用相对价格较低的要素。较高的替代弹性值还意味着不仅可以改变而且能以类似于技术进步的方式拓展生产可能性集合[167]。

表 6-15 1996—2012 年三大区域分阶段要素替代弹性变化比较

		σ_{LK}	σ_{KL}	σ_{KS}	σ_{SK}	σ_{LS}	σ_{SL}	σ_{Sr}	σ_{Kr}	σ_{Lr}	σ_{rK}	σ_{rS}	σ_{rL}
东部地区	1996—2003	0.738	1	0.195	−0.109	0.112	1	0.861	0.993	0.966	1.201	1.342	1
	2004—2007	0.737	1	0.062	0.347	0.580	1	1.443	1.149	0.788	1.299	0.535	1
	2008—2012	0.646	1	0.226	0.312	1.319	1	1.379	0.959	1.138	0.703	0.863	1
	1996—2012	0.711	1	0.173	0.122	0.577	1	1.151	1.020	0.974	1.077	1.011	1
中部地区	1996—2003	0.765	−0.885	0.812	1.302	1.084	0.422	0.462	1	0.994	1	1.207	0.761
	2004—2007	0.798	−0.297	0.796	1.346	0.774	1.240	0.872	1	0.994	1	1.446	0.415
	2008—2012	0.739	−0.235	0.790	1.364	1.047	0.860	0.900	1	0.993	1	1.238	0.421
	1996—2012	0.765	−0.555	0.802	1.331	1.000	0.734	0.687	1	0.994	1	1.272	0.579
西部地区	1996—2003	1.457	1	0.736	1.200	0.947	1.060	0.937	1.761	1.872	0.113	1	1
	2004—2007	0.895	1	0.944	1.586	0.919	1.104	1.044	1.143	1.058	0.962	1	1
	2008—2012	−3.598	1	0.966	1.238	1.004	1.263	−4.342	1.389	−1.699	0.962	1	1
	1996—2012	−0.162	1	0.852	1.302	0.957	1.130	−0.591	1.506	0.630	0.562	1	1

由表 6-15 可知,在整个样本期间内,东部地区不同投入要素之间的替代弹性普遍小于中部和西部相应项的弹性值,而东部技术进步与要素之间的替代弹性普遍大于中西部相应项的弹性值。由此可见,东部要素配置效率更多地源于要素生产效率的有效利用,即技术进步带来的无成本效应;中西部要素配置效率更多地源于投入要素之间较高的替代弹性,是成本最小化条件下对要素组合配置的权衡。但是,要素组合达到最优配置并不意味着能够实现要素的最有效利用。这也许正是中西部要素配置效率改善和规模效率提升尚不能兼得的主要原因。

从各区域分阶段内要素替代弹性变化与技术进步路径演化之间的匹配看,首先,东部第一阶段内的 $\sigma_{Sr}=0.861$、第二阶段内 $\sigma_{Lr}=0.788$ 和第三阶段内的 $\sigma_{Kr}=0.959$ 是各阶段中技术进步对要素替代弹性相对最小的,恰好对应于三阶段内的技术进步第一偏好要素,即 $S>L>K$、$L>S>K$、$K>S>L$。这意味着:东部要素投入组合匹配中第一位要素是按要素使用效率配置的;三阶段内的 σ_{LS} 弹性值增大较快,技能对非技能劳动由互补到替代再到富于替代,这与技术进步第二偏好要素顺序基本吻合,这也是东部地区未考虑人力资本结构影响时具有正向规模效应增长率的原因。而当考虑人力资本结构影响后,东部规模效应的持续负增长则源于人力资本质量阶梯匹配失当而致未能更多地获得多要素组合基础上的要素结构最大化生产收益。

其次,从三阶段内的技术进步对要素替代弹性看,虽然中部技术进步对技能劳动替代弹性相对较小,但资本、技能、非技能要素之间的替代弹性普遍较高,尤其是资本对技能劳动富于替代弹性而且弹性值持续变大,再结合非技能对资本长期负值替代弹性,可知中部更多地以设备资本品生产线投资替代技能劳动,吸纳和利用相对过剩的非技能劳动。因而技术进步要素偏好并非与要素使用效率一致,中部经济增长更多得益于成本最小化下的要素配置结构改善,要素替代弹性提高意味着中部要素配置市场化进程的加快。

再次,西部投入要素之间的替代弹性与中部类似,而技术进步与要素之间的替代弹性与东部有些相仿。1996—2007 年西部技术进步要素偏好始终倾向于资本,但资本边际生产率始终最低,而且资本对技能和非技能劳动基本都是富于替代弹性的。截然不同于中部能够充分开发和利用潜在的劳动力比较优势,以推动资本形成和积累,西部则未能借助低廉劳动力成本而充分发挥劳动禀赋比较优势,可见西部要素市场化程度还比较低,尤其是资本要素价格扭曲严重,资本投资缺乏效率,未能实现对丰富资源的有效配置,成为挟制西部经济发展的主要原因。

6.7.3 TFP 增长率及其分解项的变动比较

由于缺乏要素价格信息,因而分解法得到的 TFP1 增长率并未包含要素配置效率变化。如果假设分解法和核算法得到的 TFP 增长率具有一致性,那么,核算法得到的 TFP2 增长率与分解法得到的 TFP1 增长率之差 ΔTFP 可表示要素配置效率变化。由此,我们可以更为细致地比较分析 TFP 增长率及其分解项变化的区域性差异。

6.7.3.1 三大区域 TFP 增长率变化差异

首先,从分解法得到的三大区域 TFP1 增长率平均值看,东部 TFP1 年均增长率为 -0.097,中部年均增长率为 -0.030,西部年均增长率为 0.097,西部 TFP1 增长率似乎更高于东部和中部地区。然而,三大区域 TFP1 增长率变动差异明显(图 6-22)。东部和中部 TFP1 增长率变化平缓,近乎围绕横轴波动,西部产出受随机扰动影响更大,其 TFP1 增长率存在大幅波动。尤以 2005 年之后的 TFP1 增长率变化趋势出现分异,东部地区 TFP1 增长放缓,波动中出现下行走势;中部 TFP1 变化平稳总体呈小幅攀升;西部 TFP1 增长率则在大幅波动中正向变化。中西部 TFP1 增长率后发优势明显,但西部 TFP1 增长率变化忽高忽低,尚缺乏稳定性。

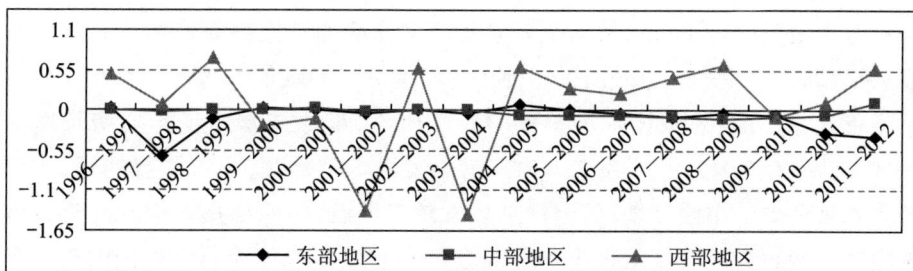

图 6-22 1996—2012 年三大区域分解法得到的 TFP1 变化趋势比较

其次,从核算法得到的 TFP2 增长率平均值看,东部 TFP2 年均增长率为 0.052,中部年均增长率为 0.051,西部年均增长为 0.041。从 TFP2 增长率的变化趋势看(图 6-23),1996—2003 年间,中部地区 TFP2 增长率基本上大于西部,西部大于东部,中西部 TFP2 变化趋势较为接近;2003—2009 年间,东部地区 TFP2 增长率基本上大于中部,中部大于西部,东部和西部的 TFP2 变化趋势更为接近;2009—2012 年间,中部地区 TFP2 增长率基本上大于东部,东部大于西部。

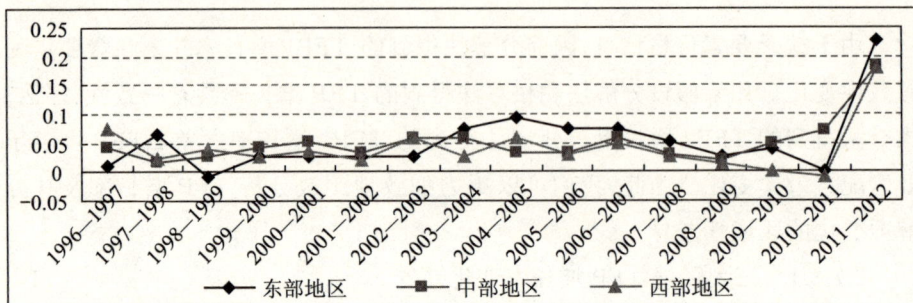

图 6-23   1996—2012 年三大区域增长核算法得到的 TFP2 增长率变化

比较图 6-22 与图 6-23,显而易见的是,核算法得到的 TFP2 基本上全部为正增长率,而分解法得到的 TFP1 大多都为负增长率。从前面对各区域 TFP1 和 TFP2 的分别比较中,我们已经知道,东部 TFP1 和 TFP2 数值最为接近;中部 TFP1 和 TFP2 变化趋势一致,但数值差距最大;而西部的 TFP1 比 TFP2 波动更为剧烈。但是,三大区域之间的 TFP2 增长率变化差异远没有那么悬殊。可以推断,要素配置效率变化对中部和西部 TFP 增长率的影响较大,尤其是对中部 TFP 增长意义重大。

6.7.3.2   三大区域 TFP 增长率分解项变化差异

基于随机前沿生产函数的全要素生产率分解能够提供更多生产者行为信息,更有助于制定和评价政府关于促进生产率进步的政策[84,212]。

首先,从三大区域技术进步率增长均值看,东部技术进步年均增长率为0.047,中部为0.049,西部为0.046,三者相差不大。但是,应该注意的是,东部技术水平远高于中西部地区,因而从后发优势来看,中西部技术提升尚有较大的空间。从三大区域技术进步率变化趋势看(图 6-24),整个样本期间内有两个收敛点,大致分为三个区间:1996—2004 年间三大区域技术进步都呈正向增长,中部大于东部和西部,东部和西部则不分伯仲;2004—2010 年间三大区域技术进步增长放缓,甚至下调。其中,西部地区后来者居上,技术进步增长率超过东部,中部增长速度缓慢,落后于东部和西部;2010 年后,中部和东部技术进步反弹较快。

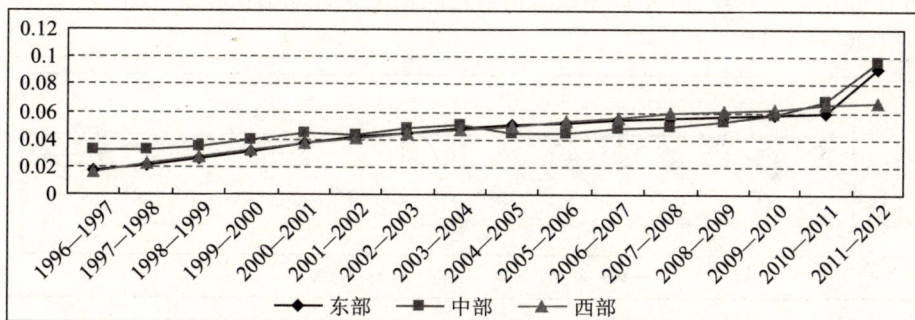

图 6-24 1996—2012 年三大区域技术进步率变化比较

其次,从三大区域技术效率变化平均值看,东部地区年均增长－0.016,中部－0.001,西部则为 0.009。尽管西部地区技术效率年均增长率似乎优于东部和中部,但从技术效率增长的变化趋势看(图 6-25),三大区域增长率变化并不稳定,相对而言,中部技术效率变化更为稳定。1996—2004 年间,各区域技术效率增长波动相对平稳,中西部波动幅度小于东部;2004—2012 年间,各区域技术效率增长波动较大而且波动周期拉长,尤以西部波动剧烈。

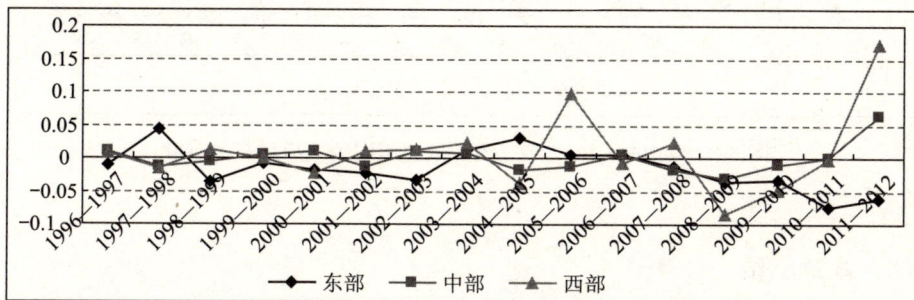

图 6-25 1996—2012 年三大区域技术效率增长率变化比较

再次,从三大区域规模效应变化平均值看,东部年均增长率为－0.128,中部年均增长率为－0.079,西部年均增长率为 0.039。但是,从规模效应变化趋势看(图 6-26),相比于东部和中部,西部规模效应增长率波动幅度巨大,由其前沿生产函数模型我们已经知道,西部地区产出波动更多地受随机扰动影响更大,人力资本结构引起的技术无效率仅占 17.27%。中部地区规模效应变化平稳而持续为负增长;相比于中部,东部地区规模效应波动较大且基本上呈下行走势,除 1997 年和 2000 年之外,全部为负增长率。尽管东部和中部规模效应变化存在一定差异,但人力资本结构引起的技术无效率都达到了99%以上。

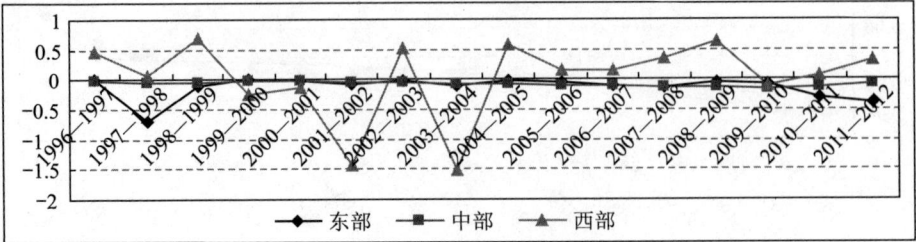

图 6-26　1996—2012 年三大区域规模效应增长率变化比较

最后,如果将各区域 TFP2 增长率与 TFP1 增长率之差作为要素配置效应变化(图 6-27),可以发现中部要素配置效应增长率始终大于零且变化平稳,东部虽有所波动但比较平稳,而西部要素配置效应增长正负相间且波动剧烈。

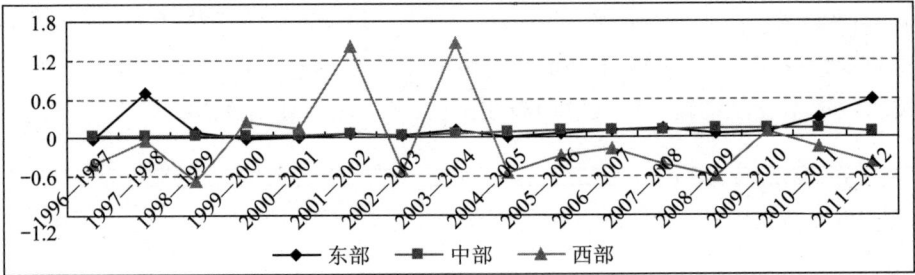

图 6-27　1996—2012 年三大区域要素配置效应增长率变化

6.8　本章小结

本章在随机前沿生产函数分析框架内,联合应用 Battese 和 Coelli(1992)、Battese 和 Coelli(1995)两类模型,在三大区域前沿生产函数形式既定的条件下,以区域要素禀赋特征及体制性变量作为技术效率影响因素,替换 Battese 和 Coelli(1992)模型中指数技术效率变化假设,再利用 Battese 和 Coelli(1995)面板数据模型进行计量回归,以探讨人力资本结构及其匹配对前沿技术选择和区域发展效率的影响。结果发现,相比于第五章的 Battese 和 Coelli(1992)模型,将多维异质人力资本及区域体制性变量纳入 Battese 和 Coelli(1995)模型后,各区域的劳动力内部结构配置及资本积累动态效率变化都更加契合各自前沿生产函数所表达的内涵。由此推断：人力资本结构、人力资本吸收能力和人力资本质量阶梯匹配是区域前沿生产技术结构的决定性影响因素，而前沿技术选择与要素结构动态匹配适宜性的提高是区域经济发展效率的动力源泉。主要结论有：

首先，从人力资本结构对区域前沿技术选择的影响差异看：第一，当考虑异质性人力资本对技术效率的影响后，东部前沿生产函数中技能和非技能劳动对经济增长的累积效应、投入规模报酬效应都发生了逆转，而且二者的协同作用方式也存在着明显改变。东部经济增长更多得益于技能劳动累积、资本投入规模报酬递增及技术水平提高，同时存在显著的非技能劳动尤其是资本的负向累积效应及技术进步与资本和技能劳动之间的替代。正是因为东部地区倚恃丰裕要素规模投入而忽视不同要素之间的协同作用方式，导致要素组合整体协同效率难以充分发挥，进而蚕食经济增长质量。第二，中部地区人力资本结构对前沿技术选择的影响主要体现在非技能劳动的累积和技术进步的增长上。与东部高质要素供给充裕不同，中部经济增长更多地得益于不同要素之间的协同增长效应，资本投入匮乏、技能劳动短缺是其发展规模经济的短板。第三，西部地区人力资本结构对前沿技术选择的影响主要涉及资本、技能和非技能劳动的累积效应。西部经济增长主要得益于资本规模投入及不同要素之间的协同增长效应。但是，资本存量对经济增长的负向累积效应表明，资本无效投入削弱了经济增长速度。值得注意的是，不同于东部和中部人力资本结构是技术无效率的根本原因，西部人力资本结构对技术无效率的解释能力仅为17.27%。

其次，从人力资本结构对区域技术效率的影响差异看：第一，东部中低人力资本是生产效率改善的主要力量，而FDI对初级人力资本的逆向溢出，TRD对中级人力资本的逆向溢出，以及中级和高级人力资本之间的挤出效应，各种迹象表明，不仅东部地区较高的要素禀赋结构水平与较低的前沿技术结构水平之间匹配失当，而且人力资本结构的内部配置也是失当的，致使中高级人力资本有低效配置或存在要素拥挤现象，削弱了人力资本结构的增长效应。第二，相对于其前沿技术选择，中部各级人力资本水平显然尚未达到吸收技术溢出的门槛值，导致FDI和TRD作为技术外溢的主要渠道对技术效率的提升既无直接也不存在间接影响；虽然高级人力资本投入、初级和中级人力资本之间的互补溢出有利于提高技术效率水平，但中低人力资本对高级人力资本的挤出效应则不利于生产效率的改进。因此，中部相对较高的前沿技术选择与其较低经济发展阶段的要素禀赋结构水平存在匹配上的欠适宜性。第三，截然不同于东部和中部地区,西部各级人力资本之间以及 FDI、TRD 与人力资本之间存在着普遍的互补溢出效应,而各级人力资本的直接投入却成为抑制技术效率改善的因素。可见,西部人力资本结构与前沿技术选择之间存在着适度匹配关系,各级人力资本不同程度地获益于"干中学"过程中的技术积累,这将有利于西部人力资本水平得到整体提升,西部经济增长后发优势明显。

再次,从要素替代弹性变化的区域性差异看,东部生产要素之间的相对替代弹性普遍小于中西部相应替代弹性值,而技术进步与生产要素之间的相对替代弹性普遍大于中西部相应替代弹性值。这意味着,东部要素配置效率更多地源于要素生产效率的有效利用,即技术进步带来的无成本效应;中西部要素配置效率更多地源于投入要素之间较高的替代弹性,是成本最小化下对要素组合配置的权衡。

具体而言,一是东部非技能劳动对资本和技能劳动的单位替代弹性意味着传统劳动密集部门规模报酬不变的生产技术和要素结构的固化;现代资本技能密集部门中或资本相对技能劳动过剩,或技能劳动相对资本闲置,暗示着产业结构优化升级过程中矫枉过正的不断调整;东部或恒定不变,或正负相间,或波动频繁的替代弹性特征正是东部倚恃充裕要素的规模投入而忽视要素协同增长模式的真实反映,资本对经济增长的负向累积效应显著。二是中部非技能劳动相对资本投入长期处于过剩配置,这意味着,传统劳动密集部门存在非技能劳动拥挤现象。对丰富的非技能劳动资源的开发和利用,有助于劳动比较优势发挥以促进资本的形成和积累,前沿生产函数中非技能劳动和资本、和技能劳动之间的互补关系表明,非技能劳动投入和资本存量、与技能劳动之间的协同增长效应在中部经济增长过程中呈现出良性互动循环,非技能劳动投入缓解了中部资本和技能劳动投入匮乏之短板,资本积累具有动态效率,因而在要素投入增长的贡献中,相比于东部和西部,中部更多地混合了替代弹性变化带来的结构增长效应。三是尽管西部要素替代弹性与中部更接近,但与中部非技能劳动相对资本过剩配置不同($\sigma_{KL} < 0$),西部非技能劳动相对资本存在投入结构的固化现象($\sigma_{KL} = 1$),结合西部初级人力资本占比居区域之首来看,显然西部未能充分利用劳动力比较优势,资本积累缺乏动态效率。

最后,从 TFP 增长率分解项的变化趋势看,与不考虑人力资本结构效应时相比较,各区域的最大变化在于:东部地区规模效应由波动型的持续正增长逆转为波动下行的负增长;中部技术进步增长率落差巨大;西部规模效应则由持续下行的负增长转为剧烈的正负相间型震荡变化。

具体而言,一是东部前沿技术选择水平低于其经济发展阶段的要素禀赋结构水平,因而同质性人力资本的规模投入能够以规模收益率的不断增长来掩盖人力资本结构匹配失当下规模收益率在波动中持续下滑的真相。尽管相比于中西部,东部的中高级人力资本占比较高而要素禀赋整体水平居三大区域之首,但前沿技术选择低于适宜技术水平,不仅无法充分发挥人力资本的结构增长效应,难以形成产业竞争优势,而且充裕的资本因资本积累缺乏动态效率对经济增长形成负向累积效应,充裕的技能劳动因低效配置或闲置不仅造成社会资源浪费,还会抑制人力资本投资行为,阻碍人力资本水平提升,长此以往必将陷入中等技术陷阱。二是中部前沿技术选择水平偏高于其经济发展阶段的要素禀赋结构水平,尽管中部地区选择了适宜的前沿技术,但资本投入匮乏而无法满足技术设备快速更新和对人力资本大量而持续投资的需求,高级人力资本占比较低与非技能劳动配置相对过剩都成为弥合要素禀赋整体质量的低下与赶超型前沿技术选择差距的掣肘因素。尤其是,相比于其前沿技术选择水平,中部各级人力资本尚未达到吸收技术外溢的人力资本门槛,人力资本因缺乏技术积累而导致技术进步增长缓慢。三是西部人力资本结构与其前沿技术水平之间存在着适度匹配。各级人力资本之间的互补型外溢、各级人力资本对 FDI 和 TRD 技术溢出的吸收,提升了异质性人力资本自身的技术积累,各级人力资本水平存在着较大的提升空间。然而,资本深化过快($t \times \ln K < 0$)以及资本对技能劳动富于替代弹性和对非技能劳动或替代或相对过剩配置,造成资本积累缺乏动态效率而成为要素组合中的短边要素,间歇性地挟制规模效应增长而表现为大幅震荡波动。

区域集约型经济增长方式取决于技术进步演化方向与要素结构匹配适宜度增加方向的一致性[69],是一个充分利用丰裕要素的比较经济优势,到注重要素结构匹配的协调经济优势,再到发挥要素组合整体效率的规模经济优势的过程。不仅仅是短期配置效率提高,还包括中长期的技术效率改善和规模效率提升;不仅要重视提高区域物质资本和人力资本积累水平,保持经济开放性,更要重视生产过程中要素组合的动态匹配效率的改善;不仅要注重成本最小化下的最优要素组合配置比例,更要兼顾既定最优要素组合比例下,以最佳要素质量阶梯匹配,来实现多要素组合生产过程中的要素结构最大化生产收益。

我国是一个经济技术发展不平衡的"大国"[125],区域发展差距的存在使得有些地区或部门具备发达国家优势,有些地区或部门具备发展中国家优势,这种区域发展差距劣势却有可能转为加强区域合作、提升优势互补能力的区域发展战略优势。近些年,东南沿海制造业出现集聚过度,生产要素拥挤,工业发展"北上西进"[181]的新扩散趋势和曾经两度的人口"内地回流"迹象[21]预示着区域经济均衡协调发展的画卷正渐次展开。可以预测:在即将到来的区域经济梯次、轮动发展大潮中,在完善要素市场前提下,通过有针对性地改善不同区域人力资本结构、提高人力资本技术吸收能力、强化不同层级人力资本之间的匹配适宜性,在重视引资质量的同时加大对外开放力度,不断提升区域技术选择与要素结构之间的动态适配性,我国相对丰裕的劳动力资源禀赋比较优势将再次发挥重要作用。

◆ 第七章 ◆

主要结论与政策启示

    本书针对我国经济高增长、高投资和全要素生产率下降的并存现象,通过梳理、比较和分析国内外关于适宜性技术进步前沿研究文献,结合我国要素禀赋非均衡分布以及区域经济技术发展不均衡的现实背景,发现基于随机前沿分析研究我国地区增长差异的既有文献,普遍假设所有区域具有相同的前沿生产函数,忽视各地区受制于自身要素禀赋条件约束而选择适宜技术以实现经济增长。区域同质性随机前沿生产函数假设无视地区要素异质性、要素结构匹配差异性、技术选择适宜性,将不同区域生产过程中的要素协同作用方式做趋同化处理,无从有效甄别区域前沿技术选择差异,亦无从探究区域非均衡增长本质。

    本书创新性地将适宜技术选择理论应用于随机前沿生产函数分析,基于要素异质性演进视角,强调技术、资本、劳动交互融合与匹配发展,以适宜性技术选择与要素禀赋结构动态匹配为主线,构建区域异质性随机前沿生产函数,考察我国丰裕劳动力禀赋比较优势的动态变化,探究制约区域技术选择的决定性影响因素,揭示区域资源配置无效率的根源,初步判断区域技术选择适宜性,深度解读并系统剖析区域非均衡增长本质。

7.1 主要结论

    (1)第三章基于异质性劳动禀赋视角,在 CES 生产函数框架内讨论多元化技术选择的形成机理。结果发现,在多要素组合生产中,内生的技术进步偏向是要素投入结构的非线性函数,而要素相对生产效率、要素相对重要性以及要素相对替代弹性作为常量,也是影响技术进步方向的重要参数。因此,技术进步偏向、要素异质性、要素结构及其质量匹配交互融合发展而内生于经济增长过程,技术选择存在着多样化的要素组合机制,关键在于技术选择与要素禀赋结构相互适应、彼此促进,实现动态性的适宜匹配。

(2)第四章基于要素异质性演进视角,构建区域同质性随机前沿生产函数,结果发现:我国异质性劳动对前沿技术结构的影响正在发生悄然变化。一是非技能劳动积累对我国经济增长发挥了重要作用,表现为对经济增长的正向累积效应;但非技能劳动增量投入的规模报酬递减效应、非技能劳动与技术进步之间的替代效应共同表明,非技能劳动对前沿技术结构的影响逐渐趋于弱化。二是技能劳动投入对我国经济增长具有负向累积效应,但技术进步与技能劳动之间显著的互补效应意味着,技能劳动对我国经济持续增长的影响越来越重要。三是非技能劳动与技能劳动之间的协同增长效应表明,一定数量和质量的非技能劳动是培养和创造技能劳动不可缺少的基础。

基于同一前沿基准面,对比分析三大区域 TFP 增长率的分解项,结果表明:第一,全国总体技术利用效率水平较低,仅为 0.407;三大区域技术效率水平存在明显的梯度差异,东、中、西部依次为 0.688、0.347、0.194。第二,尽管技术进步率和技术效率变化仍是三大区域 TFP 增长的主要推动力量,但是,规模效应负增长却在不断蚕食各区域经济增长质量,抵消甚至逆转了技术进步增长和技术效率变化对各区域 TFP 增长率的贡献。要素组合匹配失当导致要素整体协同效率的恶化成为 TFP 增长的最大掣肘因素。

另外,在区域同质前沿生产函数假定下,无论是基于分解法还是核算法得到的三大区域 TFP 增长率,除波动幅度存在差异外,两种估测方法下的区域 TFP 增长率几乎具有相同的变化趋势,正如诸多利用随机前沿分析研究地区增长差异的既有文献在各区域具有相同生产函数假设下得到的结论。

(3)"不同的生产方法只有通过组合方式才能加以区别"(熊彼特,1990)。区域同质性前沿生产函数假设将不同区域生产过程中的要素交互影响方式都进行了趋同化处理,无异于消弭了区域之间的要素异质性、要素匹配差异性及技术选择适宜性,根本无从有效甄别区域前沿技术选择差异,更无从揭示区域经济非均衡增长本质。

本书第五章基于我国要素禀赋非均衡分布、地区经济技术发展差异巨大的不争事实,创新性地将适宜技术选择理论纳入随机前沿分析框架,构建区域异质性随机前沿生产函数,利用 Battese 和 Coelli(1992)模型,探讨以受教育学历区分的人力资本规模效应下的区域发展效率差异。结果表明,三大区域前沿生产函数截然不同,各区域 TFP 增长率变化趋势存在明显差异。

本章主要结论有:其一,三大区域前沿生产函数中的要素协同作用方式存在明显差异。东部经济增长更多地得益于诸要素的规模投入效应,中部更多地得益于不同要素之间的协同增长效应,西部则介于二者之间。虽然东部更具规模经济优势,但技术与技能结构并不匹配,不利于经济持续增长;中西部要素禀赋结构水平还比较低,尚难以获得规模经济,但是,中部技术与技能结构存在互补型适配关系,中部更具持续发展潜质。其二,基于区域不同的前沿基准面,中部和西部的技术效率水平并不必然低于东部地区。相对于各自的前沿技术边界,东、中、西部的技术效率分别为 0.496、0.695、0.449。从 TFP 增长率分解项看,仅有东部存在正的规模效应增长率,而中西部规模效应持续负增长,抵消甚至超出技术进步和技术效率变化对 TFP 增长的贡献,成为 TFP 增长的最大掣肘因素。其三,技术进步路径演化及要素替代弹性变动存在区域性差异。东部技术进步要素平均偏好依次为 S>L>K;非技能劳动对技能劳动始终富于替代,资本对非技能劳动的替代大于其对技能劳动的替代;技术进步对技能劳动的替代弹性大于其对资本的替代,更大于其对非技能劳动的替代,即东部前沿技术选择水平低于其经济发展阶段的要素禀赋结构水平,虽具有规模经济优势但缺乏协调经济的可持续性。中部技术选择的要素偏好次序为 S>K>L;非技能和技能劳动之间更多地表现为互补性投入,资本对非技能劳动的替代小于其对技能劳动的替代;技术进步对技能劳动的替代弹性小于其对资本的替代,更小于其对非技能劳动的替代,即中部地区选择了适宜的前沿技术,但要素禀赋结构水平偏低,尤其是资本积累缺乏动态效率将影响技术设备更新和培育高级人力资本大量而持续投资的需求,尚难以形成规模经济。西部技术进步要素偏好顺次为 L=S>K;非技能与技能劳动之间的替代弹性变化波动性较大,资本对非技能劳动的替代弹性小于其对技能劳动的替代弹性,技术进步对技能劳动的替代弹性小于其对资本的替代,更小于其对非技能劳动的替代,即西部还处于比较优势经济阶段,不仅前沿技术水平低,而且要素禀赋结构水平也比较低,经济增长尚缺乏质的稳定性。

(4)利用 Battese 和 Coelli(1992)模型构建的三大区域随机前沿生产函数表明,东、中、西部各自产出波动的 99.93%、99.78%、99.92%来自技术无效率。然而,Battese 和 Coelli(1992)模型假定技术效率改进只是一种服从指数线性增长的趋势变化,不能体现地区要素禀赋特征和体制性环境差异。虽然我们发现三大区域生产过程中要素协同作用方式存在明显差异,却难以理解:为什么东部资本积累具有动态效率而资本对经济增长存在显著的负向累积效应?为什么中部资本积累缺乏动态效率而资本对经济增长又表现为显著的正向累积效应?

本书第六章创新性地联合应用 Battese 和 Coelli(1992)、Battese 和 Coelli(1995)两类随机前沿分析模型,通过修改 Battese 和 Coelli(1992)模型中的技术无效率时间趋势变化假定,而代之以多维异质人力资本结构表示的要素禀赋特征、外贸依存度和贸易开放度衡量的地区制度变迁指标,套用 Battese 和 Coelli(1995)计量回归模型,探讨人力资本结构效应对区域发展效率的影响。结果显示,三大区域劳动力内部结构配置及资本积累动态效率变化都更加契合各自前沿生产函数表达式。由此可见,人力资本结构、技术吸收能力和人力资本质量匹配是制约区域前沿技术结构的决定性影响因素。

本章主要结论有:第一,人力资本结构对前沿生产函数的影响具有区域性差异。东部人力资本结构明显颠覆了异质性劳动在规模效应下的协同作用方式,技能劳动由之前显著的负向累积而逆转为正向累积效应,非技能劳动则由之前显著的正向累积而逆转为负向累积效应,之前技能和非技能劳动之间显著的替代关系也不复存在。同时,资本积累缺乏动态效率的实证结论更加契合其前沿生产函数中资本存量对经济增长的负向累积效应。这些变化进一步凸显出东部经济增长倚恃要素规模投入而忽视要素协同增长的区域发展本质。

中部人力资本结构对其前沿技术选择的影响,主要体现为非技能劳动的累积效应和技术进步的增长效应变化。非技能劳动由之前对经济增长显著的负向累积逆转为正向累积效应,之前明显的技术进步增量扩张却趋于可忽略不计。同时,资本积累具有动态效率的实证结论更加契合其前沿生产函数中资本存量对经济增长的正向累积效应。这些变化进一步凸显出非技能劳动对中部经济增长的基础性驱动作用,即中部地区因缺乏高质要素规模投入而更多地依赖于要素之间的协同增长效应,依赖于迂回生产过程的不断循环扩大的区域发展本质。

西部人力资本结构对其前沿技术选择的影响,不仅表现在非技能劳动由之前显著的正向累积效应转而为可忽略不计,技能劳动由之前不显著的负向累积而逆转为显著的正向累积效应;并且资本存量由之前不显著的正向累积逆转为显著的负向累积效应。同时,资本积累缺乏动态效率的实证结论进一步契合其前沿生产函数中资本存量对经济增长呈负向累积效应的改变。这些变化凸显出西部经济增长更偏重技能劳动使用,而未能充分开发和利用其更为丰富的非技能劳动资源,忽视以非技能劳动成本比较优势加速资本形成和积累、促进要素禀赋结构水平进一步提升的区域发展本质。

第二,人力资本结构对技术效率影响存在区域差异。东部低级人力资本投入、中级人力资本对 FDI 技术吸收是生产效率改善的主要力量,而 FDI 对低级人力资本、TRD 对中级人力资本存在的逆向溢出以及中高级人力资本之间的挤出效应是技术效率提升的阻碍因素。中部各级人力资本水平尚未达到吸收 FDI 和 TRD 技术溢出的门槛值,高级人力资本投入、中低级人力资本之间的溢出效应促进了技术效率提高,而高级人力资本对初级和中级人力资本的挤出效应以及初级人力资本投入对技术效率具有抑制作用。西部各级人力资本之间以及 FDI、TRD 与人力资本之间存在着普遍的互补溢出效应,而各级人力资本的直接投入却成为抑制技术效率改善的消极因素。这些结论进一步佐证了东部和中部人力资本结构效应对生产无效率的解释力之所以高达 97.11% 和 99.99%、西部人力资本结构效应对生产无效率的解释力之所以仅有 17.27% 的根本原因。

综合以上分析,可见人力资本结构、人力资本吸收能力和人力资本质量阶梯匹配是区域前沿生产技术结构的决定性因素,也就是说,前沿技术选择与要素结构之间的动态匹配适宜性是经济发展效率的动力源泉。

第三,相对于各自区域的前沿生产边界,中西部技术效率水平并不必然低于东部,东、中、西部技术效率分别为 0.724、0.845、0.778。从 TFP 增长率分解项来看,三大区域技术进步增长率相差不大,生产规模不经济是各自 TFP 增长的最大掣肘因素,尤其是东部和中部规模效应增长率长期为负值,而西部则呈现出正负相间型剧烈波动。这显然与各自区域人力资本结构分布差异相关,即东部前沿技术选择偏低于其发展阶段的要素禀赋结构水平,中高级人力资本之间存在挤出效应,难以充分发挥高级人力资本占比最高的优势,存在着高质要素低效配置或闲置;中部前沿技术选择偏高于其发展阶段的要素禀赋结构水平,高级人力资本占比最低,依赖于要素之间的协同增长效应而难免低质要素高位配置;西部前沿技术选择与其发展阶段的要素禀赋结构水平存在适宜性匹配,但是,初级人力资本占比最高、中级人力资本占比最低的两极分化分布致使西部 TFP 增长极为不稳定。

第四,考虑人力资本结构影响后,各区域技术进步的平均偏向虽未发生改变,但各区域要素替代弹性平均值普遍小于之前未考虑人力资本结构效应时的相应要素替代弹性值。考虑人力资本结构影响后,东部地区不同投入要素之间的相对替代弹性普遍小于中部和西部相应项的弹性值,但东部技术进步与要素之间的相对替代弹性却普遍大于中西部相应项的弹性值。也就是说,东部要素配置效率更多地源于高质要素低效配置带来的对既定生产力的低效利用,即技术进步带来的无成本效应,而中西部要素配置效率更多地源于投入要素之间较高的替代弹性,是成本最小化条件下对要素组合配置的权衡。然而,要素投入比例达到最优并不意味着能够实现每种要素的最有效利用。这也许正是各区域单要素配置效率改善和要素组合规模效率提升尚不能兼得的主要原因。

值得强调的是,当考虑人力资本结构效应后,三大区域资本积累的动态效率演变与各自前沿生产函数中的资本存量对经济增长的累积效应方向高度一致。这也许意味着,人力资本结构变动与资本积累动态效率之间存在着某种确定的契合与关联。无疑地,这是一个有待进一步深入探讨且有意义的研究方向。

7.2　政策思考

区域集约型经济增长取决于技术选择与要素结构动态匹配适宜性的提高,是一个充分利用丰裕要素的比较优势以实现资源有效配置,到关注要素结构匹配的协同增长优势以提高技术利用效率,再到充分发挥要素组合整体效率以获取规模经济优势的过程。提高技术选择与要素结构动态匹配适宜性,不仅要重视区域物质资本和人力资本积累水平,保持经济开放性,更要重视要素演进过程中异质性要素组合动态匹配适宜性的提升,单要素生产效率的提高只能带来产出增加,而要素结构优化还有利于要素之间协同效应的发挥,实现多要素组合基础上"物尽其用,人尽其才"的要素结构最大化生产收益。

首先,东部前沿技术选择水平低于其经济发展阶段的要素禀赋结构水平,因而异质性劳动投入能够以规模效应的正增长来掩盖人力资本结构与技术结构匹配失当下规模收益率波动中持续下滑的真相。东部经济增长更多地得益于要素禀赋充裕带来的高质要素规模投入效应,而不同要素之间缺乏内生于生产过程中的耦合增长效应,尤其是技术进步与技能劳动之间的替代匹配,意味着东部技术进步率落后于经济增长速度。因此,尽管相比于中西部地区,东部中高级人力资本占比较高而要素禀赋整体水平居三大区域之首,但前沿技术选择低于适宜技术水平而无法充分发挥人力资本的结构增长效应,难以形成产业竞争优势。

正是技术引进、模仿套利、低成本竞争的生产方式,诱使要素供给充裕的东部地区仅更关注要素使用效率对产出增长的影响,而忽视要素结构优化对要素组合协同效率发挥的积极作用。生产性投资的不断增加推动着资本深化对低技能劳动的排斥,而过快的"干中学"技术进步又未能与技能劳动形成互补,却削弱了技能劳动对人力资本积累的激励,如此既不利于低技能人力资本的进一步提升,又加深了对技能劳动的"侵蚀效应",进而阻碍了整体人力资本深化的进程,逐步弱化了人力资本积累在经济增长中的基础性驱动作用。随着"干中学"效应的衰减和对人力资本"侵蚀效应"的积累,以及深化开放中资源配置锁定效应的存在,致使东部地区经济发展过程带来的资本存量的增加被劳动密集产业快速吸收,滞缓了劳动密集产业自然衰退进程。同时高技术产业技术水平提高所需要的人力资本素质与研发资本层次都较低,无力推动技术前沿面向前移动,缺乏自主创新的低水平技术引进成为经济进一步发展的桎梏。

东部地区未来深化发展的契机在于:其一,强化技术选择与要素结构动态匹配适宜性,重视生产过程中不同要素之间的协同增长效应。一方面,技术进步与资本、劳动耦合发展,非对称地提高不同要素的质量演进水平,因此,更须关注要素结构匹配对要素组合协同效率发挥的影响。另一方面,初级生产要素的一定数量及质量也是培育和创造高级生产要素所不可缺少的基础,通过产业结构多样化来提高异质性人力资本与多元技术水平之间的适应性,夯实人力资本在经济增长中的基础性驱动作用,充分发挥不同层级人力资本的结构增长效应;依靠充裕的物质资本和较高的人力资本优势,立足自主创新谋求关键技术的重点突破,避免单纯依赖引进创新造成的技术持续落后局面,建立以高层次要素和自主研发创新驱动的经济增长模式。其二,重视 FDI 和 TRD 技术外溢对不同层级人力资本吸收能力的影响,提高人力资本结构与前沿技术结构的匹配适宜性。在异质性人力资本内部结构配置上,尽管高级人力资本数量的增加有助于技术利用效率的提高,但是,过于简单的技术不仅无法充分发挥高级人力资本的作用,而且高级人力资本对低级人力资本产生的挤出效应会造成人力资本浪费和贬值。因此,施行差别化的贸易开放和引资政策,提高引资质量、优化引资结构,选择那些最能够发挥区域生产潜力、与现有生产水平和技术吸收能力相匹配的技术,通过技术选择与人力资本之间的彼此适配,达到提升人力资本存量和优化人力资本结构的目的。

其次,中部前沿技术结构决定的技术水平偏高于其经济发展水平,尽管中部地区选择了适宜的前沿技术,但较低的要素禀赋结构水平导致要素组合规模效率损失长期存在。中部经济更多地得益于不同要素之间的协同增长效应,而缺乏高质量生产要素增量的规模投入。正是资本和非技能劳动、非技能和技能劳动、技能劳动和技术进步之间环环相扣的互补关系形成推动中部经济增长良性循环的链条,一定程度上弥补了中部资金匮乏和技能劳动短缺形成的缺乏高质要素积累及其规模投入的经济增长困境。然而,较低的要素禀赋结构水平与赶超型经济的技术选择更凸显资本投入匮乏而无法满足技术设备快速更新和对人力资本大量而持续投资的需求,以及高级人力资本占比居区域最低成为弥合要素禀赋整体质量低下与赶超型前沿技术选择之间差距的掣肘因素。尤其是,相对其前沿技术选择水平,中部各级人力资本尚未达到吸收技术外溢的人力资本门槛,高质要素的缺乏与技术进步的缓慢使得中部地区的经济规模难以形成规模经济。

中部尚需在实行赶超型经济战略的同时兼顾发挥劳动密集型产业优势,以最大限度地释放并利用窖藏劳动力创造剩余、加速资本积累,不断提高要素禀赋结构水平以夯实产业结构优化升级的物质和技术基础。同时,加快地区金融发展,改善投资环境,鼓励国际生产性资本进口和商品出口贸易;加大人力资本投资力度、优化人力资本结构,提高不同层级人力资本技术吸收能力,积极培植优势产业以加速比较优势向竞争优势的过渡。通过选择适宜性技术来实现比较优势的长期化和良性化,重塑地区发展模式,而不是过于超越经济发展阶段,在要素禀赋结构尚未达到充分匹配的条件下,试图以赶超型技术选择来推动经济快速发展,往往欲速则不达。

最后,西部前沿技术选择与其要素禀赋结构水平存在适度匹配,却有悖于其非技能劳动相对充裕的比较优势,因而,资本积累缺乏动态效率明显抑制了地区经济增长速度;初、高级人力资本两头占比较大的两极分化结构造成西部技术效率和规模效应忽正忽负极不稳定的变化。西部经济兼具单要素规模投入效应以及不同要素之间的协同增长效应,尤其是,各级人力资本之间的互补性结构匹配,以及 FDI 和 TRD 对各级人力资本的正向技术溢出效应都有助于各级人力资本提升自身技术积累,显然,西部技术效率水平提升空间较大,技术后发优势明显。

对于尚处在比较优势经济发展阶段的西部,初级人力资本占比居区域最高,然而,非技能劳动对经济增长既不存在累积效应,又不具有规模投入效应,即大量潜在的非技能劳动未被有效开发和利用而进入真正生产过程。截然不同于中部地区生产过程中的非技能劳动相对资本长期存在过剩配置,却类似于东部非技能劳动相对资本具有单位替代弹性,西部传统产业部门要素投入结构存在相对固化,较高资本配置的机器设备难以吸纳较低生产力水平的非技能劳动,虽然西部技术效率增长快于中部,但要素配置效率却远低于中部。值得注意的是,随着生产过程中的初级人力资本占比持续下降、高级人力资本占比不断上升,而中级人力资本占比却未见显著变化,势必弱化比较优势产业的基础作用而进一步强化产业梯度上的两极分化格局。

西部地区经济增长的关键在于提高资源配置效率,有针对性地加大中级人力资本投资力度,充分利用和发挥非技能劳动相对丰富的比较优势。增加低收入群体受教育和技能培训的机会,着力推动潜在非技能劳动真正进入生产过程,在充分发挥初级人力资本比较优势的同时,夯实比较优势产业基础,加快推动部分传统产业技术优化升级速度,在"干中学"技术溢出中大力培植中级人力资本,进一步提升比较优势和技术后发优势改造,促进比较优势产业与竞争优势产业的互补融合发展。

客观存在的区域经济发展差距未尝不是后发大国区域经济协调发展的动力。我国是劳动力资源丰裕国家,虽然人力资本水平远低于发达国家,但区域技术选择与要素结构匹配存在明显差异,通过对区域之间互补优势的整合,可以成为促进区域经济梯次、轮动和协调发展的动力。比如,东部地区无论人力资本还是物质资本都非常充裕,而且技术水平相对较高,具有资本和高新技术优势,却由于较低的前沿技术选择导致资本和技能劳动双重过剩,存在高质要素低效配置和技术技能结构匹配失当现象。而中西部劳动力资源丰富且拥有适用技术优势,却存在着强烈的投资饥渴,一方面为了释放大量潜在的非技能劳动进入真正生产过程,另一方面为了产业升级而技术设备更新和人力资本持续投资需求。因此,引导要素在不同区域之间的合理流动,改善并优化投资环境,强化适宜性技术选择与要素禀赋结构的动态匹配性。在欠发达区域采用立足比较优势的发展战略谋求要素禀赋结构的较快升级,而在发达区域采用立足自主创新的有限赶超战略谋求关键技术的重点突破,充分发挥各地区不同优势,使有限资源合理配置,保证多元技术和区域要素在充分发挥自身比较优势的同时培育竞争优势,实现区域经济协调发展。可以预测:在即将到来的区域经济梯次、轮动发展大潮中,在完善要素市场的前提下,通过有针对性地改善不同区域人力资本结构、提高人力资本技术吸收能力、强化不同层级人力资本之间的适宜性匹配,在重视引资质量的同时加大对外开放力度,不断提升区域技术选择与要素结构之间的动态适配性,我国相对丰裕的劳动力资源禀赋比较优势将再次发挥重要作用。

◆ 参考文献 ◆

[1]刘霞辉，张平，张晓晶. 改革年代的经济增长与结构变迁[M]. 上海人民出版社，2008.

[2]蔡昉，王德文，曲玥. 中国产业升级的大国雁阵模型分析[J]. 经济研究，2009(9):4-14.

[3] Hsieh, C. T. , J. P. Klenow. Misallocation and Manufacturing TFP in China and India. Quarterly Journal of Economics, 124(4):1403-1448.

[4]袁志刚，解栋栋. 中国劳动力错配对 TFP 的影响分析[J]. 经济研究，2011(7):4-17.

[5]朱喜，史清华，盖庆恩. 要素配置扭曲与农业全要素生产率[J]. 经济研究，2011(5):86-98.

[6]杨振，陈甬军. 中国制造业资源误置及福利损失测度[J]. 经济研究，2013(3):43-54.

[7]鄢萍. 资本误配置的影响因素初探. 经济学季刊[J]，2012，11(2):489-520.

[8]盖庆恩，朱喜，史清华. 劳动力市场扭曲、结构转变和中国劳动生产率[J]. 经济研究，2013(5):87-98.

[9]董直庆，王林辉. 要素错配、异质性要素发展和适宜性技术进步前沿文献述评[J]，学术交流，2013(1):117-123.

[10]龚关，胡关亮. 中国制造业资源配置效率与全要素生产率[J]. 经济研究，2013(4):4-15.

[11] Zhu, X. Factor Market Distortions Across Time, Space and Sectors in China[J]. University of Toroto, Working Paper. 2011.

[12]唐根年，沈沁，管志伟，徐维祥. 中国东南沿海制造业集聚过度及其

生产要素拥挤实证研究[M].经济地理，2010，30(2):263-267.

[13]颜鹏飞，王兵.技术效率、技术进步与生产率增长：基于 DEA 的实证分析[J].经济研究，2004(12).

[14]周圣强，朱卫平.产业集聚一定能带来经济效率吗：规模效应与拥挤效应[J].产业经济研究，2013(3):12-22.

[15]古德斌，傅毓维.基于技术选择导向的资源配置运行机制研究[J].科学技术哲学研究，2010(4):102-106.

[16]傅允生.资源配置能力与地区经济增长：一个新的分析框架[J].学术月刊，2008，40(9):71-79.

[17]林毅夫，潘士远.技术进步越快越好吗[J].中国工业经济，2005，21(1):5-11.

[18]郑玉歆.全要素生产率测度及经济增长方式的"阶段性"规律——由东亚经济增长方式的争论谈起[J].经济研究，1999(5):55-60.

[19]王检贵.劳动与资本双重过剩下的经济发展[M].上海人民出版社2003年版.

[20]林毅夫."潮涌现象"与发展中国家宏观经济理论的重新构建[J].经济研究，2007(1):126-131.

[21]陈新焱，杜蕾."民工荒"真相调查[N/OL].南方周末，http://www.infzm.com/content/55842，2011-03-03.

[22]左大培，杨春学.经济增长理论模型的内生化历程.中国经济出版社2007年版.

[23]林毅夫，潘士远，刘明兴.技术选择、制度与经济发展[J].经济学季刊，2006，5(3).

[24]邹全胜.经济全球化下的要素演进与开放收益[M].中国财政经济出版社2009年版.

[25](美)约瑟夫·熊彼特.经济发展理论[M].商务印书馆1990年版.

[26]程极明.大国经济发展的比较研究[M].人民出版社1997年版.

[27]陈勇.劳动力剩余条件下的资本深化——基于中国1985—2003年的经验研究[D].复旦大学博士学位论文，2007年.

[28]张月友，刘志彪.替代弹性、劳动力流动与我国服务业"天花板效应"——基于非均衡增长模型的分析[J].财贸经济，2012(3):103-111.

[29]林毅夫.新结构经济学——重构发展经济学的框架[J].经济学季刊，

2011, 10(1).

[30]郝寿义. 区域经济学原理[M]. 上海人民出版社 2007 年版.

[31] (英)亚当·斯密. 国民财富的性质及其原因的研究[M]. 商务印书馆 1974 年版.

[32]大卫·李嘉图. 政治经济学及赋税原理[M]. 商务印书馆 1974 年版.

[33] Ohlin, Bertil G. Interregional and International Trade [M]. Cambridge: MA, Harvard University Press, 1933.

[34] Vanek, Jaroslave. The Factor Proportions Theory: The N-Factor Case[M]. Kyklos, 1968(21):749-754.

[35] Arrow, K. The Economic Implications of Learing by Doing[J]. REStud, 1962, 29(1):155-173.

[36] Uzawa, H. Optional Technical Change in an Aggregative Model of Economic Growth[J]. European Economic Review, 1965, 38, 641-680.

[37] Romer, Paul M. Increasing Returns and Long-Run Growth[J]. Journal of Political Economy, 1986:94.

[38] Lucas, Robert E. , Jr. On the Mechanics of Economic Development [J]. Joural of Monetary Economics, 1988(22):3-42.

[39] Grossman, G. , Helpman, E. Quality Ladders in the Theory of Growth[J]. Review of Economic Studies, 1991(58):43-61.

[40]云鹤, 刘涛, 舒元. 协调改善、知识增进与经济持续增长[J]. 经济学(季刊):2004(4):889-904.

[41]邹全胜. 开放经济增长与动态要素质量: 理论与实证分析[J]. 世界经济研究, 2007(12):10-16.

[42] Stein Ostbye. The Translog Growth Model [J]. Journal of Macroeconmics, 2010(32):635-640.

[43] Jones, C. The Shape of Production Functions and the Direction of Technical Change[J]. Quarterly Journal of Economlcs, 2005, 120(2):517-549.

[44]袁江, 张成思. 强制性技术变迁、不平衡增长与中国经济周期模型[J]. 经济研究, 2009: 17-30.

[45] Hicks, J. R. Capital and Growth [M]. Clarendon Press, Oxford, 1965.

[46] Acemoglu, D. Equilibrium Bias of Technology[J]. Econometrica,

2007(75):1371-1409.

[47]Debdulal Mallick. The Role of Elasticity of Substitution in Economic Growth: A Cross-country Investigation[J]. Labour Economics, 2012:682-694.

[48]戴天仕, 徐现祥. 中国的技术进步发现[J]. 世界经济, 2010(1):54-70.

[49]雷钦礼. 偏向性技术进步的测算与分析[J]. 统计研究, 2013, 30(4):83-91.

[50]赵志耘, 吕冰洋, 郭庆旺. 资本积累与技术进步的动态融合:中国经济增长的一个典型事实[J]. 经济研究, 2007(11):.

[51]郑振雄, 刘艳彬. 要素价格扭曲下的产业结构演进研究[J]. 中国经济问题, 2013(3):68-78.

[52]中国经济增长与宏观稳定课题组. 资本化扩张与赶超型经济的技术进步[J]. 经济研究, 2010(5):4-20.

[53]王林辉, 董直庆. 资本体现式技术进步、技术合意结构和我国生产率增长来源[J]. 数量经济技术经济研究, 2012(5):3-18.

[54]宋冬林, 王林辉, 董直庆. 技能偏向型技术进步存在吗?——来自中国的经验证据[J]. 经济研究, 2010(5):68-81.

[55]张月玲, 叶阿忠. 中国的技术进步方向与技术选择——基于要素替代弹性分析的实证研究[J]. 产业经济研究, 2014(1):92-102.

[56] Romer, Paul M. Idea Gaps and Object Gaps in Economic Development[J]. Journal of Monetary Economics, 32, 543-573.

[57] Atkinson A. B. , Stiglitz J. E. A New View of Technological Change [J]. Economic Journal, 1969(79).

[58] Basu S. , Weil D N. Appropriate Technology and Growth[J]. The Quarterly Journal of Economics, 1998, 113(4).

[59] Acemoglu, Daron, Fabrizio Zilibotti. Productivity Differences[J]. Quarterly Journal of Economics, 2001(116): 563-606.

[60] Caselli F. , Coleman W J. The World Technology Frontier[J]. The American Economic Review, 2006(6).

[61] 林毅夫, 张鹏飞. 适宜技术、技术选择和发展中国家的经济增长[J]. 经济学(季刊),2006(4):985-1006.

[62]林毅夫. 新结构经济学——重构发展经济学的框架[J]. 经济学季刊, 2011(1) .

[63]林毅夫,孙希芳. 经济发展的比较优势战略理论——兼评"对中国外贸战略与贸易政策的评论"[J]. 国际经济评论, 2003(11).

[64]费景汉,拉尼斯. 劳动剩余经济的发展[M]. 经济科学出版社, 1992.

[65]李飞跃. 技术选择与经济发展[J]. 世界经济, 2012(2):45-62.

[66]苗文龙,万杰. 经济运行中的技术进步与选择——基于中国技术发展路径与经济增长、就业关系的实证分析[J]. 经济评论, 2005(3):34-38.

[67]张军. 增长、资本形成与技术选择——解释中国经济增长下降的长期因素[J]. 经济学(季刊), 2002: 301-338.

[68]黄茂兴,李军军. 技术选择、产业结构升级与经济增长[J]. 经济研究, 2009(7):143-151.

[69]张月玲,叶阿忠. 中国区域技术选择与要素结构匹配差异:1996—2010[J]. 财经研究, 2013(12):100-114.

[70] Cf. R. G. D. Allen. Mathematical Analysis for Economists[M]. Macmilin, 1947.

[71] McFadden D. Cost, Revenue and Profit Functions[M]. in M. Fuss and McFadden eds, 1978.

[72]孙巍,尚阳,何彬. 生产要素拥挤的理论内涵[J]. 学习与探索, 2005(6):253-256.

[73]汪彩君. 过度集聚、要素拥挤与产业转移研究[J]. 浙江工业大学博士学位论文, 2011.

[74] R. Fare, L. Suenssion. Congestion of Production Factors[J]. Econometrica, 1980, 48(7):1745-1753.

[75]西蒙·库兹涅茨. 现代经济增长[M]. 北京经济学院出版社 1989年版.

[76]蔡昉,王德文,曲玥. 中国产业升级的大国雁阵模型分析[J]. 经济研究, 2009(9):4-14.

[77]欧阳峣,生延超,易先忠. 大国经济发展的典型化特征[J]. 经济理论与经济管理, 2012(5):27-35.

[78]欧阳峣. 基于大国综合优势的中国对外直接投资战略[J]. 财贸经济, 2006(5).

[79]欧阳峣,易先忠,侯俊军,罗会华. 大国综合优势:中国经济竞争力的一种新诠释——兼与林毅夫教授商榷[J]. 经济理论与经济管理, 2009(11):

25-31.

[80]廖国民，王永钦.论比较优势与自生能力的关系[J].经济研究，2003(9):32-39.

[81]俞炜华，秦波涛.大国与比较优势发展战略[J].预测，2006(5):1-5.

[82]易先忠，张亚斌.后发不均质大国自主创新能力提升路径[J].上海经济研究，2009(10):9-15.

[83]欧阳峣，刘智勇.发展中大国人力资本综合优势与经济增长——基于异质性与适应性视角的研究[J].中国工业经济，2010(11):26-35.

[83]欧阳峣，生延超.多元技术、适应能力与后发大国区域经济协调发展——基于大国综合优势与要素禀赋差异的理论视角[J].经济评论，2010(4):23-33.

[84]傅晓霞，吴利学.技术效率、资本深化与地区差异——基于随机前沿模型的中国地区收敛分析[J].经济研究，2006(10):52-61.

[85]李国璋，周彩云，江金荣.区域全要素生产率的估算及其对地区差距的贡献[J].数量经济技术经济究，2010(5):49-61.

[86]陈秀山，张若.异质型人力资本在区域经济发展差距中的贡献研究[J].经济学动态，2006(3):36-41.

[87]李静，孟令杰，吴福象.中国地区发展差异的再检验:要素积累抑或TFP[J].世界经济，2006(1):12-22.

[88]彭国华.中国地区收入差距、全要素生产率及其收敛分析[J].经济研究,2005(9):19-29.

[89]彭国华.两种增长核算方法的比较——兼论中国地区差距的决定性因素[J].南方经济，2008(7):14-34.

[90]岳书敬，刘朝明.人力资本与区域全要素生产率分析[J].经济研究，2006(4):90-97.

[91]王志刚，龚六堂，陈玉宇.地区间生产效率与全要素生产率增长率分解(1978—2003)[J].中国社会科学，2006(2):55-77.

[92]周晓艳，韩朝华.中国各地区生产效率与全要素生产率增长率分解(1990—2006)[J].南开经济研究，2009(5):26-51.

[93]王志平.生产效率的区域特征与生产率增长的分解——基于主成分分析与随机前沿超越对数生产函数的方法[J].数量经济技术经济研究，2010(1):33-44.

[94]郝睿. 经济效率与地区平等：中国省际经济这与差距的实证分析(1978—2003)[J]. 世界经济文汇，2006(2):11-29.

[95]曹东溟. "组合—创生—演化"的技术—打开"技术黑箱"的一个尝试[J]. 自然辩证法研究，2012, 28(3):44-49.

[96]林毅夫，刘培林. 中国的经济发展战略与地区收入差距[J]. 经济研究，2003(3):19-25.

[97]陈晓玲，连玉君. 资本—劳动替代弹性与地区经济增长——德拉格兰德维尔假说的检验[J]. 经济学季刊，2012, 12(1):93-118.

[98]李飞跃，葛玉好，黄玖立. 技术技能结构、人力资本构成与中国地区经济差距[J]. 中国人口科学，2012(4):35-47.

[99] Wu, Yanrui. Is China's Economic Crowth Sustainable? A Productivity Analysis[J]. China Economic Review,2000.

[100] Wu, Yanrui. Has Productivity Contributed to China's Growth?. Pacific Economic Review, 2003, 8(1):15-30.

[101]Chow G. C. , Lin A. Accounting for Economic Growth in Taiwan and Mainland China: A Comparative Analysis[J]. Journal of Comparative Economics, 2002(30):507-530.

[102]何枫，陈荣，郑江绥. 对我国技术效率的测算：随机前沿生产函数的应用[J]. 科研管理，2004, 25(5):100-103.

[103]朱承亮，师萍，岳宏志等. 人力资本、人力资本结构与区域经济增长效率[J]. 中国软科学，2011(2):110-119.

[104]颜敏，王维国. 人力资本结构对我国技术效率的影响——基于随机前沿生产函数的实证分析[J]. 2012, 42(10):11-18.

[105]傅晓霞，吴利学. 前沿分析方法在中国经济增长核算中的适用性[J]. 世界经济，2007(7):56-66.

[106]傅晓霞，吴利学. 中国地区差异的动态演进及其决定机制：基于随机前沿模型和反事实收入分布方法的分析[J]. 世界经济，2009(5):41-55.

[107] Fleisher, B. M. , Li, H. , Zhao, M. Q. Human Capital, Economic Growth, and Regional Inequality in China [J]. Journal of Development Economics,2010, 92(2):215-231.

[108] 魏下海，余玲铮. 中国全要素生产率变动的再测算与适用性研究——基于数据包络分析与随机前沿分析方法的比较[J]. 华中农业大学学报

（社会科学版），2011(3):76-83.

[109] Xianbo ZHOU, Kui-Wai LI, Qin LI. An Analysis on Technical Efficiency in Post-reform China[J]. China Economic Review, 2011(22): 357-372.

[110]余泳泽,张妍.我国高技术产业地区效率差异与全要素生产率增长率分解——基于三投入随机前沿生产函数分析[J].产业经济研究：2012(1): 44-53.

[111]王志平,陶长琪.我国区域生产效率及其影响因素实证分析——基于2001—2008年省际面板数据与随机前沿方法[J].系统工程理论与实践, 2010,30(10):1762-1773.

[112]李胜文,李大胜,邱俊杰,李新春,何轩.中西部效率低于东部吗?——基于技术集差异和共同前沿生产函数的分析[J].经济学(季刊):2013 (3):777-798.

[113]段文彬,尹向飞.中国全要素生产率研究述评[J].南开经济研究, 2009(2):130-140.

[114] Farrell,J. The Measurement of Productive Efficiency[J]. Journal of the Royal Statistical Society, Series A, General 120, 1957.

[115] Jorgenson, D. , Z. Griliches. The Explanation of Productivity Change[J]. Review of Economic Studies, 1967, 34(3):249-283.

[116]Pires, J. , O. , Gatica, F. Productivity of Nations: A Stochastic Frontier Approach to TFP Decomposition[J]. Econometric Society, Latin American Meetings, 2004, No. 292.

[117]陶长琪,王志平.随机前沿方法的研究进展与展望.数量经济技术经济研究[J]. 2011(11):148-161.

[118] Kumbhakar, S. Estimation and Decomposition of Productivity Change When Production is not Efficient: A Panel Data Approach [J]. Econometric Reviews, 2000, 19(4):425-460.

[119] Battese, E. and Coelli, T. Frontier Production Functions, Technical Efficiency and Panel Data: With Application to Paddy Farmers in India[J]. Journal of Productivity Analysis, 1992, 3: 153-169.

[120]Bauer, W. Recent Developments in the Econometric Estimation of Frontiers[J]. Journal of Econometrics, 1990(46):39-56.

[121]Stevens, P. A. Accounting for Background Variables in Stochastic Frontier Analysis[J]. NIESR Discussion Paper, 2004, No. 239.

[122]Coelli T. , Rao P. , Battase, E. An Introduction To Efficiency and Productivity Analysis[M]. Kluwer Academic Publishers, 1998.

[123]傅晓霞, 吴利学. 随机生产前沿方法的发展及其在中国的应用[J]. 南开经济研究, 2006(2):130-141.

[124]桁林. 经济增长的源泉：劳动积累与资本积累[J]. 中共中央党校学报, 2003(1).

[125]欧阳峣, 生延超, 易先忠. 从大国经济增长阶段性看比较优势战略的适宜性[J]. 经济学家, 2012(8):80-90.

[126]Antonelli, C. The Economics of Localized Technological Change and Industrial Dynamics. Kluwer Academic Publishers, 1999.

[127]杨飞. 劳动禀赋结构与技能偏向性技术进步——基于技术前沿国家的分析[J]. 经济评论, 2013(4):5-12.

[128]周亚, 李克强, 姜璐. 人力资源素质与经济增长：一个模型分析[J]. 系统工程理论与实践, 2006(11):33-39.

[129]李雪艳, 赵吟佳, 钱雪亚. 人力资本异质性、结构与经济增长[J]. 商业经济与管理, 2012(5):82-88.

[130]人力资本结构研究课题组. 人力资本与物质资本的匹配及其效率影响[J]. 统计研究, 2012, 29(4):32-38.

[131] Duffy, J. , C. Papageorgiou, F. Perez-Sebastian. Capital-skill Complementarity? Evidence from a Panel of Countries [J]. Review of Economics and Statistics, 2004, 86(1):327-344.

[132]Arpaia A. , E. Perez, K. Pichelman. Understanding Labour Income Share Dynamics in Europe [J]. European Commission Economic Papers 379. 2009.

[133] Acemoglu, Daron, David H. Autor. Skills, Tasks and Technologies：Implications for Employment and Earnings[J]. NBER Working Paper, 2010.

[134] Autor, David, David Dorn. The Growth of Low Skill Service Jobs and the Polarization of the U. S. Labor Market [J]. NBER Working Paper, 2012.

[135] Griliches, Zvi. Capital-Skill Complementarity [J]. Review of Economics and Statistics, 1969, 51(4):465-469.

[136]王永进, 盛丹. 要素积累、偏向型技术进步与劳动收入占比[J]. 世界经济文汇, 2010(4):33-50.

[137] Acemoglu, Daron. Directed Technical Change. Review of Economic Studies,2002, 69(4):781-810.

[138]张莉, 李捷瑜, 徐现祥. 国际贸易、偏向型技术进步与要素收入分配[J]. 经济学季刊, 2012, 11(2):409-428.

[139]张军, 施少华. 中国经济全要素生产率变动: 1952—1998[J]. 世界经济文汇, 2003(2).

[140]郭庆旺, 贾俊雪. 中国全要素生产率的估算: 1979—2004[J]. 经济研究, 2005(6):51-60.

[141]王林辉, 袁礼. 要素结构变迁对要素生产率的影响——技术进步偏态的视角[J]. 财经研究, 2012, 38(11):38-48.

[142] Ferguson, C. E. The Neoclassical Theory of Production and Distribution[M]. London University Press, 1979.

[143] Diamond, P. A. Disembodied Technical Change in a Two-Sector Model[J]. Review of Economic Studies, 1965, 32: 161-168.

[144] Khanna N. Analyzing the Economic Cost of the Kyoto Protocol[J]. Ecological Economics, 2001, 38 (1):59-69.

[145]单豪杰. 中国资本存量 K 的再估算: 1952—2006 年数量经济技术经济研究, 2008(1):17-31.

[146]董直庆, 王林辉. 劳动力市场需求分化和技能溢价源于技术进步吗?[J]. 经济学家, 2011(8):75-82.

[147] 殷德生, 唐海燕, 黄腾飞. FDI 与中国的高技能劳动需求[J]. 世界经济, 2011(9):118-137.

[148] Caselli, Francescoand, Coleman, Wilbur John. The World Technology Frontier[J]. American Economic Review. 2006, 96(3):499-522.

[149] Cristiano Aetonelli. The Economics of Innovation, New Technologies and Structural Change.刘刚, 张浩辰, 吴旬等译.创新经济学——新技术与结构变迁[M]. 高等教育出版社 2006 年版.

[150] De La Grandville, O. In Quest of the Slutsky Diamond [J]. The

American Economic Review, 1989, 79 (3):468-481.

[151] Klump, R. , O. De La Grandville. Economic Growth and the Elasticity of Substitution: Two Theorems and Some Suggestions[J]. The American Economic Review, 2000, 90(1):282-291.

[152] Irmen, A. , R. Klump. Factor Substitution, Income Distribution and Growth in a Generalized Neoclassical Model[J]. German Economic Review , 2009, 10(4):464-479.

[153] Palivos, T. , G. Karagiannis. The Elasticity of Substitutionas an Engine of Growth[J]. Macroeconomic Dynamics, 2010, 14(5):617-628.

[154] De La Grandville, O. Curvature and the Elasticity of Substitution: Straightening it Out[J]. Journal of Economics, 1997, 66(1):23-34.

[155]张明海. 增长和要素替代弹性——中国经济增长 1978—1999 年的实证研究[J]. 学术月刊, 2002(8):78-82.

[156]钟世川. 要素替代弹性、技术进步偏向与我国工业行业经济增长[J]. 当代经济科学, 2014, 36(1):74-81.

[157]郝枫, 盛卫燕. 中国要素替代弹性估计[J]. 统计研究, 2014, 31(7): 12-21.

[158]吴海民. 资本深化带来了劳动生产率下降吗[J]. 财经科学, 2013(306): 40-50.

[159]周申, 张亮. 我国熟练、非熟练劳动替代弹性探究[J]. 山东财政学院学报, 2012, 117(1):14-21.

[160]郑照宁, 刘德顺. 考虑资本—能源—劳动投入的中国超越对数生产函数[J]. 系统工程理论与实践, 2004(5):51-56.

[161]Hengyun Ma, Les Oxley, John Gibson. Substitution Possibilities and Determinants of Energy Intensity for China [J]. Energy Policy, 2009 (37): 1793-1804.

[162]陈道平, 刘伟. 基于 Translog 生产函数的中国汽车工业规模经济与替代弹性及价格弹性研究[J]. 数理统计与管理, 2009, 28(1):10-22.

[163]董会忠, 闫秀霞, 陶建格. 中国钢铁工业能源—资本—劳动替代关系研究[J]. 科研管理, 2012, 33(8):120-127.

[164]杨福霞, 杨冕, 聂华林. 能源与非能源生产要素替代弹性研究——基于超越对数生产函数的实证分析[J]. 资源科学, 2011, 33(3):460-467.

[165]赵领娣, 张磊. 区域视角的劳动与能源的替代弹性: 趋势、差异与政策启示[J]. 经济问题探索, 2012(10):50-55.

[166] David I. Stern. Limits to Substitution and Irreversibility in Production and Consumption: A Neoclassical Interpretation of Ecological Economics [J]. Ecological Economics, 1997, 197-215.

[167] Debdulal Mallick. The Role of Elasticity of Substitution in Economic Growth: A Cross-country Investigation. Labour Economics[J]. 2012, 682-694.

[168]李红松. 资本—劳动替代的技术特征及其对扩大就业的启示[J]. 武汉科技大学学报, 2010, 72-76.

[169]王争, 史晋川. 转型时期中国工业生产绩效的地区差异及波动性的解释——基于随机前沿生产函数的分析[J]. 世界经济文汇, 2007(4):29-45.

[170]任保平, 钞小静, 魏婕等. 中国经济增长质量报告——中国经济增长质量指数及省区排名[M]. 中国经济出版社, 2012.

[171]黎开颜, 陈飞翔. 深化开放中的锁定效应与技术依赖[J]. 数量经济技术经济研究, 2008(11):56-70.

[172]李尚骜, 陈继勇, 李卓. 干中学、过度投资和R&D对人力资本积累的"侵蚀效应". 经济研究, 2011(6):57-67.

[173]张涛, 张若雪. 人力资本与技术采用: 对珠三角技术进步缓慢的一个解释[J]. 管理世界, 2009(2):75-83.

[174]王德文, 蔡昉, 高文书. 全球化与中国国内劳动力流动: 新趋势与政策含义[J]. Working Paper Series No. 48, 2005.

[175]林毅夫. "潮涌现象"与发展中国家宏观经济理论的重新构建[J]. 经济研究, 2007(1):126-131.

[176]林毅夫, 巫和懋, 邢亦青. "潮涌现象"与产能过剩的形成机制[J]. 经济研究, 2010(10):4-19.

[177] Solow M. Growth Theory: An Exposition [M]. Oxford University Press, 1970.

[178]Feldstein, M. , L. Summers. Is the Rate of Profit Falling? [J] Brooking Papers in Economic. Activity, 1977(1): 211-227.

[179]吕冰洋. 中国资本积累的动态效率: 1978—2005[J]. 经济学季刊, 2008, 7(2):509-532.

[180]郭克莎. 中国: 改革中的经济增长与结构变动[M]. 上海三联书店 1993

年版.

[181]年猛,孙久文. 中国区域经济空间结构变化研究[J]. 经济理论与经济管理, 2012(2):89-96.

[182]孙久文, 胡安俊. 雁阵模式与中国区域空间格局演变[J]. 开发研究, 2011(6):1-4.

[183] Romer, P. Endogenous Technological Change[J]. Journal of Political Economy, 1990, 98(5):67-97.

[184]Redding. The Low-skill, Low-Quality Trap: Strategic Complementarities Between Human Capital and R&D[J]. The Economic Journal, 1996, 106: 458-470.

[185]Agion, Howitt. A Model of Growth Through Creative Destruction [J]. Econometrica, 1992, 60(2):323-351.

[186] Ciccone, Antonio, Elias Papaioannou. Human Capital, The Structure of Production and Growth[J]. European Central Bank, Working Paper Series No. 623, 2006.

[187] Nelson, R. , E Phelps. Investments in Humans, Technological Diffusion and Economic Growth[J]. American Economic Review, 1966(56): 69-75.

[188] Benhabib, Jess, Mark M. Spiegel. The Role of Human Capital in Economic Development: Evidence from Aggregate Cross-Country Data [J]. Joural of Monetary Economics, 1994(34):143-173..

[189] Rauch, J. E. Productivity Gains from Geographic Concentration of Human Capital: Evidence from the Cities[J]. Journal of Urban Ecomomics, 1993, 34(3):380-400.

[190]李有, 刘万岚. 国际贸易与技术溢出:经验研究的最新进展[J]. 国际贸易问题, 2009(3):16-21.

[191] Eaton, Jonathan and Samuel Kortum, International Patenting and Technology Diffusion: Heory and Measurement[J]. International Economic Review, 1999(40):537-570.

[192]E. Borensztein, J. D. Gregorio and J. W. Lee. How Does Foreign Direct Investment Affect Economic Growth? [J]. Journal of International Economics, 1998(45):115-135.

[193]王志鹏, 李子奈. 外商直接投资、外溢效应与内生经济增长[J]. 世界

经济文汇，2004(3):23-33.

[194]赖明勇，包群，彭水军，张新. 外商直接投资与技术外溢：基于吸收能力的研究[J]. 经济研究，2005(8):95-105.

[195]张海洋. 人力资本吸收、外资技术扩散与中国经济增长[J]. 科学学研究，2005(1):64-70.

[196]赵江林. 外资与人力资源开发：对中国经验的总结[J]. 经济研究，2004(2).

[197]阚大学，吕连菊. 中国各层次人力资本对外商直接投资影响的实证研究——基于东部、中部和西部地区的动态面板数据[J]. 河北科技大学学报(社会科学版):2011, 11(4):1-6.

[198]彭国华. 我国地区全要素生产率与人力资本构成[J]. 中国工业经济，2007(2):52-59.

[199]Lucas R E. On the Mechanics of Economic Development[J]. Journal of Monetary Economics, 1988, 22(1):3-42.

[200]Young A. Invention and Bounded Learning by Doing[J]. Journal of Political Economy, 1993, 101(3):443-472.

[201]Andrew T. Young, Daniel Levy, Matthew J. Higgins. Many Types of Human Capital and Many Roles in U. S. Growth: Evidence from County-Level Educational Attainment Data[J]. RePEc Working Paper, 2004.

[202]戴启文，杨建仁. 产业结构升级与人力资本水平关系的实证研究：以江西省为例[J]. 江西社会科学，2007(12)，123-126.

[203]姜雨，沈志渔. 技术选择与人力资本的动态适配及其政策含义[J]. 经济管理，2012(7):1-11.

[204]郭玉清，杨栋. 人力资本门槛、创新互动能力与低发展陷阱——对1990年以来中国地区经济差距的实证检验[J]. 财经研究，2007, 33(6):77-89.

[205]张国强，温军，汤向俊. 中国人力资本、人力资本结构与产业结构升级[J]. 中国人口、资源与环境，2011, 21(10):138-146.

[206]Battese, E. , Coelli, T. , A Model of Technical Inefficiency Effects in Stochastic Frontier Production for Panel Data[J]. Empirical Economics, 1995(20): 325-332.

[207]邵敏，刘重力. 外资进入与技能溢价——兼论我国 FDI 技术外溢的偏向性[J]. 世界经济研究，2011(1):67-75.

[208]沈坤荣,马俊.中国经济增长的"俱乐部收敛"特征及其成因研究[J].经济研究,2002(1):33-39.

[209]李善同,高传胜.中国生产者服务业发展与制造业升级[J].上海三联书店 2008 年版.

[210]刘志彪,张杰.从融入全球价值链到构建国家价值链:中国产业升级的战略思考[J].学术月刊 2011(9):59-68.

[211]刘世锦.增长模式转型压力与战略选择[J].经济学动态,2005(9).

[212] Ten Raa, T., Mohnen, P. Neoclassical Growth Accountiong and Frontier Analysis[J]. A Synthesis Journal of Productibity Analysis, 2002 (18):11-128.

◆ 附　录 ◆

作者发表论文及已获荣誉情况

一、发表论文

[1]张月玲,林锋.中国区域要素替代弹性变迁及其增长效应[J].财经研究,2017(5):118-131.

[2]张月玲,林锋,陈宝国.中国区域资本积累、要素匹配与动态效率差异[J].现代财经,2016(12):23-34.

[3]张月玲,吴涵,叶阿忠.要素集聚及外溢对中国经济发展效率的影响[J].软科学,2016(7):24-29.

[4]张月玲,叶阿忠,吴继贵.基于技术选择差异的我国区域全要素生产率分析.软科学,2015(7):12-16.

[5]张月玲,叶阿忠,陈泓.人力资本结构、适宜技术选择与全要素生产率变动分解——基于区域异质性随机前沿生产函数的经验分析[J].财经研究,2015(6):4-18.

[6]张月玲.基于需求关联效应的城市化驱动经济增长机制分析[J].统计与决策,2014(9):105-107.

[7]张月玲,叶阿忠.中国的技术进步方向与技术选择——基于要素替代弹性分析的经验研究[J].产业经济研究,2014(1):92-102.

[8]张月玲,叶阿忠.中国区域技术选择与要素结构匹配差异:1996—2010[J].财经研究,2013,39(12):100-114.

[9]张月玲.我国廉租房租金补贴价格形成机制实证分析[J].商业研究.2013(9):211-216.

[10]王阿忠,张月玲,张文丹.政策调控效果显现,榕5月楼市成交仅9.37万平米[N].海峡都市报,2010-06-18.

[11]张月玲.基于 CSCP 框架的我国乳品加工行业产业组织分析[J].东南经济管理研究,2009(2):42-49.

[12]吴继贵,叶阿忠,张月玲.资本积累的空间溢出效应研究:基于半参数空间结构向量自回归模型的实证分析[J].系统工程学报,录用待刊.

二、已获荣誉

1.《中国区域技术选择与要素结构匹配差异:1996—2010》被 2014 年第 3 期《中国社会科学文摘》转载。

2.《中国区域技术选择与要素结构匹配差异:1996—2010》获第十二届福建省自然科学优秀学术论文一等奖。

3.因发表论文在学术界获得较高关注而荣膺首都经济贸易大学杂志总社赠阅 2016 年《经济与管理研究》和《首都经济贸易大学学报》。

后 记

时光如白驹过隙,重新捡拾博士论文之际,不知不觉已入职福州外语外贸学院近一年,曾经近四年的博士研究生生活一时间亦浮光掠影般翩然而至,回望走过的岁月,那曾经的泪水与欢笑、从容与彷徨、焦虑与自信都如瞬间绽放的焰火,一遍又一遍地在脑中回放,在心中激荡……

漫漫人生路,我惊喜于每一个不期而遇,感恩于每一位有缘相伴相携的尊敬师长和领导,感谢那些熟稔相知而私交甚笃,抑或素未谋面但心灵相通的朋友和同事,你们像刹那升起的簇簇篝火,温暖照亮着我人生暗夜的每一刻……

由衷感谢叶阿忠教授、陈国宏教授、黄志刚教授对论文写作的悉心点评和中肯建议,以及在学习生活中给予我的诚挚关怀和及时帮助,是你们给了我一双隐形的翅膀,引领我走出迷茫,为我指明前进的方向,让我不失自信地走过一程又一程……

真诚感谢林迎星教授、李登峰教授、周小亮教授、朱祖平教授、孙秋碧教授、王应明教授、张岐山教授、王阿忠教授、苏世彬、蔡乌赶等老师在课程学习和研究中给予的帮助,你们精彩的讲解扩大了我的知识视野,激发着我的创作灵感,使我得以越过沟沟坎坎,向着既定的目标前进。

诚挚揖谢学术论文投稿过程中那些审慎而苛刻的审稿专家,是他们有褒奖有苛责的评审意见使我能够正视自己的所长所短,虽历经锤炼和磨砺,但我体悟到的是他们的希翼和鞭策,是他们无私的帮助,是他们不断的激励导引我沿着学术阶梯攀登。尤其感恩素昧平生的施祖辉老师在学术规范上对我的引领和启迪,今生何其荣幸!感谢恩师的点化提携与推心置腹,是您夯实了我的学术根基,坚定了我努力向前的信念,消弭了我小确幸后的怠惰。一路走来,您亦师亦友如兄如长却又淡如水的君子之交,使我终身受益。

2016年经福州外语外贸学院科协推荐,本书子系列小论文《中国区域技术选择与要素结构匹配差异:1996—2010》荣获第十二届福建省自然科学优秀学术论文一等奖;而《中国区域资本积累、要素匹配与动态效率差异》、《要素集聚及溢出对中国经济发展效率的影响》和《中国区域要素替代弹性变迁及其增长效应》也相继在《现代财经》、《软科学》和《财经研究》中刊出;同时,《福建省潜在经济增长率测算及其结构调整路径研究》获省科技厅软科学项目立项,这些都更坚定了我将博士论文扩展成书的信心。

我是如此幸运,在入职不到一年的光景里收获如许!深深感恩学校平台为我个人发展和磨练提供的机会,使我能够在砺心砺志之中砥砺前行。感谢学校各级领导对本书出版的关注与支持;感谢校学术委员会对本书质量的肯定;尤其感念祝捷主任一力承担了本专著在联络及出版过程中的各种繁琐事务,感谢您无怨无悔、默默无闻、甘当人梯的大力推动!

感谢上天的眷顾,感谢您赐予我的这一切,感谢您对我生命际遇的安排,放纵我意随心动,信马由缰……

纵然未来充满不确定性,但我依然坚信前方花开烂漫,芬芳四溢,沐风而歌,一派诗意生活……

张月玲

2017 年 5 月